第2版

甲種
乙種

4類

ラクラク突破の

消防設備士

解いて覚える!

問題集

関根康明=著

X-Knowledge

▪ 編集協力　株式会社エディポック
▪ DTP　株式会社エディポック
▪ 本文デザイン　株式会社エディポック
▪ イラスト　ナカムラヒロユキ

はじめに

　消防設備士は、消防法に定められた国家資格です。建物などの防火対象物における消防用設備等の工事、整備などを行うことができる、業務独占の資格です。

　甲種（工事、整備の両方ができる）と、乙種（整備のみ行なえる）の2種類があり、さらに消防用設備の種類により、類別されます。

　なかでも、自動火災報知設備などを扱う4類は受験者数が多く、人気の高い資格です。

　消防設備士の試験は都道府県ごとに異なる日程で行われ、ほとんどが年に複数回実施しており、受験地の制約もないので、合格のチャンスは大きいといえます。

　4類の近年の合格率は、甲種、乙種とも35%～40%程度で推移しています。

　要点をおさえてしっかり勉強すれば、決して難しい資格ではありません。

　この問題集は、重要かつよく出る問題をていねいに解説しています。ぜひ繰り返し学習され、合格の栄冠を手にされることを祈念いたします。

著者

本書の特長と使い方

本書は、消防設備士試験第4類を効率的に学習できるように構成された、「絶対合格」をめざす人のための問題集です。合格に必要なポイントを図や表を使い初学者でもしっかり理解できるように解説しています。

●合格ポイント！

各節ごとに、特に重要な合格ポイントと、さらに問題を解くための基本事項を図や表でわかりやすく解説しています。ここをしっかり理解したうえで問題を解きましょう。

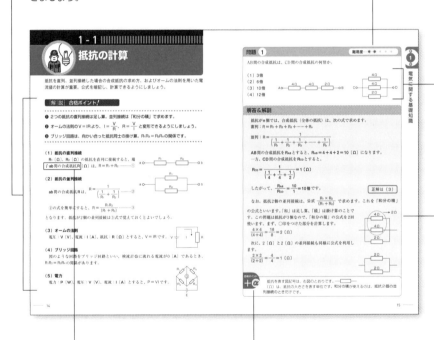

●強調文字

本文中の重要な用語や数式などを赤文字にして強調しています。赤シート対応なので赤文字を隠して内容を理解しているかチェックすることができます。

●合格ポイント＋α

「解答＆解説」に関連することや補足情報を詳しく説明しています。解説と併せて覚えておくと理解が深まります。

●難易度

問題の難易度を5段階で示しています。☀マークが増えるほど難易度が上がります。学習の指針としてください。

●出題頻度の高い問題

過去問題から頻出度を分析し、作成した頻出問題なので、より効率的な学習ができます。

●解答＆解説

問題の解答を、図や表を多く使いわかりやすく解説しています。解説をしっかり理解したら、「類題」も解いてみましょう。

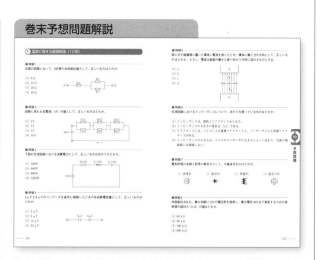

巻末には、過去問を分析した本書オリジナルの予想問題（試験1回分）を収録。甲種の本試験の問題数で構成されているので、乙種受験者および科目免除者は問題を選択して解いてみましょう。また、解答＆解説では間違えやすい点や、法令などの難しい内容をわかりやすく、コンパクトに解説しています。

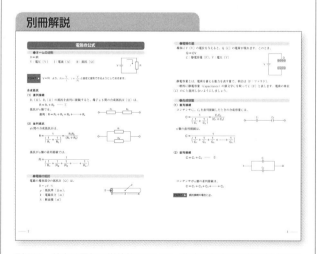

別冊は、前半は電気の単位等について、後半は頻出用語集で構成されています。頻出用語集は赤シートで用語を隠すことができるので、試験の直前対策などで利用できます。

消防設備士試験概要

消防設備士の試験の種類と業務の範囲

消防設備士に以下のような資格があります。

試験の種類		工事・整備ができる対象設備等
甲種	特類	特殊消防用設備等
甲種または乙種	第1類	屋内消火栓設備、スプリンクラー設備、水噴霧消火設備、屋外消火栓設備等
	第2類	泡消火設備等
	第3類	不活性ガス消火設備、ハロゲン化物消火設備、粉末消火設備等
	第4類	自動火災報知設備、ガス漏れ火災警報設備、消防機関へ通報する火災報知設備
	第5類	金属製避難はしご、救助袋、緩降機
乙種	第6類	消火器
	第7類	漏電火災警報器

甲種消防設備士は、消防用設備等または特殊消防用設備等（特類の資格者のみ）の工事、整備、点検ができ、乙種消防設備士は消防用設備等の整備、点検を行うことができます。工事、整備、点検のできる消防用設備等は、免状に記載されている種類になります。

注：点検については、記載されている設備以外にも点検できる設備があるので、詳しく知りたい方はお近くの消防署等にお問い合わせください。

受験資格

種類	受験資格
甲種特類	甲種第1類から第3類までのいずれか一つ以上を有し、かつ甲種第4類および甲種第5類の3種類以上の免状の交付を受けていることが必要です。
甲種（特類以外）	受験資格は国家資格等と学歴との2種類があります。詳細は図下のとおり。
乙種	誰でも受験できます。

甲種（特類以外）の受験資格（国家資格等）

①受験する類以外の甲種消防設備士免状の交付を受けている者

②乙種消防設備士免状の交付を受けた後2年以上、工事整備対象設備等の整備の経験を有する者

③技術士第2次試験に合格した者

④電気工事士免状の交付を受けている者

⑤電気主任技術者（第1種～第3種）免状の交付を受けている者

⑥工事整備対象設備等（消防用設備等）の工事の補助者として、5年以上の実務経験を有する者

⑦専門学校卒業程度検定試験の機械、電気、工業化学、土木または建築に関する部門の試験に合格した者

⑧管工事施工管理技士（1級または2級）

⑨高等学校の工業の教科について普通免許状を有する者

⑩無線従事者資格（アマチュア無線技士を除く）の免許を受けている者

⑪建築士（1級または2級）

⑫ガス主任技術者免状の交付を受けている者（第4類消防設備士の受験に限る）

⑬給水装置工事主任技術者免状の交付を受けている者

⑭消防行政に関わる事務のうち、消防用設備等に関する事務について3年以上の実務経験を有する者（消防機関または市町村役場等の行政機関の職員が対象となる）

⑮消防法施行規則の一部を改正する省令の施行前（昭和41年4月21日以前）において、消防用設備等の工事について3年以上の実務経験を有する者　ほか

甲種（特類以外）の受験資格（学歴）

①大学、短期大学または高等専門学校（5年制）、高等学校および中等教育学校において機械、電気、工業化学、土木または建築に関する学科または課程を修めて卒業した者（旧制の中等学校卒業者の方も含む）

②旧制の大学および専門学校等において機械、電気、工業化学、土木または建築に関する学科または課程を修めて卒業した者

③大学、短期大学、高等専門学校（5年制）、専修学校等の各種学校において機械、電気、工業化学、土木または建築に関する授業科目を15単位以上修得した者

④防衛大学校および防衛医科大学校において機械、電気、工業化学、土木または建築に関する授業科目を15単位以上修得した者

⑤職業能力開発促進法または職業訓練法による職業能力開発総合大学校、職業能力開発大学校、職業能力開発短期大学校、職業訓練大学校または職業訓練短期大学校、もしくは雇用対策法による改正前の職業訓練法による中央職業訓練所において機械、電気、工業化学、土木または建築に関する授業科目を15単位以上修得した者

⑥理学、工学、農学または薬学のいずれかに相当する専攻分野の名称を付記された修士または博士の学位（外国において授与されたこれらに相当する学位も含む）を有する者　ほか

▌出題形式・合格基準・受験料

筆記試験：マーク・カードの四肢択一式

実技試験：写真・イラスト・図面等による記述式

甲種特類：科目毎に40％以上で全体の出題数の60％以上の成績を修めた方

特類以外：筆記試験において、科目毎に40％以上で全体の出題数の60％以上、かつ、実技試験において60％以上の成績を修めた方を合格とします。試験科目の一部免除がある場合は、免除を受けた以外の問題で前記の成績を修めた方

甲種：5,700円　**乙種**：3,800円（令和4年1月1日現在）

試験内容

種類			試験科目	問題数	試験時間
甲種	特類	筆記	工事設備対象設備等の構造・機能・工事・設備	15	2時間45分
			火災および防火	15	
			消防関係法令	15	
			計	45	
	第1類〜第5類	筆記	消防関係法令	15	3時間15分
			基礎的知識	10	
			消防用設備等の構造・機能・工事・整備	20	
			計	45	
		実技	鑑別等	5	
			製図	2	
乙種	第1類〜第7類	筆記	消防関係法令	10	1時間45分
			基礎的知識	5	
			構造・機能・整備	15	
			計	30	
		実技（鑑別等）		5	

注：試験科目の一部が免除される者は、免除される問題の数に応じて試験が短縮されます。

試験の一部免除

　消防設備士、電気工事士、電気主任技術者、技術士等の資格を有する方は、申請により試験科目の一部が免除になります。ただし、甲種特類試験には、科目免除はありません。

消防設備士

		受験する消防設備士の種類											
		甲1	甲2	甲3	甲4	甲5	乙1	乙2	乙3	乙4	乙5	乙6	乙7
取得している消防設備士の種類	甲1		○	○	△	△	△	○	○	△	△	△	△
	甲2	○		○	△	△	○	△	○	△	△	△	△
	甲3	○	○		△	△	○	○	△	△	△	△	△
	甲4	△	△	△		△	△	△	△	△	△	△	○
	甲5	△	△	△	△		△	△	△	△	△	○	△
	乙1							○	○	△	△	△	△
	乙2						○		○	△	△	△	△
	乙3	※乙類の資格では甲種の科目免除を					○	○		△	△	△	△
	乙4	受けることはできません。					△	△	△		△	△	○
	乙5						△	△	△	△		○	△
	乙6						△	△	△	△	○		△
	乙7						△	△	△	○	△	△	

○：消防関係法令の共通部分と基礎的知識が免除になります。
△：消防関係法令の共通部分が免除になります。

電気工事士

　筆記試験のうち、「消防関係法令」を除き、「基礎的知識 」および「構造・機能および工事・整備」のそれぞれの科目中における「電気に関する部分」が免除になります。
さらに、実技試験において、甲種第4類・乙種第4類を受験する場合は、鑑別等試験の問1が免除になり、乙種第7類の場合は、全問が免除になります。

電気主任技術者

　筆記試験のうち、「消防関係法令」を除き、「基礎的知識」および「構造・機能および工事・整備」のそれぞれの科目中における「電気に関する部分」が免除になります。

技術士

　次表に掲げる技術の部門に応じて、試験の指定区分の類について、筆記試験のうち、「基礎的知識」と「構造・機能および工事・整備」が免除になります。

部門	試験の指定区分	部門	試験の指定区分
機械部門	第1、2、3、5、6類	化学部門	第2、3類
電気・電子部門	第4、7類	衛生工学部門	第1類

その他の科目免除

　日本消防検定協会または指定検定機関の職員で、型式認証の試験の実施業務に2年以上従事した者は、筆記試験のうち、「基礎的知識」と「構造・機能および工事・整備」が免除になります。

　5年以上消防団員として勤務し、かつ、消防学校の教育訓練のうち専科教育の機関科を修了した方は、乙種第5種、乙種第6類を受験する場合には、実技試験のすべてと筆記試験のうち「基礎的知識」が免除になります。

※詳細は、最新の「消防設備士試験案内」をご覧ください。

問い合わせ先

一般財団法人　消防試験研究センター
〒100-0013　千代田区霞が関1-4-2大同生命霞が関ビル19階
TEL 03-3597-0220
URL https://www.shoubo-shiken.or.jp/

CONTENTS

第1章 電気に関する基礎知識

第2章 消防関係法令（全類共通）

第3章 消防関係法令（4類）

第4章 自動火災報知設備の構造と機能

第5章 自動火災報知設備の設置基準

第6章 ガス漏れ火災警報設備ほか

第7章 鑑別

第8章 機器の試験

第9章 製図

第10章 予想問題

電気に関する
基礎知識

電気に関する基礎
知識を学習しよう。

1 - 1 ||||||||||||||||||||||||||||||

抵抗の計算

抵抗を直列、並列接続した場合の合成抵抗の求め方、およびオームの法則を用いた電流値の計算が重要。公式を暗記し、計算できるようにしましょう。

|解|説| 合格ポイント*!*

❶ 2つの抵抗の直列接続は足し算。並列接続は「和分の積」で求めます。

❷ オームの法則の$V = IR$より、$I = \dfrac{V}{R}$、$R = \dfrac{V}{I}$ と変形できるようにしましょう。

❸ ブリッジ回路は、向かい合った抵抗同士の掛け算。$R_1 R_3 = R_2 R_4$の関係です。

（1）抵抗の直列接続

R_1〔Ω〕、R_2〔Ω〕の抵抗を直列に接続すると、端子**ab**間の合成抵抗R〔Ω〕は、$R = R_1 + R_2$ ………①

（2）抵抗の並列接続

ab間の合成抵抗Rは、$R = \dfrac{1}{\left(\dfrac{1}{R_1} + \dfrac{1}{R_2}\right)}$ ………②

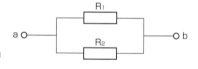

②の式を簡単にすると、$R = \dfrac{R_1 R_2}{(R_1 + R_2)}$ ………③

となります。抵抗が2個の並列接続は③式で覚えておくとよいでしょう。

（3）オームの法則

電圧：V〔V〕、電流：I〔A〕、抵抗：R〔Ω〕とすると、$V = IR$です。

（4）ブリッジ回路

図のような回路をブリッジ回路といい、検流計Gに流れる電流が0〔A〕であるとき、$R_1 R_3 = R_2 R_4$の関係があります。

（5）電力

電力：P〔W〕、電圧：V〔V〕、電流：I〔A〕とすると、$P = VI$です。

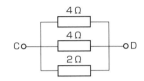

問題 ①

AB間の合成抵抗は、CD間の合成抵抗の何倍か。

（1）3倍
（2）6倍
（3）10倍
（4）12倍

解答&解説

抵抗が n 個では、合成抵抗（全体の抵抗）は、次の式で求めます。

直列：$R = R_1 + R_2 + R_3 + \cdots\cdots + R_n$

並列：$R = \dfrac{1}{\left(\dfrac{1}{R_1} + \dfrac{1}{R_2} + \dfrac{1}{R_3} + \cdots\cdots + \dfrac{1}{R_n} \right)}$

AB間の合成抵抗を R_{AB} とすると、$R_{AB} = 4 + 4 + 2 = 10〔Ω〕$ になります。
一方、CD間の合成抵抗を R_{CD} とすると、

$$R_{CD} = \dfrac{1}{\left(\dfrac{1}{4} + \dfrac{1}{4} + \dfrac{1}{2} \right)} = 1〔Ω〕$$

したがって、$\dfrac{R_{AB}}{R_{CD}} = \dfrac{10}{1} = 10$ 倍です。

正解は（3）

なお、抵抗2個の並列接続は、公式 $\dfrac{R_1 \times R_2}{(R_1 + R_2)}$ で求めます。これを「和分の積」

の公式といいます。「和」は足し算、「積」は掛け算のことです。この問題は抵抗が3個なので、「和分の積」の公式を2回使います。まず、○印をつけた部分を計算します。

$$\dfrac{4 \times 4}{(4+4)} = \dfrac{16}{8} = 2〔Ω〕$$

次に、2〔Ω〕と2〔Ω〕の並列接続も同様に公式を利用します。

$$\dfrac{2 \times 2}{(2+2)} = \dfrac{4}{4} = 1〔Ω〕$$

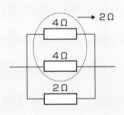

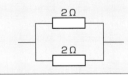

 合格ポイント

抵抗を表す図記号は、右図のとおりです。——▭——
〔Ω〕は、抵抗の大きさを表す単位です。和分の積が使えるのは、**抵抗2個の並列接続のときだけ**です。

回路に流れる電流 I〔A〕の値として、正しいものはどれか。

（1）1A
（2）2A
（3）4A
（4）6A

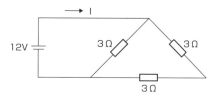

解答＆解説

この回路を書き直すと、図1のようになります。

合成抵抗Rは、$R = \dfrac{3 \times 6}{(3+6)} = \dfrac{18}{9} = 2$〔Ω〕です。

よって、この回路は図2のようになります。

次に、オームの法則を用いて、電流Iを計算します。

$$I = \frac{V}{R} = \frac{12}{2} = 6 〔A〕$$

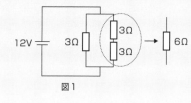

図1

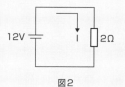

図2

正解は（4）

【類題】AB間の合成抵抗が4Ωであるとき、Rの値として正しいものはどれか。

ア．5Ω　　　イ．8Ω
ウ．12Ω　　エ．22Ω

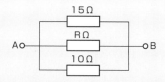

15Ωと10Ωの並列の合成抵抗は6Ω。6ΩとRΩの並列の合成抵抗は、

$$\frac{6R}{6+R} = 4 \quad \rightarrow \quad R = 12Ω$$

（答）ウ

右は、直流電源（電池）の図記号です。 ──┤├──

本問では、一見すると直列と並列がわかりにくいので、図1のように直します。

その後、合成抵抗を求めます。電流Iは、**オームの法則I＝V／R**を使います。

問題 3

図の回路において、スイッチSを閉じたときの電流計の指示値は、スイッチSを開いたときの何倍になるか。

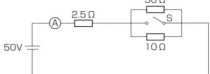

（1）$\dfrac{1}{2}$倍　　（2）1倍

（3）4倍　　　　（4）8倍

解答&解説

　スイッチを開いた状態は、図1（電流計は省略）のようになります。スイッチを開いた状態（**OFF**）とは、スイッチ部分に電流は流れないので、スイッチを取り除いてよいことになります。

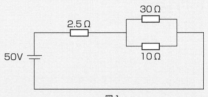

図1

　並列部分の合成抵抗は、$\dfrac{30 \times 10}{(30+10)} = \dfrac{300}{40} = 7.5$〔**Ω**〕で、

それに2.5〔**Ω**〕の抵抗が直列に接続されているので、

　2.5 + 7.5 = 10〔**Ω**〕

となり、オームの法則により、次のように求められます。

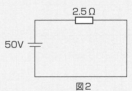

図2

$I = \dfrac{50}{10} = 5$〔**A**〕…………①

　一方、スイッチSを閉じると、図2のようになります。スイッチを閉じた状態（**ON**）では、スイッチに全電流が流れて、上下にある30〔**Ω**〕と10〔**Ω**〕の抵抗には電流は流れません。スイッチの抵抗は0（ゼロ）と考えてよいからです。

　オームの法則より、

$I = \dfrac{50}{2.5} = 20$〔**A**〕…………②

よって、$\dfrac{②}{①} = \dfrac{20}{5} =$**4倍**です。

> **正解は（3）**

合格ポイント

+α　　スイッチを閉じた場合、それと並列に接続されている抵抗には、電流は流れません。抵抗とは電流の流れを妨げるもので、抵抗の小さいところにたくさん電流が流れ込みます。スイッチ部分の抵抗が0なら、**30**〔**Ω**〕と**10**〔**Ω**〕のところには**分流しない**ことになります。

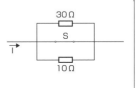

図のブリッジ回路において、検流計Gに電流は流れなかった。
このときの抵抗Xの値として、正しいものはどれか。

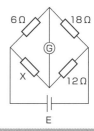

(1) $3\,\Omega$
(2) $4\,\Omega$
(3) $16\,\Omega$
(4) $32\,\Omega$

解答＆解説

　このような回路を**ブリッジ回路**といいます。**G**は**検流計**といい、微弱電流を測定する場合に使います。ブリッジ回路の問題では、**G**に電流は流れないことを条件とします。

　Gに流れる電流I＝0のとき、このブリッジは「**平衡している**」といいます。**G**に電流が流れない場合、向かい合った抵抗同士を掛け算したものは等しくなります。このとき、電源電圧**E**が何〔**V**〕であってもブリッジ条件には無関係です。

　つまり、$R_1R_3＝R_2R_4$の関係があります。この公式を用いると、次のようになります。

$18 \times X ＝ 6 \times 12$

この1次方程式を解いて、抵抗を求めます。

$X ＝ 4\,〔\Omega〕$

正解は（2）

【類題】ブリッジ回路の検流計**G**に電流が流れないとき、抵抗**X**の値として、正しいものはどれか。

ア．$1\,\Omega$ 　　　イ．$2\,\Omega$
ウ．$3\,\Omega$ 　　　エ．$6\,\Omega$

$3\,\Omega$と$6\,\Omega$の並列の合成抵抗は$2\,\Omega$。よって、$5X = 15 \times 2$、 $X = 6\,\Omega$

（答）エ

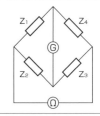

　向かい合ったものが抵抗でなく、**インピーダンス**であっても、$Z_1Z_3 ＝ Z_2Z_4$は成り立ちます。インピーダンスとは、抵抗とリアクタンス（コンデンサとコイルからなり、電流を阻止するもの）を合成したものです。インピーダンスは、一般に**Z**で表します（詳細は、「交流」で解説）。

問題 5

難易度… ● ● ● ● ○

図の回路において、消費する電力として正しいもの
はどれか。

（1）100W
（2）200W
（3）300W
（4）400W

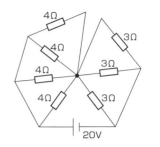

解答＆解説

　まず、左側半分の合成抵抗R_1を求めてみ
ましょう。

$$R_1 = \cfrac{1}{\cfrac{1}{4}+\cfrac{1}{4}+\cfrac{1}{4}+\cfrac{1}{4}} = 1 \,(\Omega)$$

　次に、右半分の合成抵抗R_2は、

$$R_2 = \cfrac{1}{\cfrac{1}{3}+\cfrac{1}{3}+\cfrac{1}{3}} = 1 \,(\Omega)$$

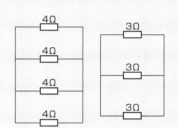

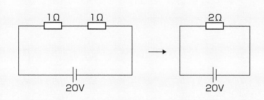

　したがって、この回路の消費電力Pは、

$$P = \frac{V^2}{R} = \frac{20^2}{2} = 200 \,(W)$$

正解は（2）

合格ポイント
＋α

　　P＝VI（電力の式）……①
　　V＝IR（オームの法則）……②

　　①、②より、P＝VI＝I^2R＝$\dfrac{V^2}{R}$が導かれます。

1-2 ‖‖‖‖‖‖‖‖‖‖‖‖‖‖‖‖‖‖‖‖‖‖‖‖

静電気とコンデンサ

コンデンサに蓄えられる電気量は、加えた電圧と静電容量に比例します。また、コンデンサを直列、並列接続したときの合成容量の計算は、抵抗の逆です。

|解|説| 合格ポイント！

❶ コンデンサの電気量：$Q = CV$ 〔C〕、電気エネルギー：$Wc = \dfrac{CV^2}{2}$ 〔J〕

❷ 点電荷 Q_1、Q_2 間に働く力：$F = \dfrac{KQ_1Q_2}{r^2}$ 〔N〕で計算します。

❸ 2つのコンデンサの「直列接続は和分の積」、「並列接続は足し算」です。

（1）コンデンサと電荷

コンデンサに蓄えられる**電荷の量（電気量）：Q**〔C〕、**静電容量：C**〔F〕とすると、**Q = CV**の関係があります。

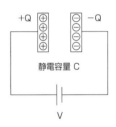

（2）クーロンの法則

比例定数：K、**点電荷の電気量：Q_1、Q_2**〔C〕、**Q_1 と Q_2 の距離：r**〔m〕とすると、電荷 Q_1、Q_2 に働く**静電力F**は、

$F = \dfrac{KQ_1Q_2}{r^2}$〔N〕 となります。

（3）コンデンサの直列接続

端子 ab 間の**合成容量C**〔F〕は、

$C = \dfrac{C_1C_2}{(C_1 + C_2)}$

（4）コンデンサの並列接続

C_1〔F〕、C_2〔F〕のコンデンサを並列に接続すると、端子 **ab** 間の**合成容量C**〔F〕は、

$C = C_1 + C_2$

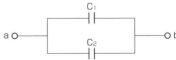

問題 1

コンデンサにおいて、静電容量C、電圧Vのとき、電荷量Qと静電エネルギーWの組合せとして正しいものはどれか。

(1) $Q = \dfrac{V}{C}$　　　$W = CV^2$

(2) $Q = \dfrac{C}{V}$　　　$W = \dfrac{CV}{2}$

(3) $Q = CV$　　　$W = \dfrac{C^2V^2}{2}$

(4) $Q = CV$　　　$W = \dfrac{CV^2}{2}$

解答&解説

　静電気の元となるのが電荷です。電荷は、+または−の電気を帯びており、電気量（電荷量）はその大きさを〔C：クーロン〕という単位で表します。1〔C〕とは、1〔A〕の電流が1〔秒〕間に運べる電気（電荷）の量をいいます。なお、電気を帯びた物体を帯電体といいます。コンデンサとは、電気を蓄えるものです。静電容量C〔F〕のコンデンサに、V〔V〕の電圧を加えると、Q〔C〕の電荷が現れます。このとき、QとVは、

　$Q = CV$……①の関係があります。

　この比例定数Cが静電容量です。つまりQ〔C〕は、電気量（電荷量）で、電荷の大きさを表しています。静電容量とは、電荷を蓄える能力を表す量で、単位は〔F：ファラド〕です。コンデンサの蓄電能力を表すものと考えてよいでしょう。

　また、コンデンサに蓄えられる静電エネルギー：Wc〔J〕、コンデンサの静電容量：C〔F〕、電圧：V〔V〕とすると、

$$Wc = \frac{QV}{2} \cdots ②となります。①、②から、$$

$$Wc = \frac{CV^2}{2} \cdots ③となります。$$

正解は（4）

　とくに、合成容量の計算問題（後述）は〔F〕でなく〔μF〕で与えられることがほとんどです。1〔μF〕= 10^{-6}〔F〕

　一般的に静電容量（Capacitance）の頭文字Cを取ってC〔F〕と表します。電荷、電気量の単位〔C：クーロン〕のCと混同しないようにしましょう。

問題 2

図1は、+1〔C〕の点電荷を1〔m〕離して置き、図2は、+3〔C〕の点電荷を2〔m〕離して置いた。このとき、図1と図2に作用する反発力の大きさの比として正しいものはどれか。

(1) 4：9 　　 (2) 4：11
(3) 5：14 　　 (4) 5：16

```
    1 (C)        1 (C)              3 (C)          3 (C)
F₁ ◄━●━━━━━━━━●━► F₁       F₂ ◄━●━━━━━━━━━━━━━●━► F₂
        └ 1 (m) ┘                     └─ 2 (m) ─┘
        図1                               図2
```

解答＆解説

　点電荷とは、小さい点のような球体に帯電している電荷のことです。とくに断りがなく、「電荷」とある場合でも、点のように小さい、体積を無視してよい帯電体と考えてください。2つの電荷間に働く力のことを、とくに静電力ともいいます。この力 F の大きさを求めるには、クーロンの法則を使います。力の単位は〔N〕で、「ニュートン」と読みます。1〔N〕は、100gの重さの物体に働く重力にほぼ等しくなります。

　静電力は、2つの帯電体の電気量を掛け算したものに比例し、距離の二乗に反比例します。つまり、次の公式が成り立ちます。

$$F = \frac{KQ_1Q_2}{r^2} \ 〔N〕$$

　ただし、Kはクーロンの公式で、比例定数 $K = \dfrac{1}{4\pi\varepsilon}$ です。π は円周率で、ε は電荷を取り巻く媒質の誘電率〔F／m〕です。誘電率とは、誘電体（絶縁体）のもつ電気的特性値のことです。

　図1を公式に数値を当てはめてみます。$Q_1 = Q_2 = 1$〔C〕、$r = 1$〔m〕のとき、反発力の大きさを F_1 とすれば、

$$F_1 = \frac{K \times 1 \times 1}{1^2} = K \cdots\cdots ①$$

図2で、$Q_1 = Q_2 = 3$〔C〕、$r = 2$〔m〕のとき、反発力の大きさを F_2 とすれば、

$$F_2 = \frac{K \times 3 \times 3}{2^2} = \frac{9K}{4} \cdots\cdots ②$$

したがって、$F_1 : F_2 = \dfrac{①}{②} = \dfrac{K}{\dfrac{9K}{4}} = \dfrac{4K}{9K} = \dfrac{4}{9} = 4 : 9$

なお、電荷はいずれもプラス（＋）なので、反発します。

> 正解は（1）

合格ポイント ＋α

「電荷が同符号（＋同士、－同士）は反発し、異符号（＋と－）は吸引する」と覚えましょう。このように、力は、大きさだけでなく、働く方向が重要です。このような量をベクトル量といいます。

問題 3

難易度… ● ● ○ ○ ○

AB間におけるコンデンサの合成静電容量として、正しいものはどれか。

(1) 12 μF
(2) 20 μF
(3) 30 μF
(4) 50 μF

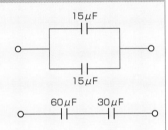

解答&解説

まず、コンデンサの並列接続の公式を使います。

$C = C_1 + C_2$ から、

$15 + 15 = 30$ 〔μF〕

コンデンサの単位がすべて〔μF〕で与えられているので、そのまま計算します。〔F〕に換算する必要はありません。次に、直列接続の公式を使います。

$$C = \frac{C_1 C_2}{(C_1 + C_2)}$$ から、

$$\frac{60 \times 30}{(60 + 30)} = \frac{1800}{90} = 20 \text{〔μF〕}$$

正解は（2）

合格ポイント +α

コンデンサの図記号　—| |—

コンデンサが n 個の直列接続の合成容量は、

$$C = \cfrac{1}{\left(\cfrac{1}{C_1} + \cfrac{1}{C_2} + \cfrac{1}{C_3} + \cdots\cdots + \cfrac{1}{C_n} \right)} \cdots ①$$

コンデンサが2個の場合なら、$C = \cfrac{1}{\left(\cfrac{1}{C_1} + \cfrac{1}{C_2} \right)}$ で、これを簡単にすると、

$$C = \frac{C_1 C_2}{(C_1 + C_2)} \cdots ②$$ となり、「和分の積」です。

　もし、3個以上の直列接続が出たら、①を使うか、2個ずつにして②を利用するかです。

　また、n個の並列接続の式は、$C = C_1 + C_2 + C_3 + \cdots\cdots + C_n$ であり、単純に足し算できます。コンデンサの直・並列の合成計算式は、抵抗の場合の計算式とはまったく逆になります。コンデンサでは、直列接続がよく出ます（抵抗は並列接続）。

磁気

電流とそれによって発生する磁界について理解し、フレミングの左手の法則、電磁誘導のポイントを整理しましょう。

|解|説| 合格ポイント!

❶ 電線に電流が流れるとその周りに磁界が発生。電流の方向と磁界の方向には、右ねじの関係があります。

❷ フレミングの左手と右手の法則のうち、左手の法則はしっかり覚えましょう。

❸ コイルの中を通る磁束が変化すると、コイルに起電力e〔V〕が生じます。

（1）電流と磁界

電線に電流が流れるとその周りに磁界が発生します。電流が流れる方向をねじの進む向きにとると、右ねじを回す方向に円形の磁界ができます。これを**右ねじの法則**といいます。

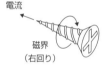

（2）フレミングの左手の法則

磁界中にある電線に電流を流すと、電線を動かそうとする力が働きます。

左手の親指、人さし指、中指をそれぞれ直角になるように開きます。人さし指を磁界B、中指を電流Iの方向に向けると親指の方向に**電磁力F**が働きます。

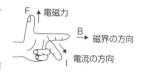

（3）電磁誘導

コイルの中を通る磁束が変化すると、コイルに起電力e〔V〕が生じます。コイルの巻数が多いほど、また、磁石の移動スピードが速いほど、起電力は大きくなります。これを**電磁誘導の法則**といいます。

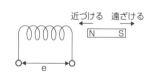

アンペアの右ねじの法則において、図に示す右ねじの進む方向Aを電流の方向としたとき、右ねじを回す方向Bに発生するものとして正しいものはどれか。

（1）磁界
（2）起電力
（3）電界
（4）静電力

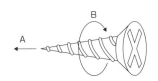

解答&解説

　右ねじの法則そのままの問題です。**A**の方向が**電流**ですから、ネジを回す方向は、**磁界**です。なお、磁界のことを**磁場**ともいいます。

　もし、電流が**B**の向きに流れるとどうなるでしょう。つまり、電流が円（ループ）状に流れた場合です。答えは、**A**の方向に磁界が発生します。

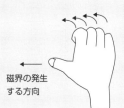

　電流と磁界の向きの関係をしっかり覚えましょう。さらに、コイルは、この円がたくさん集まったものと考えます。コイルに流れる方向に図のように右手を沿わせて突き出した親指の方向に磁界が発生します。

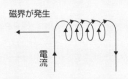

コイルに電流が流れる方向

磁界の発生する方向

正解は（1）

　長い直線状電線に電流I〔A〕を流すと、その周りに円形の磁界が発生します。半径 r （電線を中心としたときの半径）とすると、磁界の大きさH〔A／m〕は、$H = \dfrac{I}{2\pi r}$ となります。

平等磁界中に置かれた導線に、図のように電流を流した場合、導線に働く力の方向として、次のうち正しいものはどれか。

（1）①の方向
（2）②の方向
（3）③の方向
（4）④の方向

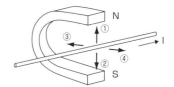

解答&解説

フレミングの**左手の法則**を使います。左手の、親指、人さし指、中指を互いに直角になるように開き、親指が「力」、人さし指が「磁界」、中指が「電流」の方向となるようにします。

力の方向を求めるので、親指はどこに向けるかわかりません。人さし指は磁界の向き（N極からS極に向かう赤線で示した方向）、中指は電流の向きです。左手をかなりひねりますが、力は、U磁石の奥（左方向）となります。なお、よく似た法則に**フレミングの右手の法則**があります（図参照）。

磁界中で磁力線を切るように導体を動かすと、起電力が誘導されます。右手の親指、人さし指、中指をそれぞれ直角になるように開き、親指を運動 **v** の方向、人さし指を磁界 **B** の方向に向けると、中指の方向に起電力 **e** が発生します。

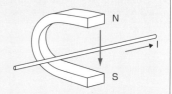

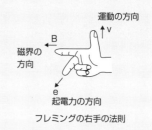

フレミングの右手の法則

正解は（3）

【類題】磁極間に導体を置き、紙面の裏から表へ向かう方向に電流を流した導体に働く力の方向はどれか。

ア．**a**　　イ．**b**　　ウ．**c**　　エ．**d**

フレミングの左手の法則を使う。

（答）ア

合格ポイント

＋α

導体、導線、電線は、どれも同種の意味です。左手の法則は、導体に電流を流し、右手の法則は、導体を動かしたときの現象です。電動機（モータ）はフレミングの左手の法則、発電機（ジェネレータ）は右手の法則を応用した機器です。

問題 3

難易度…🔅🔅🔅 ○ ○

図のようなコイルと検流計の回路に磁石を作用させたとき、誤っているのはどれか。

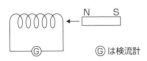

Ⓖは検流計

（1）コイルを磁石に近づけると検流計の針が振れる。
（2）磁石を速く近づけると検流計の針の振れ方は遅くなる。
（3）磁石をコイルから遠ざけると、検流計の針は近づけたときの逆に振れる。
（4）磁石を固定しておくと検流計は振れない。

解答&解説

　磁力線（仮想の線）は**N極**から**S極**に向かいます。N極から出た磁力線の一部はコイル内を貫通しています。

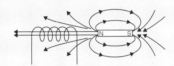

　N極をコイルに近づけると、貫通する磁力線の束（これを**磁束**という）が増えます。これを打ち消す向きに起電力が発生し、電流が流れます。近づける速度が速いほど、電流は大きくなります。磁石を動かさなければ電流は流れません。
　磁石を遠ざけると貫通する磁束は減り、電流の向きは先ほどと逆に流れます。
　コイルの中を通る磁束が変化すると、コイルに起電力**e**〔**V**〕が生じます。
　コイルの巻数：**N**〔回〕、磁束の変化：**⊿φ**〔**Wb**〕、時間の変化：**⊿t**〔**s**〕とすると、

$$e = -\frac{N \, \varDelta \phi}{\varDelta t}$$

　これを**ファラデーの電磁誘導の法則**といいます（⊿は、微小な変化量を表し、デルタと読みます）。

正解は（2）

合格ポイント ＋α

　コイルに蓄えられる**電磁エネルギー**：W_L〔J〕、コイルのインダクタンス：L〔H〕、電流：I〔A〕とすると、$W_L = \dfrac{LI^2}{2}$〔J〕です。
コンデンサが蓄える**静電エネルギー**と比較すると、C→L、V→Iに代わっているだけでよく似ています。

コイル ← 電流

コンデンサ、コイルを含んだ正弦波交流の電圧と電流の位相差や、インピーダンスの求め方について習熟しましょう。

|解|説| 合格ポイント*!*

❶ 正弦波交流の実効値は最大値を $\sqrt{2}$ で割ったものです。
❷ コンデンサやコイルを含んだ交流回路の、電圧、電流の時間的なずれが位相差です。
❸ 抵抗とリアクタンスを合成したものがインピーダンスで、単位はどれも〔Ω〕です。

（1）交流とは

電流や電圧の方向および大きさが一定の周期で変化するものを交流といいます。交流の周波数f〔**Hz**：ヘルツ〕は、周期を**T**〔**s**：秒〕とすると、

$$f = \frac{1}{T}$$ です。

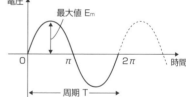

（2）実効値と平均値

①実効値

$$E_e = \frac{E_m}{\sqrt{2}} \qquad E_m：最大値$$

②平均値

$$E_a = \frac{2E_m}{\pi}$$

（3）位相

位相とは、交流波のある任意の点における相対的位置のことです。交流では、負荷にコイルやコンデンサが接続されていると、電圧と電流で波形の時間的なずれ（位相差）が生じます。

（4）インピーダンス

回路のインピーダンスZの大きさは、次の式で計算します。

$$Z = \sqrt{R^2 + X^2} \ （Ω）$$

問題 1

正弦波交流の実効値が200Vであるとき、電圧の最大値は何〔V〕か。

（1）222V
（2）240V
（3）273V
（4）283V

解答＆解説

　交流の**周期**とは、1つのサイクルに要する時間〔s〕で、周波数は1秒間に繰り返す波の数です。また、**周波数fに2πを掛けたものを角周波数ω**（オメガ）といいます。

$$\omega = 2\pi f$$

正弦波交流は次の式で表されます。

$$i = I_m \sin \omega t$$
$$e = E_m \sin \omega t$$

小文字で表したi、eは**瞬時値**（瞬間の値）で、I_m、E_mは波形の最大値です。

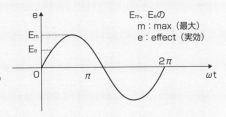

　電力会社から送られてくる交流は、きれいなサイン曲線を描きます。これを**正弦波交流**といいます。とくに断りがなければ、試験に出る交流は正弦波交流と考えてください。**実効値**は、1周期で求めます。

$$E_e = \frac{E_m}{\sqrt{2}}$$　となります。

問題は、最大値を求めるので、$E_m = \bigcirc\bigcirc$の形に直します。

$E_m = \sqrt{2}\, E_e$となります。

したがって、$E_m = \sqrt{2} \times E_e \fallingdotseq 1.414 \times 200 \fallingdotseq 283$〔**V**〕

　一般に、交流の電圧、電流の値は実効値によって表示されます。家庭で使用する**100V**という数値は、実効値のことです。

正解は（4）

　交流の**平均値**は、$\frac{1}{2}$周期で求めます。結果は、$E_a = \frac{2E_m}{\pi}$になります。また、実際の計算では、次の無理数は覚えておきましょう。

$$\sqrt{2} \fallingdotseq 1.414 \qquad \sqrt{3} \fallingdotseq 1.732 \qquad \pi \fallingdotseq 3.142$$

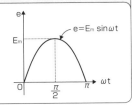

図の単相交流回路において、電流、電圧の位相差として、正しいものはどれか。

（1）電流は電圧より位相が90°だけ進む。
（2）電流は電圧より位相が90°だけ遅れる。
（3）電流は電圧より位相が180°だけ進む。
（4）電流は電圧より位相が180°だけ遅れる。

解答＆解説

　交流は直流とは違い、「大きさ」だけでなく「方向」が重要な意味をもちます。
　位相差は2つのもの（電圧と電流）の時間的なずれです。一般的には、**電圧を基準**にして、電流がそれよりも進んでいるか、遅れているかを表現します。
　抵抗だけの場合は位相差を生じませんが、コンデンサ、コイルがあると位相差を生じます。

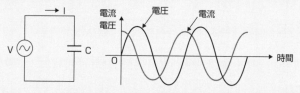

　問題は、コンデンサだけが接続された交流回路です。波形は図のようになり、電圧より電流のほうが進んでいます。一見、電圧の山が先にあるので、電圧が進んでいるようにみえますが、**時間が0（スタートライン）で比較してください。電圧は0〔V〕ですが、電流は＋です。つまり、電流が進んでいるということです。**では、どれだけ進んでいるかというと、$\dfrac{\pi}{2}$（90度）です。なお、角度の表し方には、○○度（または○○°）と、○○rad（ラジアン）の2通りがあります。
　180〔度〕＝π〔rad〕です。〔rad〕にも慣れておきましょう。

$\boxed{\text{正解は（1）}}$

 合格ポイント

　コイルのみ接続した回路は、電流が電圧より$\dfrac{\pi}{2}$遅れます。

回路のパーツ	電圧	電流	位相差
抵抗	－	－	0（なし）
コンデンサ	－	進み	$\dfrac{\pi}{2}$
コイル	－	遅れ	$\dfrac{\pi}{2}$

問題 3

難易度… ●●● ○ ○

抵抗4Ω、容量リアクタンス8Ω、誘導リアクタンス5Ωの交流回路のインピーダンスZは何〔Ω〕か。

(1) 3Ω
(2) 5Ω
(3) 10Ω
(4) 12Ω

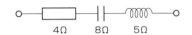

解答&解説

抵抗R、コンデンサC、コイルLが直列接続されていて、インピーダンス（Z）の大きさを求める問題です。次の式を用いて計算します。

$$Z = \sqrt{R^2 + X^2}$$

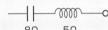

Rは抵抗で、Xはリアクタンスです。リアクタンスには、「抵抗するもの」という意味があります。

抵抗の単位は〔Ω〕ですが、コンデンサは〔F：ファラド〕、コイルは〔H：ヘンリー〕です。単位が異なるのでこれらを一緒に足すことはできませんが、角周波数ωが関係し、$\frac{1}{\omega C}$、ωL の形にするとリアクタンスと呼ばれるものになって単位は〔Ω〕になります。結果、自由に加減できます。

リアクタンスのうち、コンデンサによるものを容量リアクタンス、コイルによるものを誘導リアクタンスといいます。

問題では、コンデンサが8〔Ω〕、コイルが5〔Ω〕で与えられています。ωまで含んだリアクタンスなので、合成リアクタンスXを計算します。

$$X = 8 - 5 = 3 \,〔Ω〕$$

コンデンサとコイルは引き算です。大きいほうから小さいほうを引いてください。

インピーダンスは抵抗とリアクタンスを合成したものです。もちろん、インピーダンス、抵抗、リアクタンスの単位は〔Ω〕です。インピーダンスZの大きさは、次の式で与えられます。

$$Z = \sqrt{R^2 + X^2} = \sqrt{4^2 + 3^2} = \sqrt{25} = 5 \,〔Ω〕$$

正解は（2）

合格ポイント

コンデンサとコイルに関する用語をまとめると、次のようになります。

コンデンサ	静電容量	C〔F〕	容量リアクタンスX_C〔Ω〕	$\left(\frac{1}{\omega C}\right)$
コイル	インダクタンス	L〔H〕	誘導リアクタンスX_L〔Ω〕	(ωL)

1-5 ||||||||||||||||||||||||||||||||||||||||||||

交流回路の計算

抵抗、コンデンサ、コイルの直列回路のインピーダンスを計算し、オームの法則を用いて回路電流を求められるようにします。

|解|説| 合格ポイント!

❶ $Z=\sqrt{R^2+X^2}$ でインピーダンス〔Ω〕を計算します。

❷ 単相交流電力$P=VI\cos\theta$〔W〕、三相交流電力$P=\sqrt{3}\ VI\cos\theta$〔W〕

❸ 力率$\cos\theta=\dfrac{有効電力〔W〕}{皮相電力〔VA〕}$で計算します。

(1) インピーダンスの計算

抵抗、コンデンサ、コイルの直列回路では、

$$Z=\sqrt{R^2+(X_L-X_C)^2}\quad (Z:インピーダンスの大きさを表す)$$

回路に流れる電流Iは、$I=\dfrac{V}{Z}$〔A〕で計算します。

(2) 交流電力

①皮相電力〔V・A：ボルトアンペア〕 S で表す。

②無効電力〔var：バール〕　　　　 Q で表す。

③有効電力〔W：ワット〕　　　　　P で表す。

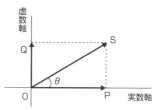

(3) 力率

力率は、有効電力として取り出せる電気的な効率を表す数字です。力率1（100％）が最高値です。$\cos\theta=\dfrac{有効電力}{皮相電力}$で算出します。

抵抗、コンデンサ、コイルの直列回路では、$\cos\theta=\dfrac{R}{Z}$で求めることもできます。

問題 1

難易度… ● ● ● ● ○

電源電圧は100〔V〕、抵抗6〔Ω〕、誘導リアクタンス17〔Ω〕、容量リアクタンス9〔Ω〕
の正弦波単相交流回路における電流Iは何〔A〕か。

（1） 5A
（2） 10A
（3） 20A
（4） 40A

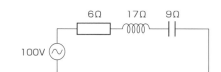

解答＆解説

　インピーダンスは、抵抗とリアクタンスを合成したものです。**Z**というアルファ
ベットで表します。リアクタンスには、コンデンサによる容量リアクタンス（**X**c）と、
コイルによる誘導リアクタンス（**X**L）とがあり、どちらも抵抗と同じ作用をします。
単位は〔**Ω**〕です。

　抵抗とコンデンサの直列回路では、

$Z = \sqrt{R^2 + X_c^2}$

　抵抗とコイルの直列回路では、

$Z = \sqrt{R^2 + X_L^2}$

　問題は抵抗、コンデンサ、コイル3つがそろっているので、**インピーダンス**は、

$Z = \sqrt{R^2 + (X_L - X_c)^2}$　で計算します。

　コンデンサ、コイルを含む回路のリアクタンスの計算では、合成値を計算するとき、
引き算しますが、どちらから引いても問題ありません。二乗するので、＋でも－でも
同じ結果になります。したがって、**大きい数から小さい数を引き算すれば＋になるの
で簡単です。**

　$X = X_L - X_c$とすれば、

$X^2 = (X_L - X_c)^2 = (17 - 9)^2 = 64$

　よって、$Z = \sqrt{36 + 64} = \sqrt{100} = 10$〔Ω〕となります。

　次に回路電流I〔**A**〕は、**オームの法則**で求めます。交流回路でもオームの法則が
適用できます。

$I = \dfrac{V}{Z} = \dfrac{100}{10} = 10$〔A〕

正解は（2）

合格ポイント

　次のときは、√（ルート）の中の数が平方数であり、√がとれます。
$\sqrt{4} = 2$　$\sqrt{9} = 3$　$\sqrt{16} = 4$　$\sqrt{25} = 5$　$\sqrt{36} = 6$　$\sqrt{49} = 7$　$\sqrt{64} = 8$
$\sqrt{81} = 9$　$\sqrt{100} = 10$

問題 2

単相交流100Vの電源に消費電力1200Wの負荷を接続したところ、15Aの電流が流れた。このときの負荷の力率として、正しいものはどれか。

（1）60%
（2）70%
（3）80%
（4）90%

解答＆解説

電力には3種類あります。**無効電力**は電力として取り出すことはできませんが、力率調整の役に立ちます。**有効電力**は有効に電力として利用できるもので、一般に電力というときはこの有効電力を指します。無効と有効のベクトルの和が**皮相電力**です。「皮相」とは、「うわべ、見かけ」を

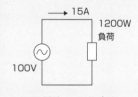

意味する言葉で、3つの電力の中で一番大きい数値ですが、これに見合った仕事をしません。

問題では「消費電力」という言葉を用いていますが、有効電力と同じ意味です。また、負荷とは、電気製品を指します。単相交流とは、家庭などで使用している照明、コンセントなどの電源です。交流の波が1本の線で表現できるので、単相といいます。三相交流は、少し大きなビルなどで使用する電動機（モータ）などの電源です。3本の単相交流の波が時間をずらして（$\frac{2\pi}{3}$ずつ）繰り返し発生します。

単相交流の電力P〔W〕は、

P＝VIcos θ

で計算します。よって、次の計算式で求められます。

力率 $\cos \theta = \dfrac{P}{VI}$

$\cos \theta = \dfrac{1200}{(100 \times 15)} = \dfrac{1200}{1500} = 0.8 \;\rightarrow\; 80\%$

正解は（3）

電力の公式は、一番応用のきく3相交流の式で覚えておくと便利です。
線間電圧：V〔V〕、線電流：I〔A〕とすると、P＝$\sqrt{3}$ VIcos θ〔W〕です。
単相交流なら$\sqrt{3}$をとり、直流ではさらにcos θを削除します。

問題 3

交流回路における力率として、正しいものはどれか。

（1）60%
（2）70%
（3）80%
（4）90%

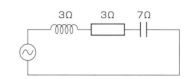

解答&解説

　コイル、抵抗、コンデンサの順に並んでいますが、並び順は気にすることはありません。

$X_L = 3$〔Ω〕、$X_C = 7$〔Ω〕、$R = 3$〔Ω〕により、この回路の合成リアクタンスを求めます。

合成リアクタンス $X = X_C - X_L$ より、

$X = X_C - X_L = 7 - 3 = 4$〔Ω〕

インピーダンス Z は、

$Z = \sqrt{R^2 + X_C^2}$ より、

$Z = \sqrt{3^2 + 4^2} = \sqrt{9 + 16} = \sqrt{25} = 5$〔Ω〕です。

このように、多くの場合、$\sqrt{\ }$ の中は平方数で、ルートがとれます。

直角三角形の辺の比（3：4：5）は頻出します。

この回路の力率は、次の式で計算できます。

$$力率 \cos\theta = \frac{R}{Z}$$

先に求めた数値を代入して、算出します。

$$\cos\theta = \frac{R}{Z} = \frac{3}{5} = 0.6 \ \rightarrow \ 60\%$$

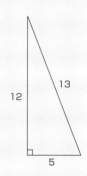

正解は（1）

合格ポイント

　$+\alpha$　試験では、抵抗値（リアクタンス値）：リアクタンス値（抵抗値）：インピーダンス値＝3：4：5、したがって60%、80%といった力率が多くみられます。しかし$\sqrt{\ }$がとれない場合も想定しておきましょう。その場合、きれいな数字にはなりませんが、選択肢から一番近いものを選べばよいのです。

1-6 電気計器

指示電気計器の記号と、交流、直流などの用途を記憶しましょう。また、電圧計、電流計の接続および、測定範囲を拡大する方法を理解しましょう。

|解|説| 合格ポイント！

❶ 可動コイル形計器は直流、可動鉄片形計器は交流を測定します。
❷ 電流計は、負荷にできるだけ近いところに直列接続し、電圧計は、並列接続です。
❸ 測定範囲を拡大する抵抗器を、倍率器（電圧計）、分流器（電流計）といいます。

（1）指示電気計器

名称	記号	使用回路	動作原理
整流形	▶|◀	交流	整流器を用いて、交流で直流に変換し、可動コイル形計器で指示する。
誘導形	◎	交流	交流電流を流し、その電磁力で測定する。
静電形	⊥	交流・直流	2枚の電極間に生じる静電力で測定する。
熱電形	＼･／	交流・直流	熱電対の起電力で測定する。
電流力計形	🔲	交流・直流	コイル間の電磁力で測定する。
可動鉄片形	✦	交流	コイルに電流を流し、可動鉄片を動かして測定する。
可動コイル形	⌂	直流	磁石間に置いた可動コイルに電流を流して測定する。

（2）電流計と電圧計の接続
①電圧計は負荷と並列
②電流計は負荷と直列

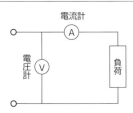

（3）測定範囲の拡大
①倍率器（電圧計の測定範囲を拡大）は、電圧計に直列接続
②分流器（電流計の測定範囲を拡大）は、電流計に並列接続

問題 1

難易度… ● ● ○ ○ ○

可動コイル形計器について誤っているものはどれか。

（1）永久磁石と可動コイルから構成される。
（2）駆動トルクは電流に比例する。
（3）駆動トルクは磁界に比例する。
（4）交流と直流が測定できる。

解答&解説

駆動トルクとは、測定量に応じて指針を動かす力に変換したものです。測定量が大きいほど指針は大きく振れます。

可動コイル形計器は、直流専用の計器です。

このタイプの問題をたくさん解いて、問題に慣れておきましょう。とくに、**可動コイル形（直流）、可動鉄片形（交流）**はよく出題され、まぎらわしいのでしっかり覚えましょう。

正解は（4）

【類題1】
次の電気計器のうち、交流のみの回路で使用されるものはどれか。
ア．可動コイル形
イ．可動鉄片形
ウ．電流力計形
エ．熱電形

（答）イ

【類題2】
指示電気計器の記号で、可動コイル形計器を示すものはどれか。

ア． 　　イ． 　　ウ． 　　エ．

（答）エ

合格ポイント +α

可動コイルが直流用、「電」の字が付くのが交流・直流用、それ以外が交流用です。

直流用	可動コイル形
交流用	可動鉄片形、誘導形、整流形、振動片形
交流・直流用	静電形、熱電形、電流力計形

絶縁抵抗を測定する計器として正しいものはどれか。

（1）クランプメータ　　　（2）テスター
（3）メガー　　　　　　　（4）アーステスター

解答＆解説

　絶縁抵抗を測定するのは**絶縁抵抗計**、別名メガーです。
　一般に絶縁抵抗とは、電線の導体と大地間に電圧 **V** を印加（電圧をかけること）し、ビニルなどの絶縁被覆を通って大地に流れる漏れ電流 I_g で割ったものです。式で書くと、$\dfrac{V}{I_g}$ です。

　I_g が小さいほど絶縁性能に優れるわけで、この場合の絶縁抵抗値は非常に大きい数値となります。したがって、単位は〔Ω〕ではなく、〔**MΩ：メガオーム**〕になります（$1MΩ = 10^6 Ω$）。この単位から、メガーという名がつきました。

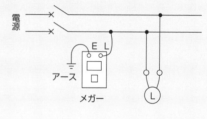

　メガーにより、一般に導体と大地間の絶縁を測ります。
　線間（2本の電線間の絶縁）は、負荷をつなげてしまうと、測定できなくなります。

低圧電路の絶縁抵抗値		
使用電圧		絶縁抵抗値
300V以下	対地電圧 150V以下	0.1MΩ
	その他	0.2MΩ
300Vを超える		0.4MΩ

　使用電圧により**絶縁抵抗の最低値**は表のとおり決まっています。値が大きいほどよいことになります。

正解は（3）

　アーステスター（接地抵抗計）は、接地抵抗を測定するものです。接地抵抗値は、絶縁抵抗値とは異なり、小さいほど良です。接地工事のうち、原則として、C種は 10〔Ω〕以下、D種は 100〔Ω〕以下です。
　クランプメータは回路を切らずに電流を測定する機器です。

この部分が開く
電線
クランプメータ

問題 3

難易度…☀️☀️ ○ ○ ○

負荷の電流と電圧測定で正しい接続法はどれか。

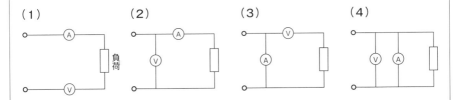

(1)　　　　　(2)　　　　　(3)　　　　　(4)

解答＆解説

　回路の電流や電圧などを測定する場合、その回路に影響の少ない方法で測定器を挿入する必要があります。

　電流計は測定する回路に直列に接続します。電圧計は並列です。

　計器類はそれぞれ固有の抵抗値（これを内部抵抗という）を有していますが、それにより正しい電流値、電圧値が測定できないと困ります。

　内部抵抗は、それぞれ次のような特徴をもっています。

①電流計の場合

　回路に直列なので、内部抵抗が大きいと、電流が小さくなってしまいます。したがって、**内部抵抗は非常に小さくできています。**

②電圧計の場合

　回路に並列なので、内部抵抗が小さいと、電圧計のほうにたくさんの電流が流れてしまいます。したがって、**内部抵抗は非常に大きくできています。**

> 正解は（2）

合格ポイント
+α

　電流がいくつかに分かれて流れることを**分流**といい、電圧がいくつかに分かれて加わることを**分圧**といいます。

　図において、斜線を付けた 10〔Ω〕の抵抗を流れる電流と加わる電圧を求めてみましょう。

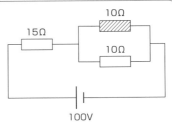

　回路全体を流れる電流は、$I = \dfrac{100}{20} = 5A$

です。抵抗の並列箇所で 2.5A ずつに分流します。

　電圧は、100V が 15：5 ＝ 3：1 に分圧されるので、$100 \times \dfrac{1}{4} = 25V$ です。

問題 4

難易度… ●●● ○ ○

分流器を接続した電流計で測定できる最大の電流値は何〔A〕か。ただし、電流計の最大目盛り50〔mA〕、電流計の内部抵抗$R_a = 1.9$〔Ω〕、分流器の抵抗$R_s = 0.1$〔Ω〕とする。

(1) 200mA
(2) 400mA
(3) 800mA
(4) 1000mA

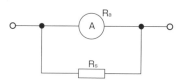

解答&解説

電流計の測定範囲を拡大するには、分流器と呼ばれる抵抗を電流計と並列に接続します。電圧計の測定範囲を拡大するには、倍率器と呼ばれる抵抗を電圧計と直列に接続します。

◎電流計、電圧計の回路への接続はこれと逆です。混同しないように注意しましょう。

この問いは、電流計を交換することなく、**分流器を並列接続して測定範囲を拡大する**問題です。最大目盛りより大きい電流を測定するとき、抵抗R_sを電流計に並列に接続します。

電流計の最大目盛り：I_0〔A〕、電流計の内部抵抗：R_a〔Ω〕、接続する抵抗：R_s〔Ω〕とすると、測定できる電流Iは、

$$I = \frac{(R_a + R_s) I_0}{R_s}$$となります。

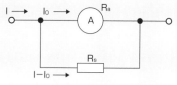

この公式を誘導してみます。全体に加わる電圧をVとすると、

$V = I_0 R_a$ ……①

$V = (I - I_0) R_s$ ……②

①=②より、Iが求められます。

$$I = \frac{(R_a + R_s) I_0}{R_s} = \frac{(1.9 + 0.1) \times 50}{0.1} = 1000 〔mA〕$$

正解は（4）

合格ポイント

+α

電圧計の測定範囲を拡大する場合、電圧計の最大目盛りをV_0〔V〕とすると、測定できる電圧Vは、

$$V = \frac{(R_a + R_s) V_0}{R_a}$$です。

このタイプの問題は、分流、分圧の原理を理解しておきましょう。

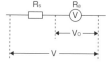

問題 5

難易度…☀☀☀ ○ ○

真値をT、測定値をMとしたとき、百分率誤差 ε と百分率補正 a の組合せで、正しいものはどれか。

（1）$\varepsilon = \dfrac{(T - M)}{T}$　$a = \dfrac{(M - T)}{M}$　　（2）$\varepsilon = \dfrac{(M - T)}{T}$　$a = \dfrac{(T - M)}{M}$

（3）$\varepsilon = \dfrac{(M + T)}{T}$　$a = \dfrac{(T - M)}{T}$　　（4）$\varepsilon = \dfrac{(M - T)}{M}$　$a = \dfrac{(T + M)}{M}$

解答＆解説

　真値とは「本当の値」のことで、測定値は「実際に測定した数値」をいいます。
　TはTrue（真）、MはMeasure（測定）の頭文字です。測定値が、真値ぴったりか、それより大きいか小さいかわかりません。

（1）誤差と百分率誤差

　真の値：T、測定値：Mとすると、

　誤差＝M－T

　百分率誤差（ε）＝ $\dfrac{(M - T) \times 100}{T}$

　ε は「イプシロン」と読み、ギリシャ文字です。

（2）補正と百分率補正

　補正＝T－M

　百分率補正（a）＝ $\dfrac{(T - M) \times 100}{M}$

　百分率誤差のことを単に誤差率、百分率補正のことを補正率ということもあります。どちらも「率」という漢字が付いていて、〔%〕で表現したもの、つまり100倍したものです。

正解は（2）

【類題】

真値が100Vである電圧の測定値が103Vであった。このときの百分率誤差はどれか。

　ア．－3%　　　イ．－2.9%　　　ウ．2.9%　　　エ．3%

　もし測定値が小さければ、－（マイナス）になります。

（答）エ

合格ポイント ＋a

　これらの公式は暗記する必要があります。
　補正・百分率補正は誤差・百分率誤差のTとMを入れ替えたものなので、誤差・百分率誤差を覚えておけばよいでしょう。

電気材料・電気機器

導体の電気抵抗の公式、変圧器の変圧比の公式、電動機の回転、始動方法、鉛蓄電池などの電気機器に関する知識を吸収しましょう。

|解|説| 合格ポイント!

❶ 導体の電気抵抗は $R = \dfrac{\rho\ell}{S}$ で計算します。

❷ 変圧器の変圧比は、$\dfrac{E_1}{E_2} = \dfrac{N_1}{N_2} = \dfrac{I_2}{I_1}$ で計算します。

❸ 電動機、発電機の同期速度は、毎分 $N_s = \dfrac{120f}{p}$ 回転です。

（1）導体の電気抵抗

電線の導体部分の抵抗 R〔Ω〕は、抵抗率：ρ〔Ωm〕、電線長さ：ℓ〔m〕、断面積：S〔㎡〕とすると、$R = \dfrac{\rho\ell}{S}$ となります。

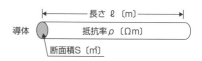

（2）変圧器

①変圧比

一次巻線の起電力：E_1〔V〕、二次巻線の起電力：E_2〔V〕、一次巻線数：N_1、二次巻線数：N_2、一次巻線の電流：I_1〔A〕、二次巻線の電流：I_2〔A〕とすると、

変圧比 $= \dfrac{E_1}{E_2} = \dfrac{N_1}{N_2} = \dfrac{I_2}{I_1}$ となります。

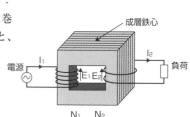

②損失

鉄損（P_i）＝無負荷損

負荷の大きさに関係なく**一定**です。

銅損（P_c）＝負荷損、抵抗損

負荷の**二乗に比例**します。

（3）電動機の速度

同期速度〔min^{-1}〕：N_s、周波数：f、固定子の極数：p とすると、次の式で表せます。

$N_s = \dfrac{120f}{p}$ ※〔min^{-1}〕は1分間当たりの回転数。

問題 1

難易度…★ ★ ★ ○ ○

図に示す導体Bの抵抗値は、導体Aの抵抗値の何倍になるか。
ただし、導体AおよびBの材質は同じとする。

(1) $\dfrac{1}{8}$倍

(2) $\dfrac{1}{4}$倍

(3) 4倍

(4) 8倍

導体A　長さ ℓ〔m〕　断面積S〔㎡〕

導体B　長さ $\dfrac{\ell}{2}$〔m〕　断面積4S〔㎡〕

解答&解説

$R = \dfrac{\rho\ell}{S}$ を使います。ρ（ロウ）は、**抵抗率〔Ωm〕**を表します。〔Ω〕があることから、電流の流れにくさを示すものと考えてください。ρは導体固有の数値で、導体として使用される銅やアルミニウムは小さい値です。**抵抗率 ρ** が、電気の通しにくさの程度であるのに対し、**導電率 σ〔s／m〕**は電気の通しやすさ（電流の流れやすさ）を表します。$\rho = \dfrac{1}{\sigma}$ の関係となります。〔s〕は「ジーメンス」、σは「シグマ」と読みます。

導体Aの抵抗値を**RA**、導体Bの抵抗値を**RB**とします。

$$R_A = \frac{\rho\ell}{S} \qquad R_B = \frac{\left(\dfrac{\rho\ell}{2}\right)}{4S} = \frac{\rho\ell}{2} \div 4S = \frac{\rho\ell}{8S} \qquad \frac{R_B}{R_A} = \frac{1}{8}$$

◎「導体Aの抵抗値の何倍か」ということは、導体Aの抵抗値がもとになるので、分母にします。

なお、当問題では、単体の材質は同じなので、抵抗率 ρ は無視しても可です。

正解は（1）

【類題】

導体の導電率を σ、断面積を**S**、長さを ℓ とした場合、抵抗**R**を表す式として、正しいものはどれか。

ア. $R = \dfrac{S\ell}{\sigma}$ 　イ. $R = \dfrac{\sigma\ell}{S}$ 　ウ. $R = \dfrac{\ell}{\sigma S}$ 　エ. $R = \dfrac{\sigma}{S\ell}$

（答）ウ

合格ポイント ＋α

金属を導電率の高い順に並べると、以下のとおりです。順番は暗記しましょう。
①銀　②銅　③金　④アルミニウム
電線として使われるのは、銅とアルミニウムです。

理想変圧器において、一次側の端子電圧100V、巻数200のとき、二次側の端子電圧10Vを取り出したい。
このときの二次側の巻き数はどれか。

（1）5　　　　　　（2）10
（3）20　　　　　（4）50

解答＆解説

交流は変圧するのに便利です。**電磁誘導作用**により、一次側コイルに発生した磁束が二次側コイルを貫通し、電圧を誘起します。交流は向きを変えるので電圧が発生します。

理想変圧器とは、一次側に発生した磁束が漏れることなくすべて二次側に貫通する変圧器のことです。

変圧器（トランス）は一次回路の交流電力を電磁誘導作用により、二次回路に供給する機器であり、電圧を変える電気機器です。

図の成層鉄心とは、薄い鉄片を何層にも重ねてつくったものです。

変圧器は一般に、高圧6600Vを低圧100V、**200V**に下げて使います。電圧を落として使うことが多いのですが、なかには、昇圧（上げること）して使う場合もあります。二次側で取り出したい電圧は、**巻数比**で決まります。一次側より二次側の巻数を少なくすれば電圧は下がり、余計に巻けば上がります。

問題は二次側巻数を求めるので、

$$変圧比 = \frac{E_1}{E_2} = \frac{N_1}{N_2} = \frac{I_2}{I_1}$$

の公式を利用します。

電圧と巻数の関係なので、変圧比と$\frac{I_2}{I_1}$の部分は不要です。$\frac{E_1}{E_2} = \frac{N_1}{N_2}$を使い、与えられた数値を代入すると、

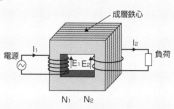

成層鉄心

電源　負荷

$$\frac{100}{10} = \frac{200}{N_2}$$

これより、$N_2 = 20$

正解は（3）

合格ポイント
$+\alpha$

変圧比の公式$\frac{E_1}{E_2} = \frac{N_1}{N_2} = \frac{I_2}{I_1}$は、問題に応じて必要な部分を取り出して使用しましょう。電圧と巻数の関係なら$\frac{E_1}{E_2} = \frac{N_1}{N_2}$、電流と巻数の関係なら$\frac{N_1}{N_2} = \frac{I_2}{I_1}$、電圧と電流の関係なら、左端と右端の部分を取り出して、$\frac{E_1}{E_2} = \frac{I_2}{I_1}$です。これは簡単にすると、$E_1 I_1 = E_2 I_2$となります。

問題 3

難易度… ● ● ● ○ ○

変圧器の損失のうち、鉄損と銅損で適当なものはどれか。

	鉄損	銅損
（1）	一定	負荷電流に比例
（2）	負荷電流に比例	負荷電流に比例
（3）	一定	負荷電流の二乗に比例
（4）	負荷電流に比例	負荷電流の二乗に比例

解答&解説

変圧器の損失のうち、次の2つは重要です。

鉄損（P$_i$）＝ヒステリシス損＋渦電流損

銅損（P$_c$）＝抵抗損（ジュール熱）

鉄損は**無負荷損**ともいい、変圧器の二次側に負荷を接続しない場合でも発生する損失です（負荷を接続しても、損失は同じです）。

銅損は、二次側に負荷を接続したとき、その大きさの**二乗に比例**する損失です。たとえば、**定格負荷時**（100%の負荷）の銅損を1とすると、

50%負荷時の損失は$\dfrac{1}{4}$です。

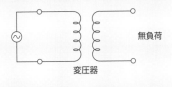

無負荷

変圧器

負荷

効率を表すギリシャ文字として、η（イータ）がよく使われます。

$$\eta = \frac{出力}{入力}$$

$$= \frac{出力}{（出力＋損失）}$$

$$= \frac{出力}{（出力＋鉄損＋銅損）}$$

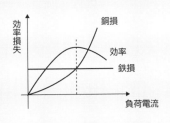

効率・損失／銅損／効率／鉄損／負荷電流

正解は（3）

単相変圧器を三相変圧器に変える（単相電源から三相電源をつくる）方法があります。

単相変圧器	結線方法	三相変圧器
100kV·A 2台	V結線	$100\sqrt{3}$ kV·A
100kV·A 3台	△結線	300kV·A

たとえば、100kV·Aの単相変圧器2台をV（ブイ）結線方式で使用すると、容量$100\sqrt{3}$ kV·Aの三相変圧器として使用できます。同様に、3台の△（デルタ）結線方式で300kV·Aです。

問題 4

難易度… ● ● ● ○ ○

三相誘導電動機の特性に関する記述として、不適当なものはどれか。

（1）電源の3線のうち2線を入れ替えると、回転方向が逆になる。
（2）同期速度は、極数を多くすると遅くなる。
（3）実際の回転速度は、同期速度より遅くなる。
（4）周波数が50Hzより60Hzのほうが回転速度は遅くなる。

解答&解説

電動機の電源線は三相なので3本（R相－S相－T相）ですが、軸回転の方向を逆にするには、R、S、Tのどれか2本を入れ替えて接続します。

また、回転速度は以下のとおりです。

①同期電動機の回転速度

同期速度〔$\min^{-1}$〕：N_s、周波数：f、固定子の極数：pとすると、

$$N_s = \frac{120f}{p}\,(\text{〔}\min^{-1}\text{〕は、1分間当たりの回転数})$$

② 誘導電動機の回転速度

$$N = (1-s)\,N_s = \frac{120f\,(1-s)}{p} \quad \text{すべり：} s$$

同期電動機は、固定子は巻線、回転子が磁石、固定子に交流電圧をかけると回転磁界が発生し、回転子が同じ速度（同期速度）で回転します。

誘導電動機は、固定子と回転子にそれぞれ巻線があります。回転子の回転速度Nは、すべりsがあるため、同期速度に比べて少し遅くなります。誘導電動機は建物の動力設備として多用されます。また、pは、N極とS極がペアで$p = 2、4、6\cdots$の偶数値です。

正解は（4）

電動機の始動方式に、**スター・デルタ始動**があります。

電動機の固定子巻線を**スター結線**にして始動させ、回転子の回転が加速されたら、**デルタ結線**に切り替えます。全電圧始動法に比べ、始動電流を制限することができます。5.5～15kW程度の**中型電動機**に採用されます。

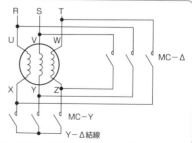

問題 5

難易度… ● ● ● ○ ○

蓄電池について、次のうち誤っているものはどれか。

（1）単電池の公称電圧は2Vである。
（2）蓄電池の容量は、アンペア時〔Ah〕で表す。
（3）温度が高いほど、自己放電は大きくなる。
（4）鉛蓄電池は、正極に二酸化鉛、負極に鉛を使用し、電解液に蒸留水を使用する。

解答＆解説

　主な電池の種類は以下のとおりです。
①乾電池（一次電池：充電ができない）
②蓄電池（二次電池：充電できる）
③燃料電池（燃料の化学エネルギーを電気に変換）
④太陽電池（太陽の光エネルギーで電気を発生）
　一次電池は、放電すると電池内の物質が化学変化して、再生はできません。乾電池、水銀電池などです。
　二次電池は、放電で化学変化を起こした物質に対し、外部からの電気エネルギーで再生します。一般に、蓄電池といわれるもので、**鉛蓄電池、アルカリ蓄電池**などがあります。
①鉛蓄電池の特徴
　充電、放電は以下の化学反応が起こります。

〔陽極〕〔電解液〕〔陰極〕
$$PbO_2 + 2H_2SO_4 + Pb \underset{充電}{\overset{放電}{\rightleftarrows}} 2PbSO_4 + 2H_2O$$
二酸化鉛　希硫酸　鉛　　　　　硫酸鉛　水

　ア．公称電圧は**2.0〔V〕**
　イ．電解液の希硫酸は、放電すると比重は下がる
　ウ．周囲温度が上がると、電池の端子電圧は上昇する
②アルカリ蓄電池の特徴
　ア．公称電圧は**1.2〔V〕**
　イ．電解液の比重変化はない
　ウ．長寿命

正解は（4）

合格ポイント

　鉛蓄電池とアルカリ蓄電池の公称電圧の違いをはっきりさせましょう。また、鉛蓄電池の電解液は蒸留水ではなく**希硫酸**です。

問題 6

難易度… ●☀●☀●☀○○

電気絶縁の耐熱クラスの許容最高温度を低い順に並べたもので、正しいものはどれか。

(1)　Y － A － B － E
(2)　A － B － E － Y
(3)　Y － A － E － B
(4)　Y － E － B － A

解答＆解説

　変圧器や電動機などの電気機器は、使用時に熱を発生するため温度が上がります。熱は巻線に流れる電流による**銅損**と、**鉄損**によるものです。高温で長時間使用すると、機器の絶縁物が劣化します。絶縁物の種類によって、**最高許容温度（耐熱温度）**が決められており、**JIS**（日本工業規格）では以下のように**クラス分け**されています。

耐熱クラス	最高許容温度〔℃〕	主な材料
Y種	90	紙、綿、ポリエチレン、ゴム
A種	105	〃
E種	120	エポキシ樹脂、ポリエステル
B種	130	マイカ、ガラス繊維、石綿
F種	155	〃
H種	180	〃
N種	200	マイカ、磁器、石綿
R種	220	〃

正解は（3）

【類題】電気機器の絶縁材料として使われる紙は、JISに規定される耐熱クラスとして正しいものはどれか。
　　ア．B種
　　イ．R種
　　ウ．Y種
　　エ．H種

（答）ウ

合格ポイント
＋α

　　耐熱クラスは、**最高許容温度の低いほうから順番**に、「八重（YAE）ちゃんのボーイフレンド（BF）は、半端ないロッカー（HNR）」と覚えます。Y種が90℃で、R種が220℃というのも覚えておくとよいでしょう。

第 2 章

消防関係法令
（全類共通）

全類に共通する消
防関係法令を学習
しよう。

2-1 用語と防火対象物

用語（防火対象物、特定防火対象物、複合用途防火対象物、消防対象物ほか）は繰り返し出題されます。特定防火対象物とはどんな建物なのか理解しましょう。

|解|説| 合格ポイント！

❶ 防火対象物と消防対象物はよく似ているが、最後の「物件」の部分が違います。

❷ 特定防火対象物は不特定多数、老幼弱者の利用建物です。

❸ 複合用途防火対象物とは、異なる用途部分のある防火対象物です。

（1）消防関係法令の用語

①**防火対象物**：山林または舟車、船きょ、もしくはふ頭に繋留された船舶、建築物その他の工作物もしくはこれらに属するもの

②**消防対象物**：山林または舟車、船きょ、もしくはふ頭に繋留された船舶、建築物その他の工作物または物件

③**関係者**：防火対象物または消防対象物の所有者、管理者、または占有者

④**関係のある場所**：防火対象物または消防対象物のある場所

⑤**高層建築物**：高さが31mを超える建築物

⑥**無窓階**：避難上または消火活動上有効な開口部のない階

（2）特定防火対象物

①不特定多数の者が出入りする防火対象物

②老人、幼児、その他ハンディキャップをもった人等が利用する防火対象物

◎消防法施行令別表第1（右の表で、単に「令別表1」ということもある）で★マークの付いている防火対象物

（3）複合用途防火対象物

1つの防火対象物において、複数の用途があるもの。

複合用途防火対象物において、**特定用途部分**を含むものと、含まないものがあります。

◎令別表1で（1）は一項と読みます。

◎特定用途部分を含むと自動火災報知設備などの設置基準が厳しくなります。

◎同じ項でも、イ、ロ、ハが違えば異なる用途になります。

（例）右表において、(1) 項イの劇場と (1) 項ロの公会堂

消防法施行令別表第1 【令別表1】　　★を付したもの（アミカケの部分）は特定防火対象物

(1) ★	イ	劇場、映画館、演芸場または観覧場
	ロ	公会堂または集会場
(2) ★	イ	キャバレー、カフェー、ナイトクラブその他これらに類するもの
	ロ	遊技場またはダンスホール
	ハ	性風俗関連特殊営業を含む店舗等
	ニ	カラオケボックス、インターネットカフェ、漫画喫茶等
(3) ★	イ	待合、料理店その他これらに類するもの
	ロ	飲食店
(4) ★		百貨店、マーケットその他の物品販売業を営む店舗または展示場
(5)	★ イ	旅館、ホテル、宿泊所その他これらに類するもの
	ロ	寄宿舎、下宿または共同住宅
(6) ★	イ	病院、診療所または助産所
	ロ	老人福祉施設、有料老人ホーム（要介護状態の者）、乳児院など
	ハ	老人デイサービスセンター、有料老人ホーム（介護状態にない者）、保育所など
	ニ	幼稚園または特別支援学校
(7)		小学校、中学校、高等学校、中等教育学校、高等専門学校、大学、専修学校、各種学校その他これらに類するもの
(8)		図書館、博物館、美術館その他これらに類するもの
(9)	★ イ	蒸気浴場、熱気浴場その他これらに類する公衆浴場
	ロ	上記イに掲げる以外の公衆浴場
(10)		車両の停車場または船舶もしくは航空機の発着場
(11)		神社、寺院、教会その他これらに類するもの
(12)	イ	工場または作業場
	ロ	映画スタジオまたはテレビスタジオ
(13)	イ	自動車車庫または駐車場
	ロ	飛行機または回転翼航空機の格納庫
(14)		倉庫
(15)		前各項に該当しない事業場
(16)	★ イ	複合用途防火対象物で、一部に特定用途部分を有するもの
	ロ	複合用途防火対象物で、上記イ以外のもの
(16の2) ★		地下街
(16の3) ★		準地下街
(17)		文化財保護法の規定によって重要美術品として認定された建造物、史跡等
(18)		延長50m以上のアーケード
(19)		市町村長の指定する山林
(20)		総務省令で定める舟車

第2章
消防関係法令（全類共通）

問題 1

難易度⋯⋯⋆ ⋆ ○ ○ ○

消防法に規定する用語について、誤っているものはどれか。

（1）防火対象物とは、山林または舟車、船きょ、もしくはふ頭に繋留された船舶、建築物その他の工作物または物件をいう。
（2）複合用途防火対象物とは、防火対象物で政令で定める2以上の用途に供されるものをいう。
（3）関係者とは、防火対象物または消防対象物の所有者、管理者もしくは占有者をいう。
（4）高層建築物とは、建物高さが31mを超えるものをいう。

解答＆解説

消防関係法令の体系

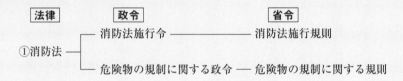

法律	政令	省令

①消防法 ── 消防法施行令 ── 消防法施行規則
 ── 危険物の規制に関する政令 ── 危険物の規制に関する規則

②消防組織法

消防対象物の「**物件**」とは、ものを意味し、工作物に付属するものもこの中に含まれます。消防対象物のほうが**防火対象物**より範囲が広くなります。道端に落ちている布切れ、街路樹なども「物件」になります。消火の対象となるすべてのものが、消防対象物です。

舟車とは、舟と車（自動車、鉄道含む）。船きょとは、船の検査、修理等を行うドックのこと。ふ頭は、船を繋留しておく（つないでおく）波止場のことです。

関係者とは、防火対象物または消防対象物の**所有者**、**管理者**または**占有者**をいいます。所有者はそのものを所有する者、管理者はそのものを保存、維持する者、占有者はそのものを事実上支配する者です。**高層建築物**は、建物高さが**31mを超える**ものをいいます。31mは該当しません。

> **正解は（1）**

合格ポイント +@　一戸建住宅を購入したAさんは、所有権を得て、居住し建物を維持管理しています。この場合、**所有者**、**管理者**、**占有者**は同一人です。一方、3階建ての雑居ビルで、所有者Aが建物を管理させるために管理者Bを雇い、賃借料をもらって、1階をC、2階をD、3階をEに貸す場合、C、D、Eが占有者になります。

問題 2

難易度… ●●●● ○

消防法施行令別表第1で定められている防火対象物について、消防法令上、誤っているものは次のうちどれか。

（1）劇場と公会堂は、それぞれ別表第1(1)項イとロであり、別の用途である。
（2）キャバレーと遊技場が存する防火対象物は、別表第1(16)項イの防火対象物に該当する。
（3）百貨店の部分に、管理についての権原、利用形態その他の状況により従属的な部分を構成すると認められる喫茶店が存する防火対象物は、別表第1(4)項の防火対象物とする。
（4）経営者が異なる飲食店が3店舗存する防火対象物は、別表第1(16)項イの防火対象物に該当する。

解答＆解説

　消防法施行令別表第1（令別表1）によれば、劇場と公会堂は、それぞれ別表第1(1)項イとロであり、別の用途です。

（1）	イ	劇場、映画館、演芸場または観覧場
	ロ	公会堂または集会場

　キャバレーは（2）項イで、遊技場は（2）項ロなので、その防火対象物は、複合用途防火対象物になります。別表第1(16)項イの防火対象物に該当します。

（16）	イ	複合用途防火対象物で、一部に特定用途部分を有するもの
	ロ	複合用途防火対象物で、上記イ以外のもの

　百貨店は（4）項で、喫茶店は（3）項ですが、喫茶店が従属的な部分を構成すると認められるため、百貨店の一部と考えます。したがって、複合用途防火対象物でなく、(4)項になります。
　同じ用途のものが複数あり、経営者が異なっていても、別表第1(16)項イの複合用途防火対象物に該当せず、飲食店は（3）項ロとなります。

正解は（4）

合格ポイント

法令の種類についてまとめておきます。

法令の種類	制定する機関	内容
法律	国会	国会の議決で成立し、単に「法」ともいう
政令	内閣（政府）	内閣で決めたもの
省令	大臣	大臣が発した命令
告示	省庁	細目について示すもの
条例	地方公共団体	県や市町村が、法律の趣旨に基づき定める

次のうち、特定防火対象物はどれか。

（1）図書館
（2）映画館
（3）美術館
（4）博物館

解答＆解説

　特定防火対象物とは、次の①または②に該当するものをいいます。

①**不特定多数の者**が利用する。

②老人、幼児、その他ハンディキャップをもった人（**老幼弱者**）等が利用する。火災が発生すると、避難、救助に支障が予想され、きわめて危険性が高いと、特に定めた防火対象物です。

　不特定多数の者が出入りする建物とは、特定の人だけでなく、多数が利用できるものです。ただし、特定防火対象物であるためには、遊びや楽しみの色合いが強いもので、図書館、博物館、美術館や、神社、教会など堅いイメージのあるものは除かれています。

　特定防火対象物であるかないかは、非常に重要です。それにより、自動火災報知設備をはじめとする消防用設備等の設置基準や、維持管理などが異なるからです。

　問題では、みな「館」が付きますが、映画館は令別表1の（1）項イ、図書館、美術館、博物館はいずれも（8）項です（★は特定防火対象物）。

（1）★	イ　劇場、映画館、演芸場または観覧場
	ロ　公会堂または集会場
（8）	図書館、博物館、美術館その他これらに類するもの

◎消防法施行令別表第1の防火対象物の用途は、漢数字（一）、（八）などを使っていますが、見やすさを考慮し、(1)、(8) を使います。

◎消防法施行令別表第1を「**令別表1**」ともいいます。

正解は（2）

合格ポイント
＋α

①（8）項　図書館、博物館、美術館その他これらに類するもの（**教育系の施設**）
②（11）項　神社、寺院、教会その他これらに類するもの（**宗教系の施設**）
　いずれも特定防火対象物ではありません。教育系、宗教系の施設は不特定多数の利用もありますが、特定防火対象物ではないと覚えておきましょう。

次のうち、複合用途防火対象物はどれか。

(1)

2階	事務所
1階	倉庫

(2)

2階	事務所
1階	事務所

(3)

2階	マージャン荘
1階	パチンコ店

(4)

2階	美術館
1階	図書館

解答＆解説

　複合用途防火対象物とは、令別表1の防火対象物で、2つ以上の用途に使われるものです。

2階	事務所	（15）項
1階	倉庫	（14）項

　事務所は（15）項、倉庫は（14）項です。パチンコ店、マージャン荘はいずれも（2）項ロ。美術館と図書館は（8）項です。

　なお、（15）項は、「前各項に該当しない事業場」で、（1）項～（14）項のいずれにも該当しない防火対象物のことです。建築士事務所、会計事務所、司法書士事務所などの事務所系や、都庁、裁判所などの官公庁、銀行、証券会社などの金融関係など、さまざまな業種です。

　たとえば、1階が銀行、2階が弁護士事務所、3階が建築設計事務所のビルは、複合用途防火対象物かというと、そうではありません。1階から3階まで（15）項に該当し、用途は同じとみなされます。

　当問題では、選択肢（1）の用途は明らかに異なります。したがってこれが複合用途防火対象物です。

正解は（1）

合格ポイント +α

　次の建物Aは（1）項、建物Bは（2）項ですが、さらにイ、ロ…と分かれています。**同じ項でも、イ、ロ、ハが違えば異なる用途**です。したがって、建物A、Bとも複合用途防火対象物になります。

建物A

2階	映画館	（1）項イ
1階	公会堂	（1）項ロ

建物B

2階	キャバレー	（2）項イ
1階	漫画喫茶	（2）項二

3階の建物で正しい説明はどれか。

（1）特定用途部分のある複合用途防火対象物である。
（2）特定防火対象物ではない、一般の防火対象物である。
（3）特定用途部分のない、複合用途防火対象物である。
（4）特定防火対象物であるが、複合用途防火対象物ではない。

| 居酒屋 |
| 喫茶店 |
| そば屋 |

解答＆解説

　特定用途とは、特定防火対象物となる用途のこと、**特定用途部分**とは、その部分の意味です。

　そば店、喫茶店、居酒屋とも令別表1の（3）項に該当するので、複合用途防火対象物ではありません。また、（3）項は、特定防火対象物です。

　特定用途部分のある**複合用途防火対象物**（16）項イか、特定用途部分のない複合用途防火対象物（16）項ロかにより、基準は違ってきます。もちろん、（16）項イは特定防火対象物なので、厳しくなります。

| (16) | ★イ　複合用途防火対象物のうち、その一部が（1）項から（4）項まで、（5）項イ、（6）項または（9）項イに掲げる防火対象物の用途に供されているもの |
| | ロ　イに掲げる複合用途防火対象物以外の複合用途防火対象物 |

正解は（4）

合格ポイント
＋α

　地下街とは、地下に設けられた店舗、事務所等の施設と地下道を合わせたもので、地上に建物はありません。

　準地下街は、建築物の地階で、連続して地下道に面して設けられた施設（**特定用途部分あり**）と、地下道を合わせたもので、地上にも建物があります。

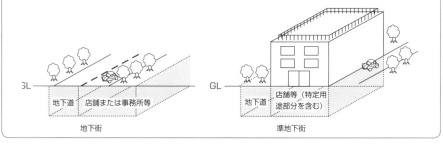

2-2 ‖‖‖‖‖‖‖‖‖‖‖‖‖‖‖‖‖‖‖‖‖‖ 消防機関の業務

消防機関の名称と最高責任者、屋外における措置命令、防火対象物への措置命令、立入検査等の命令権者の暗記、建築確認における消防の同意の意味が重要です。

|解|説| 合格ポイント！

❶ 消防長と消防庁を混同しないように。消防庁は総務省の外局で、国家機関です。
❷ 焚火の禁止など屋外における措置命令は、消防吏員も出せます。
❸ 立入検査は事前通告なしに、いつでも可能です（個人住宅を除く）。

（1）消防の組織
①国　　　　総務省 ― 消防庁
②市町村　　消防本部 ― 消防署
　　　　　　消防団 ― 分団

市町村	消防行政権限者
消防本部および消防署を置く	消防長又は消防署長
上記以外	市町村長

（2）屋外における措置命令
　措置命令が出せるのは、消防長（消防本部を置かない市町村においては、市町村長）、消防署長、消防吏員です。

（3）立入検査
　個人住居を除き、時間帯は24時間いつでもOKで、事前通告の必要はありません。

（4）防火対象物の措置命令
　建築中の建物であっても、火災発生により人命に危険がある場合等は、工事の改修を命ずることができます。

（5）消防の同意
　建築主事等が建築確認する際、消防機関の同意を得る必要があります。

第2章 消防関係法令（全類共通）

次のうち、機関の長（最高責任者）で、誤っているのはどれか。

(1) 消防庁　　　──　　　消防庁長官
(2) 消防本部　　──　　　消防本部長
(3) 消防署　　　──　　　消防署長
(4) 消防団　　　──　　　消防団長

解答&解説

　消防庁は国家機関であり、他は市町村の機関です。市町村は、次の機関の全部または一部を設置することになっています。

①消防本部
②消防署
③消防団

　①～③のすべてを設置することもできます。ただし、消防署の単独設置はできず、消防本部とセットです。

　最高責任者、構成員は表のとおりです。

機関名	長（最高責任者）	構成員
消防本部	消防長	消防職員（消防吏員とその他の職員）
消防署	消防署長	
消防団	消防団長	消防団員

　消防職員とは、消防本部、消防署で消防事務にたずさわる者。市町村の地方公務員です。**消防吏員**を含みます。消防吏員とは、消防職員のうち、階級章を付けた制服を着用し、実際に現場で消火、救急、救助等の業務にたずさわる者をいいます。消防長、消防署長は消防吏員です。「吏員」とは、地方公務員のことです。

　消防団員のうち、常勤者は地方公務員で非常勤者は民間人の場合もあります。

　なお、消防の組織は、以下のようになっています。

① 国　　　　総務省 ─ **消防庁**
② 市町村　　消防本部 ─ 消防署
　　　　　　　消防団

消防本部の長は、消防本部長でなく、**消防長**です。

正解は（2）

合格ポイント
+α

　政令市、中核市などの大きな市では、「消防本部」といわず、「消防局」といっているところもあります。いずれにしても、最高責任者は**消防長**です。

問題 2

難易度…● ● ○ ○ ○

屋外において、火災の予防に危険な火遊びをしていた者に対し、消防吏員のとるべき態度で誤っているのはどれか。

（1）火遊びを中止するよう命じた。
（2）残火等の始末をきちんとするように命じた。
（3）使用していた灯油を消防吏員自ら持ち帰り、保管した。
（4）燃焼のおそれのある廃材が散乱していたので、除去を命じた。

解答&解説

　屋外における**火災予防**または**消防活動の障害除去**のため、次の**措置命令**が出せます。措置命令とは、適切な方法をとるよう命ずることで、口頭、文書があります。
①火遊び、喫煙、たき火等の制限、禁止
②残火等の始末
③危険物などの燃焼のおそれがある物件の除去　　などです。
　灯油を除去し、保管できるのは、その所有者等の所在が不明で、消防長または消防署長の指示がある場合です。まずは、火遊びをしている者に、除去するように命じるのが筋で、もし従わなければ、罰金または拘留となります。
　また、屋外での措置命令を出すことができる人は、
①消防長
②消防署長
③消防吏員
④市町村長（消防本部を置かない市町村の場合）です。
　命令する相手がその場にいるか、所在がはっきりしていれば措置命令を出します。相手が不明の場合は、消防職員が自ら物件の整理、除去、保管しなければなりません。その指示は消防長、または消防署長（消防本部を置かない市町村においては、市町村長）が出します。
　消防本部を置かない市町村には消防長はいません。「消防長または消防署長（消防本部を置かない市町村においては、市町村長）」という表現の意味は、消防長に代わり、市町村長が消防事務の職務権限をもつということです。

> 正解は（3）

合格ポイント
+α

　消防設備士試験の範囲では、消防に関する権限は、消防長＝市町村長（消防本部を置かない市町村の）と考えてよいでしょう。また、「**消防長等**」という表現がありますが、**消防長**のほかに**消防署長**、消防本部を置かない**市町村の長**を含むと解釈してください。

火災予防のために必要があるとき、消防長または消防署長（消防本部を置かない市町村においては、市町村長）が消防対象物の関係者に対してとることができる権利で、誤っているのはどれか。

（1）資料提出命令権　　（2）報告徴収権
（3）立入検査権　　　　（4）会計検査権

解答＆解説

　消防長または消防署長（消防本部を置かない市町村においては、市町村長）には、火災予防のため必要があるとき、消防対象物の関係者に対して、次の権利が認められています。

　「防火対象物の関係者」でなく、「消防対象物の関係者」と表現しているのは、個人住宅も含むからです。

①**資料提出命令権**（資料を提出させる）
②**報告徴収権**（報告を求め、収集する）
③**立入検査権**（建物内に立ち入り、検査する）
　①〜③の権限は、消防団長にはありません。

　立入検査では、消防対象物の位置、構造、設備および管理状況の検査や関係者に質問等をすることができます。立入検査できる時間帯は、**24時間いつでもよい**ことになっています。事前通告の必要はなく、検査時間の制限等もないので、営業時間外でもよいことになります。

　ただし、**個人住居の場合**の立入検査は、関係者の承諾を得た場合または**火災発生のおそれが著しく大**であるため、**緊急の必要がある場合**に限られます。

　なお、火災予防のためとくに必要があるときは、**非常勤の消防団員**に立入検査させることもできますが、その場合は、検査を実施する消防対象物および期日または期間を事前に通知しなければなりません。

　立入検査する際、消防職員は次のことを守らなければなりません。

①証票（市町村長の定めたもの）を携帯し、関係する者（パートタイマー従業員を含む）の請求があれば提示する。
②業務妨害をしない。
③知り得た秘密を、みだりに漏らさない。

正解は（4）

合格ポイント **+α**

　「**立入検査**」という言葉は消防法に規定された法律用語で、やや硬いイメージがあります。実際は、「火災予防査察」、単に「査察」のように、「**査察**」という用語を用いる消防機関が多いようです。同様の意味ですが、試験では、「立入検査」で覚えましょう。

問題 4

難易度…★・★・★・○・○

消防長、消防署長または消防本部を置かない市町村の長は、防火対象物に対し、必要な措置をとるよう命令できるが、次のうち、適当でないものはどれか。

（1）火災の予防上必要があると認めたので、改修するよう命じた。
（2）火災が発生したら、人命に危険であると認めたので、使用を禁止した。
（3）工事中の建物だが、火災予防上必要があると認めたので、工事の中止を命じた。
（4）建築基準法に適合するとして建築の許可を受け、その後、変更のない建物であるが火災予防上必要があると認めたので、使用の制限を命じた。

解答&解説

　防火対象物に対する措置命令：防火対象物の位置、構造、設備または管理の状況について、次の場合、防火対象物の**関係者**（とくに緊急性のある場合は、工事請負人、現場監理者等）に、当該防火対象物の**改修**、**移転**、**除去**、**工事の中止**等を命じることができます。

①火災が発生すると人命に危険が及ぶ
②消火、避難、その他消火活動に支障がある
③火災予防上必要である

　ただし、建築物その他の工作物で、それらが他の法令により許可または認可を受け、その後事情の変更のないものについては、措置命令は出せません。つまり、建築物等でその建物が**建築基準法**に適合し、**建築確認申請**が受理されたもので、その後変更工事等をしていないような場合です。

　措置命令が出せる人は、次のとおりです。
①**消防長**
②**消防署長**
③消防本部を置かない市町村においては、**市町村長**

> 正解は（4）

　消防吏員については、屋外の見回りや立入検査において、火災が発生すると人命に危険が及ぶ場合、消火、避難、その他消火活動に支障がある場合には、物件の除去、整理を命じることができます。

問題 5

難易度…●●●○○

消防同意に関する記述として、正しいものはどれか。

- （1）消防の同意とは、設計図書が消防関係法令に適合していることを、消防機関が建築主事等に通知するとともに、施主にも通知することである。
- （2）建築主は、確認申請を行う前にあらかじめ消防同意を得ておく必要がある。
- （3）建築主事等は、消防同意を得てから建築確認を行う。
- （4）消防同意の期間は、一般建築物については4日以内、その他の建築物については10日以内である。

解答＆解説

消防の同意の流れ

指定確認検査機関（民間）も建築主事と同様の建築確認を行うことができます。

①建築主が建築主事または指定確認検査機関あてに建築計画を申請します。

②建築主事等は建築法規に基づき図面審査をし、消防長等に申請書類を提出します。

③消防長等は、消防法から条例にいたる、防火に関する法規に照らし問題がなければ同意します。

④建築主事が最終的に確認し、法に適合している旨の通知書を建築主に交付します。

　建築物を建築するとき、建築確認の申請書を提出します。建築主事の資格をもった人が、その建築計画をチェックします。建築基準法に適合していれば、建築確認通知書が交付されます。

　消防長または消防署長、消防本部を置かない市町村にあっては、市町村長の同意を得なければ、建築主事等は建築確認をすることはできません。

　また、同意（不同意）の期間が定められており、以下のとおりです。

　消防機関は、同意するかどうかを建築主事、または指定確認検査機関あてに通知します。

　一般建築物（建築基準法6条1項四号）　→　**3日**

　その他の建築物　→　**7日**

　3日と7日は重要な数値です。要暗記です。

正解は（3）

合格ポイント

　建築確認：建築主が提出した建築計画の申請書の内容が、適法であると建築主事が認めて印を押すこと。

　建築主事：建築確認や完了検査を行う、国家試験に合格した建築法規の専門家。

2-3 防火管理

防火管理が必要な建物と防火管理者の業務、および共同防火管理の対象となる複合用途防火対象物の種類とその協議事項を押さえましょう。

|解|説| 合格ポイント！

❶ 防火管理者の選任は防火対象物の収容人数により決まり、面積ではありません。
❷ 危険物の取扱いなどに関するものは防火管理者の業務ではありません。
❸ 高層建築物と準地下街は消防長等の指定がなくても共同防火管理が必要です。

（1）防火管理者の選任

　防火管理者が必要な防火対象物は以下のとおりです。
①令別表1（6）項ロ（要介護の老人ホームなど）：収容人員が10人以上のもの
②特定防火対象物：収容人員が30人以上のもの
③非特定防火対象物：収容人員が50人以上のもの

（2）防火管理者の業務

①消防計画の作成・届出
②消火、通報、避難訓練の実施
③消防用設備等の点検、整備
④火気の使用、取扱いの監督　　など

（3）統括防火管理者の選任

　次の防火対象物で管理についての権原が分かれている（管理権原者が複数）場合、共同防火管理を要します。共同防火管理協議会を設置し、統括防火管理者を選任します。
①高層建築物
②準地下街
③地下街で、消防長または消防署長が指定するもの
④令別表1（6）項ロで、3階建て以上かつ、収容人員10人以上のもの
⑤特定防火対象物（（6）項ロを除く）で、3階建て以上かつ、収容人員が30人以上のもの
⑥複合用途防火対象物（特定用途部分を含まない）で、5階建て以上かつ、収容人員が50人以上のもの

防火管理者を選任しなくてよい防火対象物はどれか。

（1）同じ敷地内にあり、所有者が同じで、収容人員が20名と収容人員が30名の2棟のアパート
（2）収容人員が35名の幼稚園
（3）収容人員が30人のレストラン
（4）収容人員が40人の美術館

解答＆解説

　令別表1（1）〜（16－2）および（17）項は収容人員により防火管理者が必要です。準地下街（16－3）項、アーケード（18）項、山林（19）項、舟車（20）項は防火管理者を定めなくてよいことになっています。

　学校、病院、工場、事業場、興行場、百貨店、複合用途防火対象物その他多数の者が出入り、勤務または居住するもので、管理について**権原を有する者**は、**防火管理者を定め**、その者に**防火管理上必要な業務**を行わせなければなりません。

　防火管理者となる要件は、防火管理に関する講習の課程を修了した者等で、当該防火対象物において防火管理上必要な業務を適切に行える、**管理的または監督的な地位にある者**が、防火管理者になれます。

　防火管理者を選任したときは、消防長等に届け出ます。解任したときも同様です。防火管理者が必要な防火対象物は以下のとおりです。

①（6）項ロ（要介護の老人ホームなど）……**収容人員が10人以上のもの**
②**特定防火対象物**………**収容人員が30人以上のもの**
③**非特定防火対象物**……**収容人員が50人以上のもの**

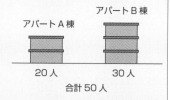

アパートA棟　アパートB棟
20人　　30人
合計50人

　また、1つの敷地に同じ用途の防火対象物が複数あり、管理権原者が同一人であれば、収容人員を合計して防火管理者が必要かどうか判定します。

　選択肢（1）は合計すると50人なので防火管理者は必要です。

　幼稚園、レストランは特定防火対象物なので、これも必要です。美術館は特定防火対象物ではないので、40人なら必要ありません。

正解は（4）

合格ポイント
＋α 　**権原**とは、ある行為をすることを正当なものとする法律上の原因をいいます。一般的に使われる**権限**とは異なり、法律行為を有効にする根源的な権利を意味します。「関係者のうち権原を有する者」といえば、「所有者、管理者、占有者」の3者のうち、一般的には「所有者」と解釈されます。

問題 ②

難易度…●●○○○

防火管理者の業務として、誤っているものはどれか。

（1）収容人員の管理
（2）消防計画に基づく消火、通報および避難訓練の実施
（3）危険物の取扱作業に関する保安の監督
（4）消防用設備等の点検および整備

解答＆解説

防火管理者の業務は以下のとおりです。
①消防計画の作成および届出
②消防計画に基づく消火、通報、避難訓練の実施
③消防用設備等の点検、整備
④火気の使用、取扱いの監督
⑤収容人員の管理
⑥その他、防火管理上必要な業務

消防計画

消火訓練

　防火管理者の業務には、点検、整備業務もありますが、防火管理者の行える点検整備とは、**軽微なもの**です。ヒューズ交換等の軽微なものに限ります。したがって、消防設備士免状を有している必要はありません。

　消防設備士でなくても行える軽微な整備とは、屋内（外）消火栓設備のホースまたはノズル（筒状の先が細くなった穴から液体を噴出させる装置）、ヒューズ類、ネジ類等部品の交換、消火栓箱、ホース格納箱等の補修その他これらに類するものです。

　消防用設備等の工事は消防設備士（甲種）、整備は消防設備士（甲種、乙種）の業務ですが、軽微な点検、整備は防火管理者の業務範囲です。防火管理上、必要な業務を行うのが防火管理者です。**危険物の取扱いは、危険物取扱者が行います。**

正解は（3）

合格ポイント

+α　防火管理者にも甲種と乙種がありますが、特定防火対象物で延べ面積300㎡以上、または非特定防火対象物で延べ面積500㎡以上が甲種防火管理者で、その他は乙種防火管理者でよいことになります。

管理について権原が分かれている次の防火対象物のうち、共同防火管理協議会の設置が必要なものはどれか。

（1）高さ32mの建築物で、消防長または消防署長の指定のないもの。
（2）事務所と図書館からなる複合用途防火対象物で、収容人員が100人で、かつ、地階を除く階数が3のもの。
（3）地下街で、消防長または消防署長の指定のないもの。
（4）小売店舗と映画館からなる複合用途防火対象物で、収容人員が250人で、かつ、地階を除く階数が2のもの。

解答&解説

　高層建築物や準地下街などで、その管理について**権原が分かれている場合**、管理の権原を有する者が集まり、**共同防火管理協議会**を設置し、協議事項を所轄の消防長または消防署長に届け出る必要があります。

　防火対象物全体にわたる防火管理上必要な業務を統括する者として、**統括防火管理者**を選任します。管理についての権原が分かれている（**複数の管理権原者がいる**）防火対象物のうち、次のものは**共同防火管理**を要します。

①	高層建築物	
②	準地下街	
③	地下街	消防長または消防署長が指定するもの
④	令別表1（6）項ロ （要介護老人ホームなど）	3階建て以上かつ、収容人員10人以上のもの
⑤	特定防火対象物	3階建て以上かつ、収容人員が30人以上のもの
⑥	複合用途防火対象物 （特定用途部分を含まない）	5階建て以上かつ、収容人員が50人以上のもの

＊ （6）項ロを含む複合用途防火対象物は、⑤でなく④が適用されます。

　高層建築物と準地下街は、それだけで共同防火管理の対象となります。とくに、「地下街」は消防長または消防署長が指定するものですが、「準地下街」はすべてです。「準」という接頭語に惑わされないようにしましょう。

正解は（1）

合格ポイント

　共同防火管理について協議すべき事項は次のとおりです。
①**共同防火管理協議会の設置と運用**　②**統括防火管理者の選任と権限**
③**消防計画の作成**、避難訓練の実施　④避難施設の維持管理
⑤火災時の消火活動、避難誘導　　　　⑥火災時の消防隊への情報提供および誘導

2-4 ||||||||||||||||||||||||||||||||||

危険物

危険物は6種類に分類されています。指定数量とそれによる製造所等の警報設備の設置や、危険物保安監督者の要件などを覚えましょう。

|解|説| 合格ポイント！

❶ 危険物の種類によって指定数量が定められ、警報設備などの設置が必要です。
❷ 危険物に関する行政権限者は、市町村長等（市町村長、都道府県知事、総務大臣）です。
❸ 丙種危険物取扱者の免状では、危険物保安監督者にはなれません。

（1）危険物とは

危険物とは発火性または引火性があるか、他の物と反応して燃えやすくする物質で、6種類に分類されています。

（2）指定数量

危険物の品名、性状に応じ、指定数量が定められています。
危険物 A、B を貯蔵するとき、

$$倍数 = \left(\frac{Aの貯蔵量}{Aの指定数量} \right) + \left(\frac{Bの貯蔵量}{Bの指定数量} \right) で計算します。$$

指定数量の10倍以上の危険物を製造、貯蔵または取り扱う場合、警報設備を設置します。

（3）危険物の施設

指定数量以上の危険物の施設は、3つに分類されます。
①製造所　　②貯蔵所　　③取扱所

（4）危険物取扱者免状の種類

①甲種危険物取扱者免状　②乙種危険物取扱者免状　③丙種危険物取扱者免状

（5）危険物保安監督者

指定数量以上の製造所、貯蔵所または取扱所の所有者等は、甲種または乙種危険物取扱者免状をもっている者で、6カ月以上の危険物取扱いの実務経験のある者から選任します。

第1石油類を4000ℓ、第2石油類を8000ℓ貯蔵する施設がある。指定数量の何倍を貯蔵しているか。ただし、指定数量は表のとおりである。

（1）8倍
（2）10倍
（3）20倍
（4）28倍

品名	指定数量
第1石油類 （非水溶性液体）	200ℓ
第2石油類 （非水溶性液体）	1000ℓ

解答&解説

危険物に関する法令体系は次のようになっています。

消防法 —— 危険物の規制に関する政令 —— 危険物の規制に関する規則

危険物の種類は、「消防法」にあり、指定数量は、「危険物の規制に関する政令」に記載されています。

危険物は6種類に分類されており、参考までに表を載せます。このうちの第4類が引火性液体で、ガソリンは第1石油類、灯油は第2石油類に該当します。

危険性の高いものの指定数量は少なく設定されています。指定数量の$\frac{1}{5}$以上で、指定数量未満の少量危険物は市町村条例で規制し、指定数量以上は法令で規制されます。

類別	性質	主な品名
第1類	酸化性固体	塩素酸塩類、過塩素酸塩類、無機過酸化物、亜塩素酸塩類、臭素酸塩類、硝酸塩類、よう素酸塩類、過マンガン酸塩類、重クロム酸塩類など
第2類	可燃性固体	硫化りん、赤りん、硫黄、鉄粉、金属粉、マグネシウム、引火性固体など
第3類	自然発火性および禁水性物質	カリウム、ナトリウム、アルキルアルミニウム、アルキルリチウム、黄りん、アルカリ金属など
第4類	引火性液体	特殊引火物、第1石油類、アルコール類、第2石油類、第3石油類、第4石油類、動植物油類
第5類	自己反応性物質	有機過酸化物、硝酸エステル類、ニトロ化合物、ニトロソ化合物、アゾ化合物、ジアゾ化合物など
第6類	酸化性液体	過塩素酸、過酸化水素、硝酸など

指定数量の倍数計算は以下のとおりです。危険物A、Bを貯蔵するとき、

$$倍数 = \left(\frac{Aの貯蔵量}{Aの指定数量}\right) + \left(\frac{Bの貯蔵量}{Bの指定数量}\right)$$

危険物がC、D ……と増えても同様。この公式に当てはめると、

$$\left(\frac{4000}{200}\right) + \left(\frac{8000}{1000}\right) = 28$$

正解は（4）

合格ポイント +α

　　　指定数量の10倍以上の製造所等（移動タンク貯蔵所を除く）では、**警報設備**を設置しなければなりません。その種類は、①自動火災報知設備、②消防機関に報知できる電話、③非常ベル装置、④拡声装置、⑤警鐘です。1種類以上の設置が必要です。

　　なお、指定数量が**100倍以上**は自動火災報知設備でなければなりません。

問題 2

難易度… ●●● ○ ○

図のように、危険物の移送取扱所を、A県とB県にまたがって設置するとき、工事の許可申請は誰にすればよいか。次から選べ。

（1）取扱所のある、両方の市町村長
（2）A県またはB県の知事
（3）A県およびB県の知事
（4）総務大臣

解答&解説

　危険物に関する行政権限者は、**市町村長等**（市町村長、都道府県知事、総務大臣）です。危険物貯蔵所の設置等についての許可申請は、市町村長等であり、消防長または消防署長ではありません。

　製造所等を設置、変更する場合、市町村長等に事前申請し許可が必要です。設置場所により申請先が異なります。

①1つの市町村内にあるとき
　ア．消防本部と消防署がある　→　**市町村長**
　イ．上記の消防機関がない　→　**都道府県知事**
②移送取扱所が、2つ以上の市町村にまたがっているとき　→　**都道府県知事**
③移送取扱所が、2つ以上の都道府県にまたがっているとき　→　**総務大臣**

　指定数量以上の危険物の施設は、**製造所、貯蔵所、取扱所**に分類されますが、これら3つを「**製造所等**」と表現します。原則として、危険物の取扱いは、上記3つすべての場所でできますが、貯蔵は貯蔵所（移動タンク貯蔵所を含む）のみです。

　10日以内の仮貯蔵、仮取扱いで、所轄消防長または消防署長の承認を得た場合は、上記に該当しない場所での貯蔵、取扱いが認められています。

正解は（4）

合格ポイント **＋α**

危険物施設	種類
製造所	
貯蔵所	屋外貯蔵所、屋内タンク貯蔵所、屋外タンク貯蔵所、地下タンク貯蔵所、簡易タンク貯蔵所、移動タンク貯蔵所
取扱所	給油取扱所、販売取扱所、移送取扱所、一般取扱所

危険物の製造所等における危険物の取扱いについて、誤っているものはどれか。

(1) 甲種危険物取扱者は、すべての危険物について取り扱うことができる。
(2) 乙種危険物取扱者は、免状に記載のある種類の危険物について、立ち会うことができる。
(3) 丙種危険物取扱者は、免状に指定された種類の危険物の取扱いであっても立ち会うことはできない。
(4) 危険物取扱者以外の者は、危険物取扱者の立会いがなくても、指定数量以下の危険物であれば取り扱うことができる。

解答＆解説

　危険物取扱者とは、都道府県知事が行う危険物取扱者試験に合格し、免状の交付を受けている者をいいます。
　危険物取扱者免状は、次の3種類です。

①甲種危険物取扱者免状	すべての危険物の取扱いと、監督（取扱作業に立ち会う）ができる。
②乙種危険物取扱者免状	乙種免状に記載された種類の危険物の、取扱いと監督ができる。
③丙種危険物取扱者免状	4類のガソリン、灯油、軽油等、一部のものの取扱いができる。監督はできない。

正解は（4）

【類題】
危険物保安監督者となれる者は次のうちのどれか。
ア．甲種危険物取扱者免状があり、3カ月の実務経験がある。
イ．乙種危険物取扱者免状があり、6カ月の実務経験がある。
ウ．丙種危険物取扱者免状があり、3年の実務経験がある。
エ．危険物取扱いに関しての知識があり、5年の実務経験がある。

（答）イ

合格ポイント ＋α

　危険物保安監督者は資格ではありませんが、指定数量以上の製造所、貯蔵所または取扱所の所有者等は、甲種または乙種危険物取扱者免状をもっている者で、**6カ月以上の実務経験**のある者の中から、危険物保安監督者を定めなければなりません。
　丙種や、実務経験の不足している者（6カ月未満）では危険物保安監督者になれません。

2-5 消防用設備等

各消防設備が、消防用設備等のどこに分類されているかを押さえておきましょう。また、市町村条例で、独自の消防用設備等の設置基準を設けるのも可能です。

|解|説| 合格ポイント！

❶ 消防用設備等は、消防の用に供する設備、消防用水、消火活動上必要な施設の３つ。
❷ さらに、消防の用に供する設備は、消火設備、警報設備、避難設備に分類されます。
❸ 政令、省令よりハイレベルの規準を設けることができるのは、市町村の条例です。

（1）消防用設備等の種類

消防用設備は次のように分類されます。
①消防の用に供する設備
　・消火設備
　・警報設備
　・避難設備
②消防用水
③消火活動上必要な施設

（2）消防用設備等の異なる基準

市町村は、その地方の気候または風土の特殊性により、消防用設備等の技術上の基準に関する規定だけでは、防火の目的を十分に達し難いときは、条例で、消防用設備等の技術上の基準に関して、政令またはこれに基づく命令の規定と異なる規定を設けることができます。

◎市町村条例で、消防法施行令、消防法施行規則に定めてある基準（もちろん国の基準）とは異なる基準を設けてよいことになっています。ただし、国の基準を上回った（超えた）、より厳しいものでなければなりません。

消防法第17条に規定する消防設備等に関する記述として、誤っているものはどれか。

（1）消防用設備等は、大きく分類すると、「消防の用に供する設備」「消防用水」「消火活動上必要な施設」の3つに分類される。
（2）「消防の用に供する設備」はさらに、「消火設備」「電源設備」「避難設備」の3種類がある。
（3）スプリンクラー設備は、消火設備である。
（4）誘導灯および誘導標識は、避難設備である。

解答＆解説

消防用設備等は次のように分類されます。

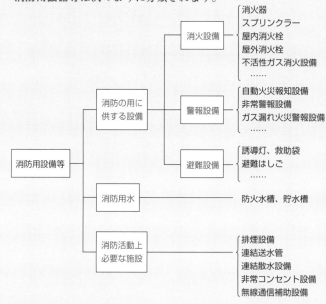

正解は（2）

合格ポイント +α

　消防法には「**消防用設備等および特殊消防用設備等**」という文言がよく出てきます。**消防用設備等**とは、「**消防の用に供する設備**」＝「消防用設備」のことで、「消防用水」と「消火活動上必要な施設」も含むので、「等」が付いています。また、**特殊消防用設備等**とは、消防用設備等と同等以上の性能を有すると、**総務大臣**が認定した設備です。

問題 2

難易度… ● ● ● ○ ○

「消火活動上必要な施設」に含まれないのはどれか。

（1）排煙設備
（2）屋外消火栓設備
（3）連結送水管
（4）非常コンセント設備

解答＆解説

消火活動上必要な施設とは、消防隊の消火、救助活動を支援する施設をいいます。「消火活動」とは、消防吏員等プロフェッショナルによる消防活動をいいます。彼らが必要とする施設ということになります。

具体的には、
①排煙設備
②連結送水管
③連結散水設備
④非常コンセント設備
⑤無線通信補助設備　　です。

排煙設備は避難をしやすくするという側面がありますが、消防隊の消火活動を有効に行ううえでも欠かせない施設です。「消防の用に供する設備」の「避難設備」ではなく、「消火活動上必要な施設」に分類されます。間違えないようにしてください。

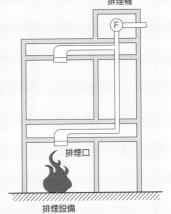

排煙機

F

排煙口

排煙設備

連結送水管は、消防隊のポンプ車などの設備を建物外部から連結することにより、屋内の消火活動を可能とするものです。

連結散水設備も同様ですが、地下に設置したスプリンクラー設備で散水できるようになっています。

非常コンセント設備は、他の負荷を接続せず専用回線で配線された、非常時に使用可能なコンセントです。

無線通信補助設備は、消防隊員同士が建物の内と外で特定の周波数で通信ができるようにした設備です。

消火活動上必要な施設は覚えておきましょう。

正解は（2）

合格ポイント

「消火活動上必要な施設」のほかに、「消防用水」「消防の用に供する設備」があり、「消防の用に供する設備」はさらに「消火設備」「警報設備」「避難設備」に分類されます。このあたりは重要です。

法17条2項の規定では、その地方の気候または風土の特殊性により、政令で定める消防用設備等の技術上の基準と異なる規定を設けることができるが、それはどれに基づくものか。

（1）消防庁長官が定める告示　　　（2）都道府県条例

（3）市町村条例　　　　　　　　　（4）その地域の消防長が定める基準

解答&解説

【法17条】消防用設備等の設置、維持

　学校、病院、工場、事業場、興行場、百貨店、旅館、飲食店、地下街、複合用途防火対象物その他の防火対象物で政令で定めるものの関係者は、政令で定める消防の用に供する設備、消防用水および消火活動上必要な施設（以下「消防用設備等」という）について消火、避難その他の消防の活動のために必

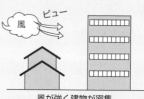

風が強く建物が密集

要とされる性能を有するように、政令で定める技術上の基準に従って設置し、および維持しなければならない。

　2　**市町村**は、その地方の**気候または風土の特殊性**により、前項の消防用設備等の**技術上の基準**に関する政令またはこれに基づく命令の規定のみによっては**防火の目的**を十分に達し難いと認めるときは、条例で、同項の**消防用設備等の技術上の基準**に関して、当該政令またはこれに基づく命令の規定と**異なる規定を設けることができる**。

正解は（3）

【類題】

　市町村は、その地方の気候または風土の特殊性により、消防法施行令や規則の規定のみでは、防火の目的が十分に達せられないと認めるとき、付加条例を定めることができるとされているが、それは次のどれか。

ア．防火管理者の認定基準

イ．消防用設備等を設置すべき防火対象物の指定

ウ．消防用設備等の種類

エ．消防用設備等の技術上の基準

（答）エ

合格ポイント

　政令と異なる基準とは、**消防用設備等の技術上の基準**で、当然、政令より厳しい基準であることが必要です。また、都道府県条例ではなく、**市町村の条例**です。消防署などが市町村の組織であることを考えればわかるでしょう。引っかからないようにしてください。

消防用設備等の設置単位

令8区画では、1棟≠1防火対象物として扱います。また、新たな基準ができた場合、用途変更した場合、遡及適用されるものに注意しましょう。

|解|説| 合格ポイント！

❶ 令8区画とは、開口部のない耐火構造の床、または壁で区画した場合をいいます。
❷ すべての防火対象物に遡及（そきゅう）適用される消防用設備等があります。
❸ 新基準（または新用途）により、遡及適用される防火対象物があります。

（1）令8区画
　消防用設備の設置単位は、1棟＝1防火対象物（原則）
●例外
　開口部のない耐火構造の床、または壁で区画した場合：1棟であっても、区画された部分は別の防火対象物とします。1棟≠1防火対象物です。

（2）新基準の適用
　下記の防火対象物は、新基準に適合するように改修します（遡及適用）。
①特定防火対象物
②旧基準に違反した防火対象物
③工事規模が次のもので、新基準施行後に着工（増改築等を）した防火対象物
　ア．床面積1000㎡以上の増築または改築
　イ．既存建物の床面積の1／2以上の増築または改築
　ウ．主要構造部である壁の過半の修繕または模様替え
　上記①～③に該当しない防火対象物でも、下記消防用設備は遡及適用があります。
①誘導灯及び誘導標識　　②簡易消火用具　　③非常警報器具及び非常警報設備
④消火器　　⑤避難器具　　⑥漏電火災警報器

（3）用途変更による基準の適用
　新基準の場合と同様です。「新基準」を「新用途」と置き換えて適用します。

1棟の建物内であっても、別の防火対象物とみなして消防用設備等の設置基準を適用するのはどれか。

（1）開口部に、ドレンチャーを設けた耐震壁で区画する。
（2）開口部のない耐火構造の床または壁で区画する。
（3）開口部は、火災時に自動閉鎖する特定防火設備を設け、耐火構造の床または壁で区画する。
（4）厚み5cm以上の防火戸を設け、耐火または準耐火構造の壁で区画する。

解答＆解説

　消防用設備の設置単位は、1棟＝1防火対象物と考え、1棟ごとに設置するのが原則ですが、次の例外があります。
●**開口部のない耐火構造の床、または壁で区画した場合**

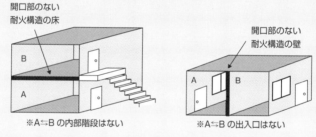

開口部のない
耐火構造の床

開口部のない
耐火構造の壁

B
A

A B

※A⇆Bの内部階段はない　　　　　　　　※A⇆Bの出入口はない

　1棟であっても、**A**と**B**は別の防火対象物とみなします。1棟≠1防火対象物です。なお、この区画は消防法施行令8条に規定されており、通称「**令8区画**」と呼ばれています。
　開口部とは、壁や床に、採光（光を取り入れる）、換気、人の出入りなどのために設けられた窓、扉などの部分をいいます。
　耐火構造とは、鉄筋コンクリート、れんが造等の構造で、耐火性能を有する構造のものです。
　ドレンチャーとは、延焼防止のため、滝のような水の膜をつくる設備です。

正解は（2）

合格ポイント
＋**α**

　複合用途防火対象物において、4類消防設備士が扱う消防用設備について、
①全体を1つの防火対象物とみなして基準を適用します。
　・自動火災報知設備　　　・ガス漏れ火災警報設備
②各用途部分を1つの防火対象物とみなします。（1棟≠1防火対象物）
　・消防機関へ通報する火災報知設備

問題 2

難易度…●●●○○

消防用設備等の技術上の基準が改正された場合、原則としてすべての防火対象物において、現行の基準に適合させる必要のある消防用設備等はどれか。

- （1） 屋内消火栓設備
- （2） 誘導灯
- （3） 消防機関へ通報する火災報知設備
- （4） 非常コンセント設備

解答＆解説

特定防火対象物、非特定防火対象物にかかわらず、すべての防火対象物は、消防用設備等の技術上の基準が改正された場合、一部の消防用設備においては新基準に適合するよう、改修します。

すべての防火対象物に新基準の適合を求めるのは、経済的負担を強いるものであり、比較的費用のかからないものに限定されています。

新しい基準が遡及して（さかのぼって）適用されるのを、遡及適用といいます。

すべての防火対象物に遡及適用がある消防用設備等は、表のとおりです。

消防用設備等
簡易消火用具
消火器
非常警報器具
非常警報設備
誘導灯、誘導標識
避難器具
漏電火災警報器

正解は（2）

【類題】

既存防火対象物に設置されている消防用設備等の遡及適用に関する記述のうち、誤っているのはどれか。

- ア． 特定防火対象物については遡及適用される。
- イ． 非特定防火対象物（特定防火対象物以外の防火対象物）においては、漏電火災警報器は遡及適用されない。
- ウ． 令別表1（17）項に規定される文化財は、特定防火対象物ではないが、自動火災報知設備に関し、遡及適用される。
- エ． 非特定防火対象物であっても、消火器など一部の消防用設備等は遡及適用される。

（答）イ

合格ポイント
＋α

特定防火対象物は、すべての消防用設備に対して遡及適用があります。
なお、文化財等は特定防火対象物ではありませんが、自動火災報知設備、また温泉施設はガス漏れ火災警報設備の遡及適用があります。

問題 3

難易度… ★・★・ ○ ○ ○

消防用設備等の技術上の基準が改正された場合に、改正後の基準に適合させなければならない防火対象物はどれか。

（1）延べ床面積が1500㎡の共同住宅　　（2）延べ床面積が300㎡の保育園
（3）延べ床面積が1000㎡の小学校　　　（4）延べ床面積が2000㎡の教会

解答&解説

　消防法令が改正されると、建設当時の法令に適合している建物でも、新しい基準に適合するように改修しなければならない場合があります。

　遡及適用の範囲は、防火対象物の用途、消防用設備等の種類などによって異なります。

　特定防火対象物では、既存建物のほか工事中のものも、すべての消防用設備等について、新基準に適合するように改修します。また、旧基準のときにそれを守らず完成したものは、旧基準ではなく、新基準に合うように改修します。

	遡及適用される防火対象物	内容
①	すべての防火対象物	特定防火対象物と非特定防火対象物は、【問題2】の表の設備を新基準に適合させる
②	特定防火対象物	令別表1の★マークの防火対象物は、すべての設備を新基準に適合させる
③	旧基準に違反（不適合）しているすべての防火対象物	法をすり抜けた違法建築物などは、すべての設備を新基準に適合させる
④	新基準施行または適用後に着工したすべての防火対象物	ア．床面積1000㎡以上の増築または改築　イ．既存建物の床面積の1／2以上の増築または改築　ウ．主要構造部である壁の、過半の修繕または模様替え　ア～ウのどれかに該当するものは、すべての設備を新基準に適合させる

＊増改築部分のほか、既存部分も新基準に合致するように改修します。

　なお、旧基準のときにできた防火対象物で新基準を見越し、適合するようにつくられたものは新基準に従います。

　当問題は、延べ床面積が記載されていますが、増築、改築の面積の記述はありません。したがって、単純に特定防火対象物かどうかで判断します。

正解は（2）

合格ポイント

特定防火対象物かそうでない防火対象物かをみきわめることが重要です。

問題 4

難易度…●●● ○ ○

図のようなタイムチャートで防火対象物（特定防火対象物ではない）を設置したとき、消防用設備等を新基準に適合させなくてよいのはどれか。

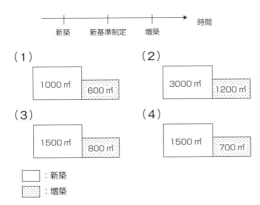

□：新築

▨：増築

解答＆解説

次に該当する場合、消防用設備等に関し遡及適用となります。もちろん、増改築した部分だけでなく、既存部分も新たな基準に適合させます。

④	新基準施行または適用後に着工したすべての防火対象物	ア．床面積1000㎡以上の増築または改築
		イ．既存建物の床面積の1／2以上の増築または改築
		ウ．主要構造部である壁の過半の修繕または模様替え

④-ア　1000㎡以上の増改築は（2）のみです。イに該当するのは、（1）、（3）です。ウはどれも当てはまりません。

当問題では、① ▨ が1000㎡以上　② ▨ が □ の1／2以上のどちらかに該当すれば、既存防火対象物も含めて新基準に従うことになります。

正解は（4）

合格ポイント
+α
　④のア、イはよく出題されるので要暗記です。ウは、**主要構造部である壁**に関して過半（1／2を超える）修繕または模様替え（これを「**大規模な修繕**」、「**大規模な模様替え**」といいます）です。建築基準法の主要構造部は、壁のほかに屋根、内部階段、一部の床などありますが、**壁**（間仕切り壁は除く）に限ります。

防火対象物の用途が変更された場合、消防用設備等の技術上の基準の適用について、誤っているものはどれか。

（1）変更後の用途が特定防火対象物となった場合は、変更後の用途に適合する消防用設備等を設置しなければならない。
（2）用途変更前の基準に違反していた場合は、変更前の基準に適合させる。
（3）用途変更後、主要構造部である壁について過半の修繕を行った場合は用途変更後の基準に適合させる。
（4）非特定防火対象物は、一部の消防用設備等を除いて新基準は適用されない。

解答＆解説

　ここでは、消防用設備の基準変更はなく、自己都合などにより防火対象物の用途を変更した場合です。新たな用途にあった基準を適用し、消防用設備等を改修します。

	新用途の基準とする防火対象物	内容
①	すべての防火対象物	特定防火対象物と非特定防火対象物は、【問題2】の表の設備を新基準に適合させる
②	特定防火対象物	令別表1の★マークの防火対象物は、すべての設備を新基準に適合させる
③	旧用途の基準に違反（不適合）しているすべての防火対象物	法をすり抜けた違法建築物などは、すべての設備を新基準に適合させる
④	新用途変更後に着工したすべての防火対象物	ア．床面積1000㎡以上の増築または改築 イ．既存建物の床面積の1／2以上の増築または改築 ウ．過半の壁（主要構造部であること。間仕切り壁は含まない）の修繕または模様替え すべての設備を新基準に適合させる

　用途変更前の基準に違反していた場合は、新たな用途の基準に適合させる必要があります。

正解は（2）

合格ポイント
+α　　用途変更の場合どうするかは、新基準ができた場合と同じです。つまり、「新基準ができた」を、「用途変更した」と読み替えて、新基準のルールを適用すればよいことになります。
　用途を変更した＝新しい基準ができた、と考えて、「新しい基準ができた」場合の基本ルールをしっかり覚えましょう。

2 - 7 ||||||||||||||||||||||||||||||||||||||||||||||||||||

消防設備士

消防設備士免状の類別と扱える種類、消防設備士の義務および免状の書換えと、再交付の違いに留意しましょう。有資格者でなくてもできる工事、整備は何か？

|解|説| 合格ポイント！

- ❶ 着工届の提出および工事が行えるのは、甲種消防設備士です。乙種はできません。
- ❷ 消防用設備等の整備、工事に従事するときは、免状の携帯義務があります。
- ❸ 最初の講習は2年以内、次からは5年以内に受講します。

（1）免状の種類
①甲種消防設備士免状
②乙種消防設備士免状

（2）免状の書換え
　免状記載事項に変更が生じた場合、または写真が10年経過した場合、次のいずれかの都道府県知事に書換え申請します。
①免状を交付した都道府県知事
②居住地の都道府県知事
③勤務地の都道府県知事

（3）免状の再交付
　免状を紛失、汚損した場合、次の都道府県知事に再交付申請します。
①免状を交付した都道府県知事
②書換えをした都道府県知事

（4）消防設備士の義務
　消防設備士に与えられた権限があれば、それに見合った責任があります。
①業務遂行義務
②免状の携帯義務
③講習を受ける義務
　免状の交付を受けた日以降における最初の4月1日から2年以内に最初の講習。その後、同様に5年以内。
④工事の届出義務（甲種のみ）

第2章　消防関係法令（全類共通）

消防設備士免状に関し、正しいものはどれか。

（1）甲種消防設備士は、免状に指定された消防用設備等の工事のみを行うことができる。
（2）甲種消防設備士は、免状に指定された以外の消防用設備等であっても整備を行うことができる。
（3）乙種消防設備士は、免状に指定された消防用設備等の整備を行うことができる。
（4）乙種消防設備士は、免状に指定された消防用設備等の工事を行うことができる。

解答＆解説

免状の種類は、下記の2種類です。
①甲種消防設備士免状　②乙種消防設備士免状
さらに扱える消防用設備の種類によって、①の甲種は特類、1〜5類に分類され、②の乙種は1類〜7類まで分類されます。
甲種は、消防用設備等の**整備および工事**、**乙種**は消防用設備等の**整備**ができます。

区分	工事整備対象設備（消防用設備等）
特類（甲種）	特殊消防用設備等
1類（甲種・乙種）	屋内消火栓設備　屋外消火栓設備 スプリンクラー設備　水噴霧消火設備
2類（甲種・乙種）	泡消火設備
3類（甲種・乙種）	不活性ガス消火設備　ハロゲン化物消火設備 粉末消火設備
4類（甲種・乙種）	自動火災報知設備　ガス漏れ火災警報設備 消防機関へ通報する火災報知設備
5類（甲種・乙種）	金属製避難はしご（固定式）　救助袋　緩降機
6類（乙種）	消火器
7類（乙種）	漏電火災警報器

◎水源、配管および電源部分については、消防設備士の資格不要です。

正解は（3）

合格ポイント
＋α

①免状は、**全国どこでも通用**します。
②「消防設備士」と名乗れるのは、**都道府県知事**から消防設備士免状の交付を受けている者です。試験に合格しただけでは候補者であり、消防設備士ではありません。

問題 2

難易度… ●●○○○

消防設備士免状について誤っているのはどれか。

（1）消防設備士免状の返納命令が出されれば、資格を失う。
（2）免状に記載された都道府県だけでなく、全国どこでも有効である。
（3）免状を滅失しても、所定の手続きにより、再交付してもらえる。
（4）免状に記載してある事項に変更が生じても、本人であることが確認できれば、書換えの必要はない。

解答＆解説

①書換え

　免状記載事項に変更が生じた場合や、免状に貼ってある本人の写真が10年を経過した場合は、次のいずれかの都道府県知事に書換え申請しなければなりません（**義務**です）。

- **・免状を交付した都道府県知事**
- **・居住地の都道府県知事**
- **・勤務地の都道府県知事**

②再交付

　免状を滅失、汚損などの場合、次のいずれかの都道府県知事に再交付申請します。

- **・免状を交付した都道府県知事**
- **・書換えをした都道府県知事**

なお、再交付の場合は、**申請義務はありません**。

　再交付後、古い免状が発見されたときは、**10日以内に再交付を受けた都道府県知事に提出します。**

	免状を交付した知事	居住地の知事	勤務地の知事	免状を書換えた知事
書換え	○	○	○	
再交付	○			○

＊○は、提出可能な都道府県知事です。

正解は（4）

合格ポイント

＋α

　消防設備士免状に記載されているのは、
①氏名　②生年月日　③本籍地の属する都道府県　④免状の種類
　現住所は記載されていません。したがって、住居が変更となっても書換え申請は不要です。
　免状は、次の場合、交付されません。
①返納命令から1年を経過しない者
②消防法令違反（罰金刑以上）で、2年を経過しない者

消防法令で設置義務のある消防用設備等のうち、消防設備士でなければ行ってはならない工事はどれか。

(1) 事務所ビルに非常コンセント設備を設置する工事
(2) 工場に動力用消防ポンプを設置する工事
(3) 飲食店に自動火災報知設備を設置する工事
(4) 中学校に漏電火災警報器を設置する工事

解答＆解説

　消防設備士でなければ行えないものは、【問題1】の解答＆解説に記載した表のとおりです。ただし、乙種6類の消火器、乙種7類の漏電火災警報器は、甲種がないので、設置工事（取付け）は消防設備士でなくてもできます。ただし、整備は乙種消防設備士でなければできません。
　消防用設備等のうち、**次の設備は消防設備士でなくても可能です。**

消防用設備等			設備名
(1)	消防の用に供する設備	① 消火設備	動力消防ポンプ設備、簡易消火用具、消火器（整備は不可）
		② 警報設備	非常警報器具・設備、漏電火災警報器（整備は不可）
		③ 避難設備	滑り台、避難橋、誘導灯・標識
(2)	消防用水		消防用水
(3)	消火活動上必要な施設		排煙設備、非常コンセント設備、連結送水管、連結散水設備、無線通信補助設備

　次に該当する場合も、消防設備士でなくても行えます。
①**軽微なもの**（屋内消火栓設備の表示灯、ヒューズ類、ネジ類の交換など）
②**水源、配管および電源部分**（電気工事士の資格は必要です）
③**任意に設置した消防用設備等**

正解は（3）

合格ポイント

　消防設備士の義務
①業務を誠実に行い、消防用設備等の質の向上に努める：**業務遂行義務**
②消防用設備の整備、工事に従事するときは、免状を携帯：**免状携帯義務**
③都道府県知事等（総務大臣が指定する市町村長その他の機関含む）が行う講習を受講する：**講習受講義務**
④甲種消防設備士は、工事着手の10日前までに消防長等に届け出る：**着工届出義務**

2-8 消防用設備等の設置と点検

共通

消防用設備等の着工時および完成時の届出者と時期を覚えましょう。設置して検査を受ける防火対象物、点検の報告が必要な防火対象物の面積などは重要です。

|解|説| 合格ポイント！

❶ 着工届は甲種消防設備士、設置届は防火対象物の関係者が提出します。
❷ 着工届は着工の10日前まで、設置届は完了後4日以内に消防長等に届け出ます。
❸ 設置後の点検報告は面積にかかわらず、すべての消防用設備等について行います。

（1） 着工と設置の届出

　工事整備対象設備等（消防用設備等のうち、着工届を必要とする設備）に関して、次の届出が必要です。

①着工の届出

　甲種消防設備士は、工事着工の10日前までに消防長等に届け出ます。

②設置の届出

　防火対象物の関係者は、工事完了後、4日以内に消防長等に届け出ます。

（2） 検査を受ける防火対象物

　消防用設備等（簡易消火用具、非常警報器具を除く）を設置し、次に該当する場合、消防長または消防署長に設置届を提出し検査を受けます。

①延べ面積300㎡以上の特定防火対象物

②延べ面積300㎡以上で、消防長または消防署長が指定したもの

③要介護状態の者など令別表1（6）項ロを含む防火対象物

④特定一階段等防火対象物

（3） 点検・報告

　消防設備士または消防設備点検資格者が点検するものは次のとおりです。

①延べ面積1000㎡以上の特定防火対象物

②延べ面積1000㎡以上で、消防長または消防署長が指定したもの

③特定一階段等防火対象物

　点検結果については、特定防火対象物は1年に1回、非特定防火対象物は3年に1回消防長等に報告します。

問題 **1**

難易度…◉ ○ ○ ○ ○

防火対象物に消防用設備等を設置し、維持しなければならない者は次のうちどれか。

（1）関係者
（2）防火管理者
（3）消防設備士
（4）危険物取扱者

解答＆解説

消防用設備等は、防火対象物の関係者（所有者、管理者または占有者）が設置し、維持します。

防火管理者は、防火対象物の消防計画の作成、避難訓練の実施などを行う人です。

消防設備士は、関係者から依頼されて工事または点検、整備を行います。

危険物取扱者は、危険物に関する取扱者です。

届出の種類	届出者	届出先	期限
工事整備対象設備等着工届	甲種消防設備士	消防長または消防署長	工事着手の10日前まで
消防用設備等設置届	防火対象物の関係者	消防長または消防署長	設置後4日以内

＊単に、「着工届」「設置届」ということもあります。

着工届は、消防用設備等であっても、提出不要のものがあります。それは、消防設備士でなくても工事できるものです。非常警報設備、誘導灯などです。また、**簡易消火用具と非常警報器具以外**は、**設置届**の提出は必要です。

> 正解は（1）

【類題】

消防用設備等の着工届に関する記述について、正しいものはどれか。

ア．着工届を提出するのは、甲種消防設備士である。
イ．着工届は、施工する場所を管轄する都道府県知事に対して行う。
ウ．着工届は、防火対象物の関係者で権原を有する者が提出する。
エ．すべての消防用設備等について届け出る。

（答）ア

合格ポイント＋α

工事整備対象設備等**着工届**を提出できるのは、**甲種消防設備士**のみです。もちろん、免状に記載された類に該当する消防用設備等に関してです。たとえば、甲種4類の有資格者は、自動火災報知設備工事の着工届は出せますが、屋内消火栓設備の工事は甲種1類なので、受け付けてもらえません。

問題 ②

難易度… ●━●━● ○ ○

消防用設備等または特殊消防用設備等の設置工事が完了した場合に、検査を受けなくてもよい防火対象物はどれか。

(1) 延べ面積300㎡の集会場
(2) 延べ面積300㎡の共同住宅で、消防長等の指定を受けている
(3) 延べ面積200㎡の物品販売店
(4) 延べ面積100㎡の要介護福祉施設

解答＆解説

検査を受ける防火対象物は以下のとおりです。

①	延べ面積300㎡以上の特定防火対象物	
②	延べ面積300㎡以上の非特定防火対象物	消防長または消防署長が指定したもの
③	要介護状態の者、障害の程度が重い者を入所させる施設　令別表1　(6) 項ロ	複合用途防火対象物、地下街、準地下街で、同上用途（(6) 項ロ）のあるものを含む
④	特定一階段等防火対象物	特定用途部分が地階または3階以上の階にあり、階段が1つ（外部階段は除く）の防火対象物

④について例を見ましょう。図1では、地下と3階に特定用途部分があり、内部階段は1つだけです。**特定一階段等防火対象物**に該当します。

図2は、階段が2つありますが、建物内の壁のため、実質、1つの階段しか利用できないため、これも特定一階段等防火対象物です。

図3は、階段が1つですが、外部階段なので特定一階段等防火対象物には該当しません。

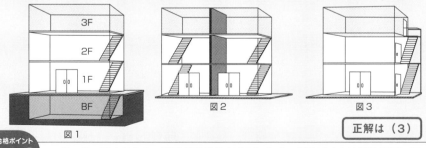

図1　図2　図3

正解は（3）

合格ポイント
＋α

①～④の防火対象物で消防用設備等を設置したら、消防長または消防署長に設置届を提出し検査を受けます。ただし、**簡易消火用具**（水の入ったバケツ、乾燥砂とスコップのセットなど）、**非常警報器具**（警鐘、手動式サイレンなど）は不要です。

問題 3

難易度… ● ● ● ● ○

消防用設備等または特殊消防用設備等の定期点検を、消防設備士または消防設備点検資格者が行わなければならない防火対象物はどれか。

（1）延べ面積が900㎡の料理店
（2）延べ面積が1100㎡の事務所で消防長が指定したもの
（3）延べ面積が1500㎡の工場で消防長の指定がないもの
（4）延べ面積が890㎡の病院

解答&解説

消防設備士または消防設備点検資格者が定期点検しなければならないものは、次のとおりです。

①	延べ面積1000㎡以上の特定防火対象物	
②	延べ面積1000㎡以上の非特定防火対象物	消防長または消防署長が指定したもの
③	特定一階段等防火対象物	特定用途部分が地階または3階以上の階にあり、階段が1つ（外部階段は除く）の防火対象物です

消防用設備等の点検は、消防設備士または消防設備点検資格者に行わせ、防火対象物の関係者は、消防長または消防署長に点検結果を報告します。

上記①〜③以外の防火対象物については、防火対象物の関係者、防火管理者などが自ら点検します。

※実際には消防設備士等に依頼する場合が多いと思います。

いずれにしても、点検報告は面積にかかわらず、すべての消防用設備等（舟車、任意設置の消防用設備等は除く）について行い、消防長または消防署長に報告します。

設置した消防用設備等が基準に合わない、あるいは点検されていない場合など、消防長または消防署長は、防火対象物の関係者で権原を有する者に対し、法令に適合するよう命ずることができます。

正解は（2）

合格ポイント
+α

●点検の種類と期間
①機器点検：6カ月に1回　　② 総合点検：1年に1回
●点検結果の報告
①特定防火対象物：1年に1回
②非特定防火対象物：3年に1回（3年分まとめて報告します。）
　　◎消防設備点検資格者＝総務大臣が認める資格を有する者（1種と2種）

2-9 防炎規制・機械器具の検定

メーカー等は、総務大臣の行う型式承認を受け、次に製品1つ1つに対して日本消防検定協会等の行う型式適合検定を受けて販売します。

|解|説| 合格ポイント！

❶ 特定防火対象物、高層建築物、テレビスタジオなどは防炎物品を使用します。
❷ 型式承認は総務大臣、型式適合検定は日本消防検定協会等が行います。
❸ 型式承認を受けてから型式適合検定を受け合格すれば、合格の表示、販売が可能です。

（1）防炎防火対象物
①特定防火対象物
②高層建築物
③映画スタジオ、テレビスタジオ
④工事中の建築物

（2）防炎対象物品
①カーテン　　②布製ブラインド　　③暗幕　　④じゅうたん　　⑤展示用合板
⑥どん帳　　⑦大道具用合板　　⑧工事用シート

（3）検定制度
①型式承認：形状等が、規格に適合していることを総務大臣が承認します。
②型式適合検定：個々の製品が型式承認されたものと同じであることを、日本消防検定協会などが検定します。

（4）検定の流れ
①総務大臣の型式承認を受け、承認される
②日本消防協会等の型式適合検定を受け、合格する
③合格した旨を表示し、販売可能となる

防炎防火対象物として、誤っているものはどれか。

（1）高さが31mの事務所ビル
（2）蒸気浴場
（3）飲食店
（4）テレビスタジオ

解答＆解説

　カーテンやじゅうたんなどは延焼を加速する仲介物であり、一定の**防炎性能をもつ**ように規制されます（これを**防炎規制**といいます）。防炎規制の対象となる物品を**防炎対象物品**といいます。

　また、防炎防火対象物とは、防炎対象物品を使わなければならない防火対象物のことで、下記に該当する防火対象物です。

①**特定防火対象物**

　不特定多数、老幼弱者が利用する防火対象物です。

②**高層建築物**

　消防や避難が容易でない点から、建築物の用途にかかわらず、**31mを超える建築**物を指定しています。

③**映画スタジオ、テレビスタジオ**

　大量の熱源のなかで、幕類やセット（合板で作る）を多用します。幕やセットをほとんど使用しない**ラジオスタジオ**は含まれないので注意してください（映画スタジオ、テレビスタジオは令別表1の（12）項ロ、ラジオスタジオは、（15）項です）。

④**工事中の建築物、その他の工作物**

　工事中の建物の足場周囲や敷地境界の仮囲いにシート類が用いられるためです。

　以上の防火対象物は、面積の大小に関係はありません。

　防炎対象物品に付けるマークは、防炎性能を有することを示すもので、じゅうたんでは、ラベルは白地に"防炎"が太字で朱書（赤色）されています。

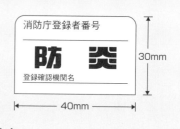

消防庁登録者番号

防　炎

登録確認機関名

30mm

← 40mm →

正解は（1）

合格ポイント ＋α

●**防炎対象物品**

①カーテン　②布製ブラインド　③暗幕　④じゅうたん
⑤展示用合板　⑥どん帳　⑦大道具用合板　⑧工事用シート

問題 2

難易度…💡💡 ○ ○ ○

消防の用に供する機械器具等の型式承認について、誤っているものはどれか。

- （1）型式承認とは、検定対象機械器具等の型式に係る形状等が総務省令で定める検定対象機械器具等に係る技術上の基準に適合している旨の承認をいう。
- （2）型式承認に係る申請がなされた場合、その承認を行う者は総務大臣である。
- （3）総務大臣は、型式承認が失効したときは、その旨を公示するとともに、当該型式承認を受けた者に通知する。
- （4）型式承認の効力が失われても、その型式承認に係る型式適合検定の合格の効力はそのまま維持される。

解答＆解説

検定は次の2つからなります。

①**型式承認**：形状等が、規格に適合していることを**総務大臣が承認**します（**書類審査**）。

②**型式適合検定**：個々の製品が型式承認されたものと同じか、**日本消防検定協会**などが検定します。

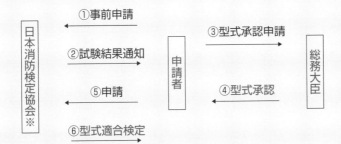

①事前申請
②試験結果通知
⑤申請
⑥型式適合検定
③型式承認申請
④型式承認

日本消防検定協会※　申請者　総務大臣

※その他登録検定機関

正解は（4）

合格ポイント
＋α

検定制度は、消防用機械器具の形状、構造、材質、性能などが、総務省令で定めた規格に適合しているかを試験する制度です。検査対象は一部の機械器具で（**検定対象機械器具等**といいます）、すべての機械器具ではありません。たとえば、連結送水管の口金と消防自動車のホースの口金の形状に不一致があると、役に立ちません（口金は、検定対象機械器具等に該当します）。

検定対象機械器具等の販売についての記述で、正しいのはどれか。

（1）型式承認か型式適合検定を受け、合格した場合、販売および販売を目的とした陳列ができる。
（2）型式承認を受けた後、型式適合検定を受け、合格したらその旨の表示をして販売できる。
（3）型式承認を受け、型式適合検定が不合格でも、合格した旨の表示はできないが、販売は自由である。
（4）総務大臣の型式承認を受ければ、製品個々に検定を受けなくても、販売は可能である。

解答＆解説

検定対象機械器具等の販売は、次の流れです。
①総務大臣の型式承認を受け、承認される
　　　↓
②日本消防協会などの型式適合検定を受け、合格する
　　　↓
③合格した旨の表示をする
　　　↓
④販売可能

なお、検定対象機械器具等は、検定の**合格表示（マーク）**が付いているものでなければ、販売および販売を目的とした**陳列**をしてはいけません。

正解は（2）

【類題】
型式承認、型式適合検定の説明で、誤っているのはどれか。
ア．型式適合検定は、型式承認を受けたものでなければ申請できない。
イ．型式適合検定は、消防庁長官が行う。
ウ．型式承認は、総務大臣が行う。
エ．型式適合検定に合格した機械器具等には、その旨の表示をする。

（答）イ

合格ポイント
＋α 　**型式承認**は**総務大臣**、**型式適合検定**は**日本消防検定協会**等です。型式承認を受けてから、個別検定になります。

第3章

消防関係法令
（4類）

消防関係法令のうち
4類で出題される部
分を学習しよう。

3-1 自動火災報知設備の設置基準 その1

防火対象物の用途などにより、自動火災報知設備の設置基準が異なります。延べ床面積による原則を覚えます。いくつかの例外があるので注意しましょう。

|解|説| 合格ポイント!

❶ 特定防火対象物の多くは、延べ面積300㎡以上で自動火災報知設備が必要です。

❷ 非特定防火対象物の多くは、延べ面積500㎡以上で自動火災報知設備が必要です。

❸ カラオケボックスなどは、面積に関係なく設置義務があります。

(1) 自動火災報知設備の設置基準（延べ面積による基準）

① 原則的基準

　多くの特定防火対象物は、延べ面積が300㎡以上の場合、非特定防火対象物は、500㎡以上の場合に自動火災報知設備を全階（全館）に設置します。

② すべてに設置

令別表1	防火対象物の種類等	自動火災報知設備の設置
(2) 項ニ	カラオケボックス、漫画喫茶など	面積によらず全階すべて
(5) 項イ	旅館、ホテルなど	
(6) 項イ	病院、診療所など（無床は除く）	
(6) 項ロ	要介護の福祉施設など	
(6) 項ハ	老人ホームなど（入居、宿泊のないものは除く）	
(13) 項ロ	飛行機等の格納庫	
(17) 項	重要文化財など	
特定防火対象物	特定一階段等防火対象物に該当するもの	
(1) ～ (17) 項	11階以上の階	11階以上の階すべて

③ 200㎡以上に設置

　(9) 項イ：蒸気浴場、熱気浴場

④ 1000㎡以上に設置

　(11) 項：神社、教会など　(15) 項：事務所など

自動火災報知設備の設置基準

令別表1 項		防火対象物の種類	全体 延べ面積（㎡）	特定二階段等防火対象物	地階・無窓階の面積（㎡）	3階以上	11階以上	通信機器室	駐車用途	道路用途部分	指定可燃物を扱う建物
(1)	イ	劇場、映画館、演芸場または観覧場	300	すべて	300	床面積が300㎡以上	11階以上の階すべて	床面積が500㎡以上のもの	地階または2階以上で床面積が200㎡以上の階	屋上で床面積が600㎡以上のものか、屋上以外で床面積が400㎡以上のもの	指定数量の500倍以上貯蔵または取り扱うもの
	ロ	公会堂または集会場									
(2)	イ	キャバレー、カフェー、ナイトクラブ等	300		100						
	ロ	遊技場またはダンスホール									
	ハ	性風俗関連特殊営業を含む店舗等									
	ニ	カラオケボックス、インターネットカフェ、漫画喫茶等	すべて								
(3)	イ	待合、料理店等	300		300						
	ロ	飲食店									
(4)		百貨店、マーケット、物品販売店舗または展示場	300								
(5)	イ	旅館、ホテル、宿泊所等	すべて								
	ロ	寄宿舎、下宿または共同住宅	500	—							
(6)	イ	病院、診療所または助産所	※1	すべて							
	ロ	老人福祉施設、有料老人ホーム（要介護）、乳児院等	すべて								
	ハ	老人デイサービスセンター、有料老人ホーム（介護なし）、保育所等	※2								
	ニ	幼稚園または特別支援学校	300								
(7)		小学校、中学校、高等学校、大学、各種学校等	500	—							
(8)		図書館、博物館、美術館等	500								
(9)	イ	蒸気浴場、熱気浴場などの公衆浴場	200	すべて							
	ロ	上記（イ）に掲げる以外の公衆浴場	500								
(10)		車両の停車場または船舶もしくは航空機の発着場	500								
(11)		神社、寺院、教会その他これらに類するもの	1000								
(12)	イ	工場または作業場	500	—							
	ロ	映画スタジオまたはテレビスタジオ									
(13)	イ	自動車車庫または駐車場									
	ロ	飛行機または回転翼航空機の格納庫	すべて								
(14)		倉庫	500								
(15)		前各項に該当しない事業場	1000								
(16)	イ	特定用途部分を有する複合用途防火対象物	300	すべて	※5						
	ロ	複合用途防火対象物で、上記（イ）以外のもの	※3	—							
(16の2)		地下街	300	すべて	300						
(16の3)		準地下街	※4								
(17)		重要文化財の建造物、史跡等	すべて								

※1　原則すべて。ただし、無床診療所等は300㎡

※2　利用者を入居、宿泊させるものはすべて。他は300㎡

※3　各用途部分の床面積が、それぞれの基準値以上

※4　延べ面積が500㎡以上で、特定用途部分が300㎡以上

※5　地階または無窓階に（2）項または（3）項の用途部分があるものは100㎡、他は300㎡

第3章　消防関係法令（4類）

次の防火対象物は、いずれも延べ面積が300㎡である。自動火災報知設備を設置しなければならないのはどれか。

（1）スーパーマーケット　　　（2）共同住宅
（3）図書館　　　　　　　　　（4）工場

解答＆解説

●延べ面積が300㎡以上のものに設置

①	映画館等：（1）項イ	② 公会堂等：（1）項ロ
③	キャバレー等：（2）項イ	④ ダンスホール等：（2）項ロ
⑤	性風俗関連営業の店舗等：（2）項ハ	⑥ 待合等：（3）項イ
⑦	飲食店：（3）項ロ	⑧ マーケット等：（4）項
⑨	無床診療所等：（6）項イの一部	
⑩	宿泊のない老人福祉施設等：（6）項ハ	⑪ 特別支援学校など：
（6）項ニ		
⑫	特定用途部分のある複合用途防火対象物：（16）イ	
⑬	地下街：（16の2）項	

＊①〜⑬はすべて特定防火対象物です。

●延べ面積が、500㎡以上に設置

①	寄宿舎、共同住宅等：（5）項ロ	② 学校等：（7）項
③	図書館等：（8）項	④ 一般の浴場：（9）項ロ
⑤	車両停車場、船舶、航空機の発着場：（10）項	
⑥	工場等：（12）項イ	⑦ テレビスタジオ等：（12）項ロ
⑧	車庫等：（13）項イ	⑨ 倉庫：（14）項

＊①〜⑨はすべて非特定防火対象物です。

＊延べ面積とは、延べ床面積のことで、建築物の各階の床面積を合計したものです。

　スーパーマーケットは300㎡以上、共同住宅、図書館、工場は500㎡以上に設置します。

正解は（1）

合格ポイント

＋α　　特定防火対象物のほとんどが、延べ面積が300㎡以上のときに自動火災報知設備を全階（全館）に設置します。

非特定防火対象物のほとんどが、延べ面積が500㎡以上のときに自動火災報知設備を全階（全館）に設置します。

問題 2

難易度… ● ● ○ ○ ○

延べ面積に関係なく自動火災報知設備を設置しなければならない防火対象物はどれか。

（1） ナイトクラブ
（2） サウナ風呂
（3） カラオケボックス
（4） 劇場

解答＆解説

　いずれも特定防火対象物ですが、ナイトクラブは（2）項イで延べ面積300㎡以上の場合に設置します。劇場は（1）項イで同じく300㎡以上です。

　サウナ風呂は（9）項イで200㎡以上です。カラオケボックスは面積に関係なく、自動火災報知設備の設置が義務付けられています。

　面積に関係なくすべてに設置しなければならないのは、次の9種類です。 これらの項目は重要です。

---

① カラオケボックス、漫画喫茶等：（2）項ニ
② 旅館、ホテル等　（5）項イ
③ 病院、診療所等（無床を除く）（6）項イ
④ 障害程度の重い者や**要介護者**を収容する施設：（6）項ロ
⑤ 老人ホーム等（入居、宿泊あり）（6）項ハ
⑥ 飛行機、回転翼航空機（ヘリコプター）の格納庫：（13）項ロ
⑦ 文化財等の建造物：（17）項
⑧ 11階以上の階（防火対象物の用途によらない）
⑨ 特定一階段等防火対象物（地階または3階以上に特定用途部分があり、内部階段1つ）

正解は（3）

合格ポイント
＋α

● 延べ面積が、200㎡以上のものに設置
　蒸気浴場、熱気浴場等：（9）項イ
● 延べ面積が、1000㎡以上のものに設置
　① 神社、教会等：（11）項　　② 事業場等：（15）項
　（15）項の事業場等とは、（1）～（14）項に当てはまらない、銀行、事務所など広範囲です。

自動火災報知設備を設置しなければならない防火対象物はどれか。

(1) そば屋　　　　　　　400㎡
(2) パソコンショップ　　200㎡
(3) 共同住宅　　　　　　450㎡
(4) 神社　　　　　　　　800㎡

解答&解説

それぞれの基準を表にします。

用途	令別表1		設置基準	備考
そば屋	(3) 項 ロ	飲食店	300㎡以上	特防
パソコンショップ	(4) 項	物品販売店	300㎡以上	特防
共同住宅	(5) 項 ロ	共同住宅	500㎡以上	非・特防
神社	(11) 項	神社	1000㎡以上	非・特防

＊特防＝特定防火対象物　非・特防＝特定防火対象物でない

　特定防火対象物であるそば屋、パソコンショップは300㎡以上、非特定防火対象物である共同住宅は500㎡以上で、原則どおりです。神社（教会、寺院など含む）は非特定防火対象物ですが、1000㎡以上です。

正解は（1）

【類題】
次の防火対象物は、いずれも延べ面積が200㎡である。自動火災報知設備を設置しなくてよいのはどれか。
ア．熱気浴場
イ．重要文化財に指定された建造物
ウ．キャバレー
エ．飛行機の格納庫

(答) ウ

合格ポイント
+α　この種の問題はとくによく出題されます。慣れておきましょう。令別表1のどれに該当するかまで暗記するのは大変なので、①特防かそうでないか、②設置基準の数値、をしっかり暗記します。

問題 ④

図のような複合用途防火対象物がある。自動火災報知設備の設置についての記述で正しいのはどれか。

階	用途	令別表1	床面積
3階	事務所	(15) 項	200㎡
2階	喫茶店	(3) 項ロ	200㎡
1階	コンビニエンスストア	(4) 項	200㎡

（1）どの用途の部分も200㎡であり、自動火災報知設備の設置基準に達しないので不要である。

（2）特定用途の部分は、喫茶店とコンビニエンスストアであり、この合計が400㎡で設置基準を超えており、1階、2階の部分に必要である。

（3）特定用途を含む複合用途防火対象物であり、延べ面積が600㎡なので、1階から3階まですべてに必要である。

（4）1階部分は、2階、3階を利用する人も通る部分であり、避難階でもあるので、1階のみ設置する必要がある。

解答＆解説

　この防火対象物は、2種以上の用途部分があり、複合用途防火対象物です。特定用途部分を含むか、含まないかによってイとロに分かれます。

　1階のコンビニエンスストア、2階の喫茶店は特定用途部分です。したがって、(16) 項イで、延べ面積300㎡以上で全体の設置義務が生じます。

(16) 項イ	特定用途部分を含む複合用途防火対象物	延べ面積300㎡以上
(16) 項ロ	上記以外の複合用途防火対象物	各用途部分の基準による

　令別表1 (16) 項ロ（特定用途を含まない複合用途防火対象物）に該当するものは、用途ごとの床面積を合計し、その用途の基準を当てはめます。自動火災報知設備が必要となった場合、その部分に設置します（全館ではありません）。

　　　　　　　　　　　　　　　　　　　　　　　　正解は（3）

　　（16）項ロの例をあげます。1階が事務所、2・3階が共同住宅で、各階の床面積250㎡とします。共同住宅の合計面積は500㎡です。

　　事務所（15）項の設置基準は、1000㎡以上です。また、共同住宅（5）項ロの設置基準は500㎡以上です。したがって、自動火災報知設備は、2階と3階に設置します。

自動火災報知設備の設置基準に関する内容で、正しいものはどれか。

（1）地下街は、特定用途部分がなければ延べ面積500㎡以上で設置する。
（2）重要文化財は特定防火対象物ではないので、延べ面積500㎡以上で設置する。
（3）特定一階段等防火対象物は用途にかかわらず、500㎡以上で設置する。
（4）通信機器室は床面積が500㎡以上で設置する。

解答＆解説

用途	令別表1	設置基準	備考
地下街	(16の2) 項	300㎡以上	特防
重要文化財	(17) 項	すべて	非・特防
特定一階段等防火対象物	用途によらず	すべて	特防
通信機器室	用途によらず	500㎡以上	すべての防火対象物

　地下街は特定用途の有無にかかわらず、一律300㎡以上です。
　重要文化財は、特定防火対象物ではありませんが、面積の大小にかかわらず、すべてに設置義務があります。
　特定一階段等防火対象物も、面積の大小によらず、すべてに設置します。
　通信機器室は、500㎡以上で設置します。

正解は（4）

【類題】
準地下街において、全体に自動火災報知設備が必要なのは次のどれか。
ア．延べ面積が300㎡以上
イ．特定用途部分の面積の合計が300㎡以上で、かつ、延べ面積が500㎡以上
ウ．特定用途部分の面積の合計が300㎡以上、または延べ面積が500㎡以上
エ．延べ面積が500㎡以上

（答）イ

合格ポイント
＋α　準地下街は、必ず特定用途部分を含んでいます。次の①かつ②のときに自動火災報知設備を**全体**に設置します。（P56「合格ポイント＋α」参照）
　　① 準地下街の延べ面積：500㎡以上
　　② そのうち、特定用途部分の面積：300㎡以上

3-2

自動火災報知設備の設置基準 その2

延べ面積により設置の必要がなくても、その階が地階や無窓階、3階以上の場合、忘れずに基準をチェックしましょう。その階だけ設置することもあります。

|解|説| 合格ポイント！

❶ 地階または無窓階では、（2）項か（3）項の用途があると100㎡以上で設置。

❷ 3階以上の階は、用途に関係なく300㎡以上で設置します。

❸ スプリンクラー設備等があっても、特定防火対象物は設置免除されません。

（1）地階または無窓階

地階または無窓階で床面積が300㎡以上は自動火災報知設備を設置します。

	令別表1	地階または無窓階にある
①	（2）項　または　（3）項	その階の面積が100㎡以上
②	（16）項イのうち（2）項か（3）項の用途を含む	当該部分の面積が100㎡以上 *
③	上記①、②以外	その階の面積が300㎡以上

＊ （2）項または（3）項に該当する部分の合計面積

（2）3階以上の階

3階以上（10階以下）の階においては、その階の床面積が300㎡以上なら、用途に関係なく自動火災報知設備を設置します。

11階以上は、面積に関係なくすべて自動火災報知設備を設置します。

（3）その他

① 通信機器室の床面積が500㎡以上

② 地階駐車場または2階以上で床面積が200㎡以上

③ 屋上道路用途で床面積が600㎡以上か、屋上以外で400㎡以上

④ 指定数量500倍以上の指定可燃物を扱う施設

第3章 消防関係法令（4類）

問題 1

次の防火対象物の階のうち、自動火災報知設備が必要なものはどれか。

（1）地階にある150㎡の映画館
（2）地階にある110㎡の居酒屋
（3）無窓階にある220㎡の書店
（4）無窓階にある80㎡のナイトクラブ

解答＆解説

　地階と無窓階の問題です。まず押さえるべきは、地階も無窓階もまったく同じ基準であることです。令別表1の（2）項……キャバレー、遊戯場等、（3）項……料理店、飲食店等の床面積が100㎡以上のものについては、自動火災報知設備が必要だということです。複合用途防火対象物でも、地階または無窓階に（2）項、（3）項があり、合計が100㎡以上のものも同様です。これ以外は300㎡以上です。

　映画館は（1）項、居酒屋は（3）項、書店は（4）項、ナイトクラブは（2）項です。表にすると次のとおりです。

用途		面積	設置基準	判定
映画館	（1）項	150㎡	300㎡	不要
居酒屋	（3）項	110㎡	100㎡	必要
書店	（4）項	220㎡	300㎡	不要
ナイトクラブ	（2）項	80㎡	100㎡	不要

正解は（2）

【類題】
建物用途によらず、無窓階において、自動火災報知設備を設けなければならない面積はどれか。
ア．100㎡
イ．200㎡
ウ．300㎡
エ．500㎡

（答）ウ

合格ポイント ＋@

　無窓階とは、建築物の地上階のうち、避難上または消火活動上有効な開口部を有しない階のことです。無窓階は地上階に限定されます。地階で無窓階というのはありません。どのような防火対象物であっても、地階または無窓階が300㎡以上なら自動火災報知設備を設置します。

問題 2

難易度…⚫ ⚫ ⚫ ⚫ ⚫

次の4つの防火対象物は、自動火災報知設備の設置義務のある部分に塗色したものである。誤っているものはどれか。

（1）

3階	事務所	400㎡
2階	事務所	400㎡
1階	事務所	400㎡

（2）

3階	倉庫	400㎡
2階	事務所	400㎡
1階	事務所	400㎡

（3）

3階	喫茶店	80㎡
2階	そば屋（無窓階）	100㎡
1階	事務所	100㎡

（4）

2階	事務所	80㎡
1階	事務所	100㎡
地階	マージャン荘	100㎡

第3章 消防関係法令（4類）

解答＆解説

（1）は、**事務所ビル（単一用途）**です。延べ面積は1200㎡なので、全階に設置します。

（2）は、**特定用途部分を含まない複合用途防火対象物**です。倉庫の合計は400㎡、事務所の合計は800㎡であり、基準未満なので不要となります。しかし、3階以上の階は、300㎡以上で設置義務があります。よって3階だけ必要です。

（3）は、**特定用途部分を含む複合用途防火対象物**です。延べ面積の合計は280㎡で、全階には設置不要ですが、2階が無窓階で、そば屋（令別表1の（3）項に該当）なので、2階のみ設置します。

3階	喫茶店	80㎡
2階	そば屋（無窓階）	100㎡
1階	事務所	100㎡

（4）は、**特定用途部分を含む複合用途防火対象物**です。延べ面積の合計は280㎡で、全階には設置不要ですが、地階が麻雀荘（マージャン屋）で（2）項ロに該当するので、地階のみ設置します。

正解は（3）

合格ポイント
＋α

自動火災報知設備の設置を検討する一般的手順
① 防火対象物の用途は何か
　面積によらず設置義務のあるものは、これで終わりです。全階に設置してください。
② 延べ面積を計算
③ 地階、無窓階、3階以上などの特殊事情があるか

自動火災報知設備の設置に関し、正しいものはどれか。

（1）指定可燃物である綿花を100ｔ（トン）貯蔵する建築物または工作物では、自動火災報知設備の設置は不要である。ただし、綿花の指定数量は200kgとする。

（2）指定数量が50倍以上の危険物製造所では、自動火災報知設備の設置が義務付けられる。

（3）特定防火対象物では、スプリンクラー設備（閉鎖型スプリンクラーヘッドを用いたもの）を設置しても、その部分の自動火災報知設備は免除されない。

（4）建物用途によらず、無窓階において、自動火災報知設備を設置しなければならないのは、その階の面積が100㎡以上の場合である。

解答&解説

　指定可燃物とは、わら製品等の物品で、火災が発生した場合にその拡大が速やかであり、または消火の活動が著しく困難となるものとして政令で定めるものをいいます。

　定数量の500倍以上を貯蔵しまたは取り扱うものには、自動火災報知設備が必要で、これは、防火対象物の用途や面積に関係ありません。

　（1）は、$\boxed{100t \div 200kg = 500}$ で、指定数量の500倍を貯蔵しています。500倍以上の貯蔵所、取扱所には自動火災報知設備を設置します。

　（2）の**危険物**の製造、貯蔵等は、指定数量の**100倍以上**で設置義務があります。

　（3）下記3種類のいずれかの消火設備が基準に従って設置され、その有効範囲においては、自動火災報知設備を設置しないことができます（すべての防火対象物ではありません）。

消火設備の種類	自動火災報知設備が免除される	免除されない
スプリンクラー設備	左記の消火設備の有効範囲に限る	・特定防火対象物
水噴霧消火設備		・地階、無窓階、11階
泡消火設備		以上など

＊スプリンクラー設備は、閉鎖型スプリンクラーヘッドを用いたもの。閉鎖型とは、平常時は水を放出する配管の先端部分が閉じているもの。多くのスプリンクラーは閉鎖型。

正解は（3）

合格ポイント +α

　「スプリンクラー設備（閉鎖型スプリンクラーヘッド）を設けている場所でも感知器を省略できない場所はどれか。」という問題で、4つの選択肢が建物用途である場合、1つが特定防火対象物で、3つが非特定防火対象物です。**特定防火対象物**を選んでください。

3-3 ガス漏れ火災警報設備の設置基準ほか

ガス漏れ火災警報設備の設置基準と、消防機関へ通報する火災報知設備の設置免除の基準を覚えましょう。夜間の就寝施設などは免除されません。

|解|説| 合格ポイント!

❶ 地下の床面積が1000㎡以上、特定用途部分が500㎡以上で設置します。
❷ 自然発生するおそれのある可燃性ガスで、消防長等が指定しているものに設置します。
❸ 消防機関へ通報する火災報知設備は、電話を設置しても免除されないものもあります。

（1）ガス漏れ火災警報設備の設置義務のある防火対象物

①	地下街	延べ面積1000㎡以上
②	特定防火対象物の地階	地階の床面積の合計が1000㎡以上
③	準地下街	延べ面積1000㎡以上で、特定用途部分が500㎡以上
④	特定用途部分を有する複合用途防火対象物の地階	地階の床面積の合計が1000㎡以上で、特定用途部分が500㎡以上
⑤	建築物や工作物内部に温泉採取の設備を設けたもの	一定規模以上

（2）ガス漏れ火災警報設備の設置場所

① 燃料用ガス（容器入りLPGを除く）を使用する場所
② 可燃性ガスが自然発生するおそれがあるとして、消防長または消防署長が指定

（3）消防機関へ通報する火災報知設備の免除

	設置免除となる場合	対象となる防火対象物
①	消防機関から著しく離れた場所	すべての防火対象物
②	消防機関からごく近い場所	すべての防火対象物
③	消防機関へ常時通報できる電話を設けた場合	一部を除く防火対象物

ガス漏れ火災警報設備を設置しなくてもよい防火対象物またはその部分はどれか。ただし、いずれも燃料用ガスを使用している。

（1）地下街で、延べ床面積が500㎡のもの。
（2）特定防火対象物の地階で、床面積の合計が1000㎡のもの。
（3）準地下街で、延べ面積が1000㎡、かつ、特定用途に供される部分の床面積の合計が500㎡のもの。
（4）複合用途防火対象物の地階のうち、床面積の合計が1000㎡、かつ、特定用途に供される部分の床面積の合計が500㎡のもの。

解答＆解説

ガス漏れ火災警報設備の設置義務は、下表のとおりです。「延べ面積」「床面積」と異なる言葉が使われていますが、どちらも「地下の面積」と考えてください。

①	地下街	延べ面積1000㎡以上
②	特定防火対象物の地階	地階の床面積の合計が1000㎡以上
③	準地下街	延べ面積1000㎡以上で、特定用途部分が500㎡以上
④	特定用途部分を有する複合用途防火対象物の地階	地階の床面積の合計が1000㎡以上で、特定用途部分が500㎡以上
⑤	建築物や工作物内部に温泉採取の設備を設けたもの	一定規模以上

①～④については、地下はガスが滞留しやすく爆発しやすいからです。また、密閉状態で爆発すると、圧力の逃げ場がなく被害が大きくなるからです。

正解は（1）

合格ポイント

＋α　　①～④は「地下の面積が1000㎡なければ設置義務はない」と覚えます。

問題 ❷

難易度… ● ● ● ● ○

ガス漏れ火災警報設備の設置義務に関し、正しいものはどれか。

（1）燃料用ガスを使用する場合でも、燃焼器具を接続せずガス栓のみでは、ガス漏れ火災警報設備は不要である。

（2）燃料用ガスを使用しても、消防長または消防署長の指定がなければ、ガス漏れ火災警報設備は不要である。

（3）可燃性ガスが自然発生するおそれがあるとして、消防長または消防署長が指定している場合は、ガス漏れ火災警報設備を設置する。

（4）容器に充填したプロパンガスを燃料用として使用する場合、ガス漏れ火災警報設備を設置する。

解答&解説

ガス漏れ火災警報設備の設置義務は、地下でガスを使用している防火対象物です。以下の場合が該当します。

設置義務のある場所	除外されない	除外される
燃料用ガスを使用している	燃焼器具は接続されていないが**ガス栓がある**	容器入りLPG
可燃性ガスが自然発生するおそれがあるとして、消防長または消防署長が**指定**		指定がないもの

① 燃料用ガスを使用している場合

　燃料用ガスがガス栓（コック）まできていれば、燃焼器具（ガスレンジ）が接続されていなくても設置義務があります。また、**容器に充填したLPG**（プロパンガス）のいわゆる容器売りは設置対象から外れます。

② **可燃性ガスが自然発生**するおそれがあるとして、消防長または消防署長が**指定**

　この場合、指定の有無が重要で、自然発生のおそれがあっても消防長または消防署長が指定していなければ除外されます。

> 正解は（3）

合格ポイント +α

可燃性ガスが自然発生するおそれのある場所とは、

　① 天然ガスやメタンの発酵によりできた可燃性ガスが地中から常時発生している地域

　② 廃棄物、下水汚泥などが滞留している地域

なお、「問題1」の表の⑤は、総務省令に細かい基準があります。

消防機関へ通報する火災報知設備の設置について、誤っているものはどれか。

（1）消防機関へ常時通報することができる電話が設置されているダンスホールには、設置しないことができる。
（2）消防機関からの歩行距離が500 m以下にあるホテルには、設置しないことができる。
（3）消防機関からの距離が著しく離れた距離にある老人福祉施設には、設置しないことができる。
（4）消防機関へ常時通報することができる電話が設置されている老人福祉施設には、設置しないことができる。

解答＆解説

　消防機関へ通報する火災報知設備は、火災発生時に押しボタン1つ（または火災信号）で消防機関に自動音声で所在地などを通報する装置です。防災センターなどに設置します。設置基準は以下のとおりです。

　（6）項イ（無床診療所除く）、（6）項ロ、（16の2）項、（16の3）項は面積によらず設置します。他の用途は500㎡、1000㎡以上で設置します。

　設置免除となるのは、下記のどれかに該当する場合です。

	設置免除となる場合	対象となる防火対象物
①	消防機関から著しく離れた場所 （約10km以上）	すべての防火対象物
②	消防機関からごく近いところ （歩行距離で500m以内）	すべての防火対象物
③	消防機関へ常時通報できる電話を設けた場合 （携帯電話は不可）	一部を除く防火対象物

ただし、次の防火対象物は③の電話を設けた場合でも、設置が免除されません。

（6）項ロ	要介護福祉施設等	面積によらずすべて設置
（6）項ハ	福祉施設等	延べ面積500㎡以上で設置
（6）項イ	病院、診療所等	面積によらずすべて設置※
（5）項イ	旅館、ホテル等	延べ面積500㎡以上で設置

※無床診療所は500 m²以上

正解は（4）

合格ポイント

　電話を設けても設置免除とならない防火対象物は、**夜間の就寝施設**だと覚えましょう。避難、誘導に人出が割かれるので、**火災通報装置**が免除されません。

第4章

自動火災報知設備の構造と機能

火災報知設備は、感知器などの火災を知らせる設備のことだよ。

感知器 その1

感知器は、自動火災報知設備の端末機器のひとつで、熱、煙、炎の発生を自動的に感知し、火災信号を受信機に送ります。種類、名称、機能を覚えましょう。

|解|説| 合格ポイント！

❶ 差動式スポット型感知器（空気膨張式）のダイヤフラム、リーク孔の役割が重要です。

❷ 差動式分布型感知器（空気管式）は、熱を感知する部分が分布しています。

❸ 定温式スポット型感知器は、一定の温度に達すると火災信号を発します。

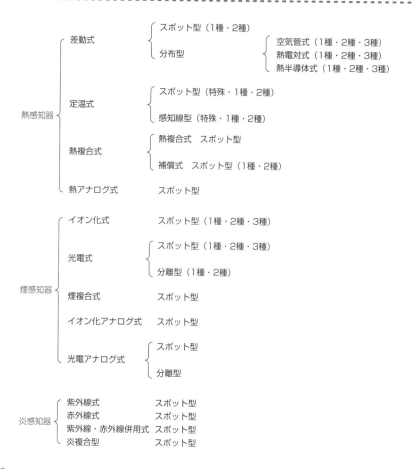

問題 1

難易度… ● ● ○ ○ ○

規格省令に定められた用語の説明で、誤っているものはどれか。

- （1）感知器とは、火災により生ずる熱、煙、炎を利用して自動的に火災の発生を感知し、火災信号または火災情報信号を受信機等に発信するものをいう。
- （2）発信機とは、火災信号を受信機に自動的に発信するものをいう。
- （3）検知器とは、ガス漏れを検知し、受信機等にガス漏れ信号を発信するものをいう。
- （4）受信機とは、火災信号、火災表示信号、火災情報信号、ガス漏れ信号等を受信し、火災の発生またはガス漏れの発生を防火対象物の関係者等に報知するものをいう。

解答＆解説

（2）発信機とは、火災信号を受信機に手動で発信するものをいいます。

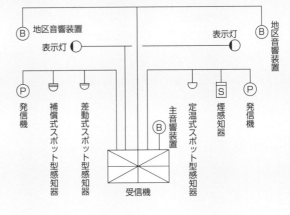

火災報知設備とは、次の2つをいいます（現実に使用されているのは①です）。
① 感知器、発信機、受信機などにより火災の発生を防火対象物の関係者に自動的に報知する設備。
② M型発信機およびM型受信機で火災の発生を消防機関に手動で報知する設備。

感知器は、火災の熱、煙、炎により自動的に火災の発生を感知し、火災信号または火災情報信号を受信機または中継器または消火設備等に発信するものをいいます。

発信機は、火災信号を受信機に手動により発信するものです。

中継器は、火災信号、火災表示信号、火災情報信号、ガス漏れ信号等を受信し、受信機に発信するものをいいます。

受信機は、火災信号、火災表示信号、火災情報信号、ガス漏れ信号等を受信し、火災またはガス漏れの発生などを防火対象物の関係者または消防機関に報知します。

正解は（2）

合格ポイント＋α

火災信号	火災が発生した旨の信号
火災情報信号	火災によって生ずる熱または煙の程度その他火災の程度に係る信号
火災表示信号	火災情報信号の程度に応じて、火災表示を行う温度または濃度を固定する装置により処理される火災表示をする程度に達した旨の信号

第4章 自動火災報知設備の構造と機能

差動式スポット型感知器を原理により分類するとき、方式として不適当なものはどれか。

(1) 空気膨張式   (2) 温度検知素子式
(3) 熱起電力式   (4) 炎検知方式

解答&解説

差動式スポット型感知器とは、周囲の温度の上昇率が一定の率以上になったときに火災信号を発信するもので、**一局所（スポット）の熱効果**により作動するものをいいます。

方式による分類は、次のとおりです。

① 空気膨張式

熱を感知すると空気室（感熱室）内の空気が温められ膨張すると、膨張空気がダイヤフラム（金属製の薄い膜）を押し上げ接点を閉じます。受信機でその火災信号を受信する仕組みです。

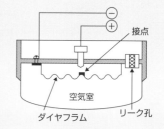

② 温度検知素子（サーミスタ）式

温度検知素子として半導体（サーミスタ）が用いられます。半導体は温度変化により抵抗値が変わり、その性質を利用して火災による急激な温度変化を感知して火災信号を発します。緩やかな温度変化では、検出しません。

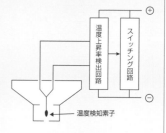

③ 熱起電力式

熱電対（異なる2種類の金属の両端を接触させたもの）の両端に温度差を与えると起電力を発生します。コイルに電流が流れ、接点が閉じます。

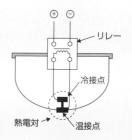

正解は（4）

合格ポイント +α

リーク孔は、非火災報（火災でないのに火災と判断して発報すること）を防止するために設けた穴です。厨房の熱や暖房程度の熱による温度上昇で、接点が閉じないように熱をこの穴から逃がします。実際の火災では温度上昇が急激なので多少この穴からリーク（漏れ）しても接点は閉じます。

感知器に関する用語について、規格省令上誤っているものはどれか。

（1）差動式スポット型感知器とは、周囲の温度の上昇率が一定の率以上になったときに火災信号を発信するもので、一局所の熱効果により作動するものをいう。

（2）差動式分布型感知器とは、周囲の温度の上昇率が一定の率以上になったときに火災信号を発信するもので、広範囲の熱効果の累積により作動するものをいう。

（3）定温式感知線型感知器とは、一局所の周囲の火災煙が一定濃度以上になったときに火災信号を発信するもので、外観が電線状のものをいう。

（4）定温式スポット型感知器とは、一局所の周囲の温度が一定の温度以上になったときに火災信号を発信するもので、外観が電線状以外のものをいう。

解答&解説

　（3）の定温式感知線型感知器は煙感知器ではなく、熱感知器のひとつです。一局所の周囲の温度が一定の温度以上になったときに火災信号を発信するもので、**外観が電線状**のものをいいます。

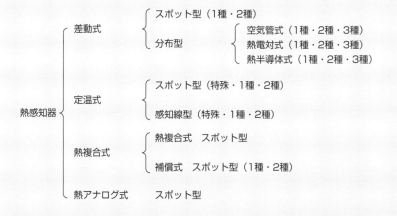

熱感知器
- 差動式
  - スポット型（1種・2種）
  - 分布型
    - 空気管式（1種・2種・3種）
    - 熱電対式（1種・2種・3種）
    - 熱半導体式（1種・2種・3種）
- 定温式
  - スポット型（特殊・1種・2種）
  - 感知線型（特殊・1種・2種）
- 熱複合式
  - 熱複合式　スポット型
  - 補償式　スポット型（1種・2種）
- 熱アナログ式　スポット型

正解は（3）

合格ポイント +α　定温式感知線型感知器は、火災の熱で、導体（ピアノ線）の被覆が溶け、短絡状態となって発報します。再使用はできません。

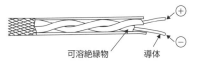

可溶絶縁物　　導体

差動式分布型感知器（空気管式）の寸法等について、規格省令上誤っているものはどれか。

（1）空気管は、1本（継ぎ目のないものをいう）の長さが20m以上で、内径および肉厚が均一であること。
（2）空気管は、内径および肉厚が均一であり、その機能に有害な影響を及ぼすおそれのある傷、割れ、ねじれ、腐食等を生じないこと。
（3）空気管の肉厚は、0.3mm以上であること。
（4）空気管の外径は、1.5mm以上であること。

解答&解説

（4）**空気管の外径は1.94mm以上であること**と定められています。空気管は銅製で中空の管なので簡単に曲げられます。空気管式は差動式分布型感知器の代表的なものです。天井全体に火災を有効に感知できるよう、分岐することなく張り巡らせます。1つの検出器に接続される空気管の長さは100m以下です。

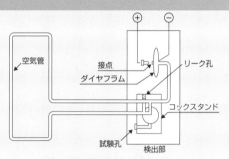

＊図は、検出部を拡大して表示しています。

空気の膨張によりダイヤフラムを膨らませ接点を閉じるのは、**差動式スポット型感知器**と同様の原理です。

空気管式の基準は以下のとおりです。

① **リーク抵抗**および**接点水高**を容易に試験することができること。
② 空気管の漏れおよび詰まりを容易に試験することができ、かつ、試験後試験装置を定位置に復する操作を忘れないための措置を講ずること。
③ 空気管は、1本（継ぎ目のないものをいう）の長さが**20m以上**で、内径および肉厚が均一であり、その機能に有害な影響を及ぼすおそれのある傷、割れ、ねじれ、腐食等を生じないこと。
④ 空気管の肉厚は、**0.3mm以上**であること。
⑤ 空気管の外径は、**1.94mm以上**であること。

正解は（4）

差動式分布型感知器では、空気管式のほかに次のものがあります。
① **熱電対式**
② **熱半導体式**

定温式スポット型感知器の公称作動温度として、規格省令上正しいものはどれか。

（1）50℃以上120℃以下
（2）50℃以上150℃以下
（3）60℃以上120℃以下
（4）60℃以上150℃以下

解答＆解説

定温式熱感知器のスポット型は、一局所の周囲温度が一定温度より高くなったときに火災信号を発するもので、**60～150℃**まであります。**80℃までは5℃きざみ**で、**80℃からは10℃きざみ**となります。

例をあげると、65℃、75℃、125℃、150℃のうち、規格省令上あり得ないものは、125℃です。

定温式熱感知器のスポット型は次の種類があります。

① **バイメタル式**

火災の熱をバイメタルによる反転で接点を閉じます。

② **金属膨張式**

外側の筒状部分に熱膨張率の高い金属、内部の金属板に膨張率の低い金属を用います。火災で温度が上がると外側が伸び、接点が閉じます。

③ **温度検知素子式**

温度検知素子（サーミスタ）により温度を検知します。

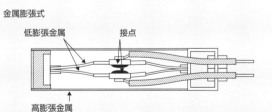

バイメタル式

接点
受熱板　　　円形バイメタル

金属膨張式

低膨張金属　　接点

高膨張金属

正解は（4）

合格ポイント

+α　各部名称は暗記し記述できるようにしましょう。**実技試験の鑑別**等でも出題されています。

感知器 その2

感知器名称と作動原理が一致するようにしましょう。煙感知器の代表は、光電式（スポット型・分離型）です。各部名称もあわせて覚えましょう。

|解|説| 合格ポイント！

❶ 補償式は1つ、熱複合式は2つ以上の火災信号を発信します。
❷ 光電式分離型感知器の公称監視距離は、5m以上100m以下です。
❸ イオン化式スポット型、光電式スポット型感知器は原則、作動表示装置を設けます。

主要感知器の特徴

感知するもの	感知器の名称	作動原理	感知範囲
熱	差動式スポット型感知器	熱による空気室の空気膨張を利用（他方式あり）	一局所
熱	差動式分布型感知器	熱による空気管内の空気膨張を利用（他方式あり）	広範囲
熱	定温式スポット型感知器	熱による金属の膨張率の違いを利用（他方式あり）	一局所
煙	イオン化式スポット型感知器	煙によるイオン電流の変化を利用	一局所
煙	光電式スポット型感知器	煙による光電素子の受光量の変化を利用	一局所
煙	光電式分離型感知器	煙による光電素子の受光量の変化を利用	広範囲
炎	紫外線式スポット型感知器	炎からの紫外線による受光量の変化を利用	一局所
炎	赤外線式スポット型感知器	炎からの赤外線による受光量の変化を利用	一局所

問題 1

感知器に関する用語について、規格省令上正しいものはどれか。

(1) 補償式スポット型感知器とは、差動式スポット型感知器の性能および差動式分布型感知器の性能を併せもつもので、1つの火災信号を発信するものをいう。
(2) 補償式スポット型感知器とは、差動式スポット型感知器の性能および定温式スポット型感知器の性能を併せもつもので、1つの火災信号を発信するものをいう。
(3) 熱複合式スポット型感知器とは、差動式スポット型感知器の性能および定温式スポット型感知器の性能を併せもつもので、1つの火災信号を発信するものをいう。
(4) 熱複合式スポット型感知器とは、差動式分布型感知器の性能および定温式スポット型感知器の性能を併せもつもので、2つ以上の火災信号を発信するものをいう。

解答&解説

(1) の補償式スポット型感知器とは、差動式スポット型感知器の性能および定温式スポット型感知器の性能を併せもつもので、1つの火災信号を発信するものをいいます。

(3) の熱複合式スポット型感知器とは、差動式スポット型感知器の性能および定温式スポット型感知器の性能を併せもつもので、2つ以上の火災信号を発信するものをいいます。何段階かに分けて発信が可能です。

いずれも差動式と定温式の長所を活かし、短所をカバーした感知器です。

感知器名称	組み合わせる感知器	火災信号	特徴
補償式スポット型感知器	差動式スポット型感知器 定温式スポット型感知器	1つの火災信号	先に動作した感知器が発信
熱複合式スポット型感知器	差動式スポット型感知器 定温式スポット型感知器	2つ以上の火災信号	2信号式受信機と組み合わせる

正解は（2）

合格ポイント

差動式スポット型感知器は、温度上昇が緩慢なときはリーク孔から膨張空気が漏れるため、作動しないことがあります。一定の温度に達すれば定温式スポット型感知器が動作し、失報（火災であるのに発信しない）を防げます。

1つの感知器の中にこの2種類の機能を詰め込んだものが補償式スポット型感知器です。

第4章 自動火災報知設備の構造と機能

難易度…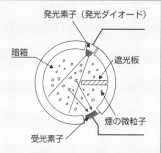（省略）

感知器に関する用語について、規格省令上誤っているものはどれか。

（1）イオン化式スポット型感知器とは、周囲の空気が一定の濃度以上の煙を含むに至ったときに火災信号を発信するもので、一局所の煙によるイオン電流の変化により作動するものをいう。

（2）光電式スポット型感知器とは、周囲の空気が一定の濃度以上の煙を含むに至ったときに火災信号を発信するもので、一局所の煙による光電素子の受熱量の変化により作動するものをいう。

（3）光電式分離型感知器とは、周囲の空気が一定の濃度以上の煙を含むに至ったときに火災信号を発信するもので、広範囲の煙の累積による光電素子の受光量の変化により作動するものをいう。

（4）煙複合式スポット型感知器とは、イオン化式スポット型感知器の性能および光電式スポット型感知器の性能を併せもつものをいう。

解答＆解説

（2）の**光電式スポット型感知器**は、暗箱内の煙に含まれる微粒子により光が乱反射し、受光量が変化します。一局所の煙による光電素子の受光量の変化により作動します。受熱量ではありません。

煙感知器の種類は次のとおりです。

```
                    イオン化式     スポット型（1種・2種・3種）

                                   スポット型（1種・2種・3種）
                    光電式
                                   分離型（1種・2種）

        煙感知器     煙複合式       スポット型

                    イオン化アナログ式  スポット型

                                   スポット型
                    光電アナログ式
                                   分離型
```

発光素子（発光ダイオード）
暗箱
遮光板
煙の微粒子
受光素子

正解は（2）

イオン化式スポット型感知器は、**アメリシウム**という放射性物質によりイオン化された内部に煙が入ると電流が減少して作動します。外観上は光電式スポット型感知機と区別がつきにくく、感知器の底に**放射性物質のマーク**（三角形が3つの記号）があります。

周囲の空気が一定の濃度以上の煙を含むに至ったときに火災信号を発信するもので、広範囲の煙の累積による光電素子の受光量の変化により作動する感知器はどれか。

（1）光電式分離型感知器　　　　　　（2）光電式スポット型感知器
（3）イオン化アナログ式スポット型感知器　　（4）光電アナログ式分離型感知器

解答＆解説

（1）の光電式分離型感知器は送光部と受光部に分離されており、この間に煙が充満すると受光量が減り、その変化を検出して発報します。

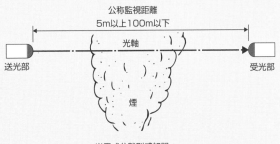

光電式分離型感知器

光電式分離型感知器の公称監視距離は、5m以上100m以下です。送光部と受光部の設置間隔は最短で5m、最長で100mです。

（2）の光電式スポット型感知器は、周囲の空気が一定の濃度以上の煙を含むに至ったときに火災信号を発信するもので、**一局所の煙による光電素子の受光量の変化**で作動します。

（3）のイオン化アナログ式スポット型感知器は、周囲の空気が一定の範囲内の濃度の煙を含むに至ったときに当該濃度に対応する**火災情報信号**を発信するもので、**一局所の煙によるイオン電流の変化**を利用するものです。

（4）の光電アナログ式分離型感知器は、周囲の空気が一定の範囲内の濃度の煙を含むに至ったときに当該濃度に対応する**火災情報信号**を発信するもので、**広範囲の煙の累積による光電素子の受光量の変化**を利用するものです。

正解は（1）

合格ポイント
　　熱でも煙でもアナログ式感知器は、ある温度範囲になると**火災情報信号**を発します。
① **注意表示信号**
　防災担当者などに、火災発生の危険があることを注意喚起します。
② **火災表示信号**
　火災の発生を知らせます。
③ **連動信号**
　防火戸、ダンパー等の起動信号を出します。

第4章 自動火災報知設備の構造と機能

規格省令上、熱煙複合式スポット型感知器といえないものはどれか。

（1）差動式スポット型感知器とイオン化式スポット型感知器の組合せ。
（2）定温式スポット型感知器と光電式スポット型感知器の組合せ。
（3）差動式スポット型感知器と光電式スポット型感知器の組合せ。
（4）イオン化式スポット型感知器と光電式スポット型感知器の組合せ。

解答＆解説

　熱煙複合式スポット型感知器とは、差動式スポット型感知器の性能または定温式スポット型感知器の性能およびイオン化式スポット型感知器の性能または光電式スポット型感知器の性能を併せもつものをいいます。

　4通りの組合せがあります。それ以外は熱煙複合式スポット型感知器ではありません。

		組合せ1	組合せ2	組合せ3	組合せ4
熱感知器	差動式スポット型感知器	○	○		
	定温式スポット型感知器			○	○
煙感知器	イオン化式スポット型感知器	○		○	
	光電式スポット型感知器		○		○

◎感知器名称について

　たとえば、「差動式スポット型感知器」のように、○○式□□型感知器と表現します。○○は動作原理、□□は配置や構造を表します。

　また、一般的に「熱感知器」「煙感知器」「炎感知器」と表現しますが、個々の感知器名称については「感知器」の前に「熱」「煙」「炎」の文字は付きません。実技試験で記述する際は注意してください。

　さらに、以下についても留意してください。

1. 作動式でなく**差動式**　　2. □□形でなく□□**型**
3. 感知機でなく感知**器**　　4. 受信器でなく受信**機**
5. 発信器でなく発信**機**　　6. 中継機でなく中継**器**

正解は（4）

　問題文に、「規格省令上……」と出てきますが、総務省令で下記のものがあります。
① **受信機**に係る技術上の規格を定める省令
② 火災報知設備の**感知器**および**発信機**に係る技術上の規格を定める省令
③ **中継器**に係る技術上の規格を定める省令
　以上の①～③を「規格省令」と呼んでいます。

煙感知器に関し規格省令上誤っているものはどれか。

（1）スポット型の煙感知器には作動表示装置を設けるが、当該感知器が信号を発信した旨を表示する受信機に接続することができるものにあっては、この限りでない。

（2）光電式感知器の光源は、半導体素子とする。

（3）スポット型の煙感知器は、目開き2mm以下の網、円孔板等により虫の侵入防止のための措置を講ずる。

（4）放射性物質を使用する感知器は、当該放射性物質を密封線源とし、外部から直接触れることができず、かつ、火災の際容易に破壊されないものであること。

解答＆解説

　（1）イオン化式スポット型感知器も光電式スポット型感知器も、**作動表示装置を設ける**ことになっています。具体的には、感知器本体の**作動確認灯**です。

　現場確認の際点灯するので、どの感知器が作動したかわかります。

　ただし、当該感知器が信号を発信した旨を表示する受信機に接続するものにあっては不要です。

作動表示装置（作動確認灯）

　（2）光電式感知器の光源は、**半導体素子**です。

　（3）スポット型の煙感知器の**目開き1mm以下**とし、円孔板等により**虫の侵入を防止**します。

　（4）イオン化式の感知器は、放射線物質を使用しており、密封、破壊されない必要があります。

正解は（3）

【類題】
イオン化式スポット型感知器に封入されている放射性物質として適当なものはどれか。

ア．インジウム

イ．セシウム

ウ．ウラン

エ．アメリシウム

（答）エ

合格ポイント＋α　　「放射性物質を使用する感知器は、当該放射性物質を密封線源とし、当該線源は、外部から直接触れることができず、かつ、火災の際容易に破壊されないものであること」とあります。**イオン化式スポット型感知器には放射性物質が使用されて**いるので、法に従って廃棄処分する必要があります。

第**4**章　自動火災報知設備の構造と機能

感知器 その3

炎感知器はスポット型のみで、紫外線式と赤外線式があります。取付けの最大傾斜角度は感知器の種類によって異なります。

|解|説| 合格ポイント!

❶ 炎感知器には原則として、煙感知器同様、作動表示装置を設けます。
❷ スポット型感知器の取付け傾斜角度45度、炎感知器は90度まで。
❸ 差動式分布型感知器（検出部）は5度まで、光電式分離型感知器は90度まで。

（1）炎感知器の設置

① 屋内型　　② 屋外型　　③ 道路型
天井面または壁面に取り付けます。

（2）炎感知器の用語

① 視野角
炎感知器で感知できる角度（θが視野角以内であること）。

② 監視空間
炎感知器が火災を監視すべき空間で、床面から1.2mまでの空間。

③ 公称監視距離
炎感知器から監視空間の各部分までの距離。
※最も遠い部分が公称監視距離内であること。

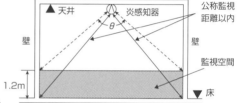

（3）感知器の取付け許容傾斜角度

感知器の種類	取付け	許容角度
スポット型感知器（炎感知器を除く）	天井	45度
差動式分布型感知器（検出部に限る）	壁面	5度
光電式分離型感知器、光電アナログ式分離型感知器	光軸が水平	90度
炎感知器	天井、壁	90度

次の感知器のうち、炎感知器に分類されるものはどれか。

（1）光電アナログ式スポット感知器
（2）差動式分布型感知器（熱電対式）
（3）紫外線赤外線併用式スポット型感知器
（4）イオン化アナログ式スポット型感知器

解答＆解説

炎感知器の種類は次のとおりスポット型だけです。

炎感知器
- 紫外線式　　　　　　　　スポット型
- 赤外線式　　　　　　　　スポット型
- 紫外線赤外線併用式　　　スポット型
- 炎複合型　　　　　　　　スポット型

炎感知器は**20m以上の高所**でも設置でき、取付け場所によって、下記のように分類されます。
① **屋内型**
② **屋外型**
③ **道路型**

いずれも天井または壁に設置します。また、**日光を受けない位置**に設置します（遮光板等を設けた場合を除きます）。

紫外線赤外線併用式スポット型感知器とは、炎から放射される紫外線および赤外線の変化が一定の量以上になったときに火災信号を発信するもので、一局所の紫外線および赤外線による受光素子の**受光量の変化**により作動するものをいいます。

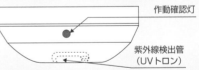

作動確認灯

紫外線検出管
（UVトロン）

なお、紫外線も赤外線も光線で、可視光線（目に見える光）の波長がおよそ380～760nm（ナノメートル）で、これより短いのが紫外線、長いのが赤外線です。

正解は（3）

合格ポイント
＋α

　　　紫外線式スポット型感知器は上図のようになっています。**紫外線検出管（UVトロン）**に特殊ガスが封入されており、炎に含まれる紫外線を検出します。赤外線式スポット型感知器は、二酸化炭素の**共鳴放射現象**を利用し、炎中の赤外線を検出します。

第4章　自動火災報知設備の構造と機能

問題 2

難易度… ●-●-● ○ ○

炎感知器に関して、規格省令上誤っているものはどれか。

(1) 受光素子は、感度の劣化や疲労現象が少なく、かつ、長時間の使用に十分耐えること。
(2) 検知部の清掃を容易に行うことができること。
(3) 火災信号を発信した炎感知器を表示できる受信機であっても、炎感知器には作動表示装置を設けること。
(4) 汚れ監視型のものにあっては、検知部に機能を損なうおそれのある汚れが生じたとき、これを受信機に自動的に送信することができること。

解答＆解説

炎感知器には煙感知器同様作動表示装置を設けます。ただし、当該感知器が火災信号を発信した旨を表示する受信機に接続することができるものは、この限りではありません。

炎感知器については、次の用語があります。

① 視野角

炎感知器で感知できる角度をいいます。最大角度が**最大視野角**です。

② 監視空間

炎感知器が火災を監視すべき空間で、床面から1.2mまでの空間をいいます。炎感知器の設置個数は、床面から1.2m上がった部分の面積で行います。

視野角内であれば、その上方も監視できます。

③ 公称監視距離

炎感知器から監視空間の各部分までの距離をいいます。いちばん遠い距離が公称監視距離内である必要があります。

規格省令によれば、炎感知器の視野角は**5度**ごとに定めるものとし、**公称監視距離**は、20m未満の場合にあっては**1m刻み**、20m以上の場合にあっては**5m刻み**とします。たとえば、公称監視距離20mの上は25mです。

正解は（3）

合格ポイント

道路型の炎感知器は、取付け高さが1m以上、1.5m以下で、**最大視野角**が180度以上と定められています。

感知器の取付けに関し、その基板面からの最大傾斜角で誤っているものはどれか。

（1）スポット型感知器（炎感知器を除く）：45度
（2）差動式分布型感知器（検出部に限る）：30度
（3）光電式分離型感知器：90度
（4）炎感知器：90度

解答＆解説

　規格省令によれば、「感知器は、その基板面を取付け定位置から**スポット型感知器（炎感知器を除く）にあっては45度、差動式分布型感知器（検出部に限る）にあっては5度、光電式分離型感知器、光電アナログ式分離型感知器および炎感知器にあっては90度傾斜させた場合、機能に異常を生じないこと」**とあります。
　それぞれの設置場所は、次のようになります。
　スポット型感知器：天井面（炎感知器は壁にも設置できます）。
　差動式分布型感知器（検出部）：壁面
　光電式分離型感知器：光軸が床面と水平になるように設置

※炎感知器を除いたスポット型感知器の取付け可能な傾斜は45度まで。それを超える場合は、右図のようにするとよいでしょう。

45度未満

| 正解は（2） |

【類題】
感知器の取付けに関し、その基板面から許容される最大傾斜角で最も大きい感知器はどれか。
ア．定温式スポット型感知器
イ．差動式分布型感知器の検出部
ウ．光電式スポット型感知器
エ．紫外線式スポット型感知器
【解説】
アは45度、イは5度、ウは45度、エは90度　　　　　　　　　　　　　（答）エ

合格ポイント
＋α
　　感知器の取付けの傾斜角度については、**最大傾斜角度**で設置したとき、「その機能に異常を生じないこと」とあります。それを超えた角度では、保証できないことになります。

第4章 自動火災報知設備の構造と機能

4-4 受信機 その1

P型受信機（1・2・3級）、R型受信機（アナログ式含む）、G型受信機、GP型（1・2・3級）、GR型の機能、構造、特徴を押さえましょう。

|解|説| 合格ポイント！

❶ P型受信機は、火災信号等を共通の信号として受信、R型受信機は、固有の信号として受信します。

❷ P型3級受信機も火災表示試験機能を有していなければなりません。

❸ P型2級（1回線）、P型3級受信機は予備電源の設置は不要です。

（1）受信機の種類

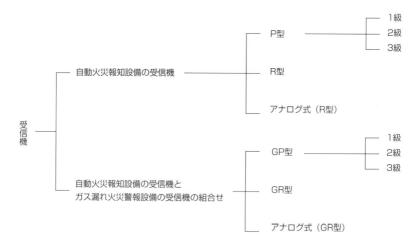

（2）P型受信機が接続できる回線数（警戒区域の数）

受信機の種類	回線数（警戒区域の数）
P型1級	制限なし
P型2級	5回線以下
P型3級	1回線

受信機に関する用語の説明で、規格省令上誤っているものはどれか。

（1）P型受信機とは、火災信号または火災表示信号を共通の信号として受信し、火災の発生を防火対象物の関係者に報知するものをいう。

（2）R型受信機とは、火災信号、火災表示信号または火災情報信号を固有の信号として受信し、火災の発生を防火対象物の関係者に報知するものをいう。

（3）アナログ式受信機とは、火災情報信号を受信し、火災の発生を防火対象物の関係者に報知するものをいう。

（4）M型受信機とは、M型発信機から発せられた火災信号を受信し、火災の発生を防火対象物の関係者に報知するものをいう。

解答＆解説

　受信機は以下の種類に分類できます（①と③、②と③の併用型もあります）。

① **P型受信機**：警戒区域ごとの火災信号を受信するため、共通線のほかに、それぞれ1本の信号線が必要です。Pは、Proprietary（私設用の、専用の）。

② **R型受信機**：固有信号により伝送するので、信号線が少なくてすみます。大規模な防火対象物に適しています。Rは、Record（記録）。

③ **G型受信機**：ガス漏れの信号を受信するものです。

※ガス漏れ火災警報設備であり、自動火災報知設備ではありません。Gは、Gas（ガス）。

④ **M型受信機**：M型発信機から発せられた火災信号を受信します。現在は用いられていません。Mは、Municipal（公営の）。

　①〜③は、防火対象物の関係者に対して報知しますが、**M型受信機**は、火災の発生を消防機関に報知するものです。

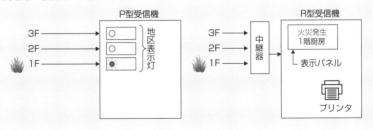

正解は（4）

合格ポイント

+α　P型受信機は、火災信号または火災表示信号を**共通の信号**として受信します。R型受信機は、火災信号、火災表示信号または火災情報信号を**固有の信号**として受信します。**アナログ式受信機**はR型受信機に属します。

第4章　自動火災報知設備の構造と機能

P型受信機の機能について、規格省令上誤っているものはどれか。

（1）P型2級受信機は、接続することができる回線数は5以下である。
（2）P型3級受信機は、接続することができる回線数は1である。
（3）P型2級受信機は、火災表示試験装置による試験機能を有する。
（4）P型3級受信機は、火災表示試験装置による試験機能を有しない。

解答＆解説

　火災表示試験とは、受信機の試験を行うとき、火災表示試験スイッチを入れて、回線（警戒区域）ごとに正常に火災表示するか確認します。
　試験手順は以下のとおりです。
① 火災表示試験スイッチを入れる。
② 回線選択スイッチ（ロータリースイッチ）を回線1に合わせる。
③ 以下のことを確認する。
　・火災灯が点灯する。
　・回線1の地区表示灯が点灯する。
　・主音響装置が鳴動する。
　・地区音響装置が鳴動する。
④ 火災復旧スイッチでリセットする。
⑤ 回線選択スイッチを回線2に合わせる。
　以下同様。
　P型3級受信機は1回線ですが、火災表示試験装置による試験機能を有していなければなりません。自動火災報知設備の回線数をまとめると表のようになります。

受信機の種類	回線数
P型1級、GP型1級、R型	制限なし
P型2級、GP型2級	5回線以下
P型3級、GP型3級	1回線

　P型1級、GP型1級において制限はありませんが、現実的には表示窓、電線本数等から制約はあります。

正解は（4）

合格ポイント
　火災表示試験は、実技試験の「鑑別等」でもよく出題されます。「鑑別等」でも詳しく解説しますが、受信機各部の名称と、試験手順を理解しておきましょう。

問題 3

難易度…●-●-●-●-○

受信機の構造および機能について、規格省令上正しいものはどれか。

（1） すべての受信機は予備電源を設けること。
（2） 主電源を監視する装置を受信機の前面または側面に設けること。
（3） 定位置に自動的に復旧しないスイッチを設けるものにあっては、当該スイッチが定位置にないとき、音響装置または点滅する注意灯が作動すること。
（4） 地区音響停止スイッチが停止状態にある間は、受信機が火災信号を受信した場合であっても、停止状態を継続しなければならない。

解答&解説

　（1） 接続することができる回線の数が1のP型2級受信機、P型3級受信機、G型受信機、GP型2級受信機（P型2級受信機の機能としての接続することができる回線の数が1であるものに限る）およびGP型3級受信機にあっては、予備電源の設置は不要です。
　なお、自動火災報知設備の予備電源は、密閉型蓄電池に限定されます。
　（2） 側面でなく前面です。
　（4） 地区音響停止スイッチが停止状態にある間に、受信機が火災信号、火災表示信号または火災情報信号のうち火災表示をする程度に達したものを受信したときは、当該スイッチが一定時間以内に自動的に地区音響装置を鳴動させる状態に移行することが必要です。

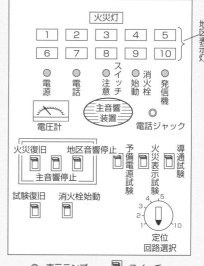

受信機（P型1級）

正解は（3）

+α　受信機共通の規格（主なもの）
① 定格電圧が60Vを超える金属製外箱には接地端子をつける。
② 電源電圧の変動により受信機の機能に異常を生じないこと。
③ 主電源の監視装置は受信機の前面につける。
④ 試験装置は受信機の前面につける。

受信機に設ける音響装置について、規格省令上誤っているものはどれか。

（1）定格電圧の90％（予備電源が設けられているものにあっては、当該予備電源の定格電圧の85％）の電圧で音響を発すること。
（2）定格電圧における音圧は、無響室で音響装置の中心から前方1m離れた地点で測定した値が、火災報知設備に用いる主音響装置にあっては90dB以上であること。
（3）P型3級受信機およびGP型3級受信機に設けるものにあっては70dB以上であること。
（4）音響装置のうち、火災表示またはガス漏れ表示に係る音響に用いるものにあっては、当該表示に係る音響を優先して発し、かつ、他の音響と識別できるものであること。

解答＆解説

（2）の主音響装置は**85dB以上**です。

受信機の機能比較　×：不要

	P型1級		P型2級		P型3級
	多回線	1回線	多回線	1回線	1回線
主音響装置	85dB以上	85dB以上	85dB以上	85dB以上	70dB以上
地区音響装置	90dB以上	90dB以上	90dB以上	×	×

＊ GP型も同様。地区音響装置で、音声によるものは92dB以上

そのほかに、①定格電圧で連続8時間鳴動した場合、構造または機能に異常を生じないこと。②充電部と非充電部との間の絶縁抵抗は、直流500Vの絶縁抵抗計で測定した値が5MΩ以上であること。

正解は（2）

合格ポイント

　受信機の表示灯は、電球（白熱、ハロゲン）の場合、2個以上並列に接続します。
　放電灯、発光ダイオード（LED）なら、1個でも可です。また、周囲の明るさが300ℓx（ルクス）の状態、前方3mの地点で点灯していることが明確に識別できることが必要です。

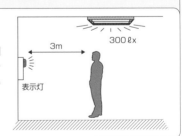

P型受信機（1回線のものを除く）に設置する予備電源の容量について、規格省令上正しいものはどれか。

（1）監視状態を60分間継続した後、2の警戒区域の回線を作動させることができる消費電流を10分間継続して流すことができる容量。

（2）監視状態を30分間継続した後、2の警戒区域の回線を作動させることができる消費電流を10分間継続して流すことができる容量。

（3）監視状態を30分間継続した後、5の警戒区域の回線を作動させることができる消費電流を20分間継続して流すことができる容量。

（4）監視状態を60分間継続した後、5の警戒区域の回線を作動させることができる消費電流を20分間継続して流すことができる容量。

解答&解説

予備電源の容量について

	種類	監視状態	作動
①	P型受信機	60分間継続	2つの回線を10分間継続作動
②	R型受信機	60分間継続	2つの回線を10分間継続作動
③	M型受信機	60分間継続	2個のM型発信機を10分間継続作動
④	G型受信機		2回線を1分間有効に作動、同時にその他の回線を1分間監視状態

GP型受信機、GR型受信機は、①および④の容量を合わせたもの

　上の表より、P型受信機（1回線のものを除く）の予備電源の容量は、監視状態を60分間継続した後、2の警戒区域の回線を作動させることができる消費電流を10分間継続して流すことができる容量となります。

正解は（1）

合格ポイント

　自動火災報知設備の予備電源は、密閉型蓄電池であること。主電源が停止したときは主電源から予備電源に、主電源が復旧したときは予備電源から主電源に自動的に切り替える装置を設けること。手動ではありません。

受信機 その2

火災があってもすぐに警報を出さずに、少し様子を見るのが蓄積式受信機です。蓄積時間やアナログ式受信機の機能を覚えましょう。

|解|説| 合格ポイント*!*

❶ 蓄積式受信機の蓄積時間は5秒を超え60秒以内です。
❷ 発信機からの火災信号を検出したときは蓄積機能を自動的に解除します。
❸ アナログ式の機能を有する警戒区域の回線は、2信号式の機能を有しないこと。

P型受信機の機能比較　　○：必要　　×：不要

	P型1級		P型2級		P型3級
	多回線	1回線	多回線	1回線	1回線
火災表示試験	○	○	○	○	○
火災表示の保持	○	○	○	○	×
導通試験	○	×	×	×	×
火災灯	○	×	×	×	×
発信機灯	○	×	×	×	×
電話灯	○	×	×	×	×
地区表示灯	○	×	○	×	×
主音響装置	85dB以上	85dB以上	85dB以上	85dB以上	70dB以上
地区音響装置	90dB以上	90dB以上	90dB以上	×	×
予備電源	○	○	○	×	×

＊地区音響装置で、音声によるものは92dB以上。

受信機の機能について、規格省令上誤っているものはどれか。

（1）P型1級発信機を接続する受信機（接続することができる回線の数が1のものを除く）は、発信機からの火災信号を受信した旨の信号を当該発信機に送ることができ、かつ、火災信号の伝達に支障なく発信機との間で電話連絡をすることができること。

（2）T型発信機を接続する受信機は、2回線以上が同時に作動したとき、通話すべき発信機を任意に選択することができ、かつ、遮断された回線におけるT型発信機に話中音が流れるものであること。

（3）蓄積式受信機は、発信機からの火災信号を検出したとき、蓄積時間は5秒を超え60秒以内とすること。

（4）2信号式受信機にあっては、2信号式の機能を有する警戒区域の回線に蓄積機能を有しないこと。

解答＆解説

（3）の蓄積式受信機の蓄積時間は5秒を超え60秒以内ですが、発信機からの火災信号を検出したときは蓄積機能を自動的に解除します。

受信機を信号受信の形態で分類すると、下記のようになります。

方式	特徴
非蓄積式	火災信号を受信すると、5秒以内に火災表示する
蓄積式	火災信号を受信して5秒を超え60秒以内に火災表示する
2信号式	1つの感知器（多信号式感知器）から2回、または同じ警戒区域の他の感知器から1回ずつ、計2回の火災信号があった場合に火災表示を行う

正解は（3）

【類題】

P型1級受信機の機能について、規格省令上正しいものはどれか。

ア．1回線のものであっても、火災表示試験装置および導通試験装置による試験機能を有すること。

イ．試験中に他の警戒区域からの火災信号を受信したとき、火災表示をすることができること。

ウ．火災信号の受信開始から火災表示までの所要時間は、3秒以内であること。

エ．3回線から火災信号を同時に受信したとき、火災表示をすることができること。

（答）イ

合格ポイント＋α

P型1級受信機で回線数が1のものにあっては、**導通試験装置**による試験機能を有しなくてよいことになっています。

問題 2

アナログ式のR型受信機の機能について、規格省令上誤っているものはどれか。

（1）火災情報信号の受信開始から注意表示までの所要時間は、10秒以内であること。
（2）火災信号、火災表示信号または火災情報信号の受信開始から火災表示までの所要時間は、5秒以内であること。
（3）2の警戒区域の回線から火災信号、火災表示信号または火災情報信号を同時に受信したとき、火災表示をすることができること。
（4）アナログ式の機能を有する警戒区域の回線は、2信号式の機能を有しないこと。

解答＆解説

受信機に係る規格省令では以下のように定められています。

（1）**火災情報信号**の受信開始から注意表示までの所要時間は、**5秒以内である**こと。

（2）火災信号、火災表示信号または火災情報信号の受信開始から火災表示までの所要時間は、**5秒以内である**こと。

（3）**2の警戒区域**の回線から火災信号、火災表示信号または火災情報信号を同時に受信したとき、火災表示をすることができること。

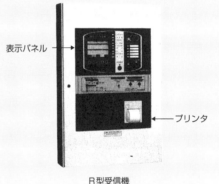

表示パネル →

← プリンタ

R型受信機

（4）アナログ式の機能を有する警戒区域の回線は、2信号式の機能を有しないこと。

上図はR型受信機の前面パネルの例です。
P型受信機は回線数に応じた地区表示の窓がありますが、**R型は液晶パネルの表示窓があるだけ**です。ここに火災信号等が表示されます。**プリンタ**は情報が記録されます。

> 正解は（1）

合格ポイント

+α 　**R型受信機**の機能は、火災信号、火災表示信号または火災情報信号にあっては地区表示装置に表示する警戒区域、設備作動信号にあっては作動区域表示装置に表示する区域、装置の名称等の回線との対応を確認することができるものでなければなりません。

P型受信機の機能、装置の比較表について、規格省令上正しいものはどれか。
ただし、P型1級、2級とも多回線とする。○：必要　×：不要

（1）

	1級	2級	3級
火災灯	○	×	×
発信機灯	○	×	×
予備電源	○	○	×

（2）

	1級	2級	3級
火災灯	○	○	×
発信機灯	○	○	×
予備電源	○	○	×

（3）

	1級	2級	3級
火災灯	○	×	×
発信機灯	○	○	×
予備電源	○	○	○

（4）

	1級	2級	3級
火災灯	○	○	×
発信機灯	○	×	×
予備電源	○	○	×

解答＆解説

　P型1級多回線、P型2級多回線、P型3級（1回線のみ）の機能、装置を比較すると表のようになります。

　火災灯は火災時に点灯するものですが、P型1級多回線のみです。

　発信機灯は発信機が押されたときに点灯するものですが、これもP型1級多回線のみです。

　P型3級とP型2級1回線には予備電源は不要です。

	P型1級	P型2級	P型3級
火災表示試験	○	○	○
火災表示の保持	○	○	×
導通試験	○	×	×
火災灯	○	×	×
発信機灯	○	×	×
電話灯	○	×	×
地区表示灯	○	○	×
予備電源	○	○	×

正解は（1）

合格ポイント

　火災表示試験機能はすべてにあります。**導通試験、火災灯、発信機灯、電話灯**はP型1級受信機の多回線だけが必要とする機能です。

第**4**章 自動火災報知設備の構造と機能

4-6

発信機・中継器

感知器は自動で火災を感知し発信しますが、発信機は人が手動（押すこと）により発信します。とくにP型1級と2級の構造、相違点を把握しておきましょう。

|解|説| 合格ポイント！

❶ 発信機は手動で発信するもので、蓄積中であっても解除します。

❷ 押しボタンスイッチは前方に透明の有機ガラス製の保護板を設けます。

❸ 蓄積式の中継器にあっては、蓄積時間は、5秒を超え60秒以内です。

（1）P型発信機

1級と2級があります。

P型1級発信機は2級に比べると、次の装置を有しています。

① 通報確認ランプが付いている　→　発信したとき、受信機が受信したことがわかる

② 電話ジャックが付いている　→　受信機側と電話により話ができる

ただし、押しボタンを押して発信しているとき、受信機側にいる人と電話による通話はできません。発信と同時には通話ができないということです。

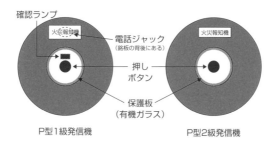

P型1級発信機　　　　P型2級発信機

（2）T型発信機

電話機を取り上げただけで火災信号が受信機に届き、受信機側の人と同時通話ができます。押しボタンでなく送受話器が付いているもので、大規模な防火対象物に設置されています。

発信機に関し、規格省令上正しいものはどれか。

（1）発信機は、火災信号を受信機に手動または自動的に発信するものをいう。
（2）P型発信機は、各発信機に共通または固有の火災信号を受信機に手動により発信するもので、発信と同時に通話することができない。
（3）T型発信機は、各発信機に共通または固有の火災信号を受信機に手動により発信するもので、発信と同時に通話することができない。
（4）M型発信機は、各発信機に固有の火災信号を受信機に自動により発信するものをいう。

解答＆解説

各用語の説明は次のとおりです。
① 発信機
火災信号を受信機に手動により発信するものをいいます。
② P型発信機
各発信機に共通または固有の火災信号を受信機に手動により発信するもので、発信と同時に通話することができないものをいいます。P型1級発信機は電話ジャックがあり、発信後に通話は可能です。
③ T型発信機
各発信機に共通または固有の火災信号を受信機に手動により発信するもので、発信と同時に通話することができるものをいいます。
④ M型発信機
各発信機に固有の火災信号を受信機に手動により発信するものをいいます。現在は使われていません。

T型発信器

正解は（2）

合格ポイント

発信機を分類すると、下記のようになります。

発信機 ┬ P型 ┬ 1級
　　　　│　　　└ 2級
　　　　├ T型
　　　　└ M型

問題 2

難易度… ● ● ○ ○ ○

発信機について、規格省令上正しいものはどれか。

（1）P型2級発信機には電話ジャックを設置する。
（2）発信機の外箱の色は目立つ色であればよい。
（3）P型1級発信機には確認応答ランプがついている。
（4）T型発信機は、受話装置を取り上げただけでは通話できない。

解答＆解説

　（1）のP型2級発信機には電話ジャックはありません（規格省令上必要とされていないということです）。
　（2）発信機の外箱の色は赤色と決められています（100％赤です）。
　（3）P型1級発信機には確認応答ランプがついています。このランプのことを、単に確認ランプ、応答ランプということもあります。発信機から火災信号を伝達したとき、受信機が当該信号を受信したことを、発信機を押した人が確認できる装置です。
　（4）T型発信機は、受話装置を取り上げただけで通話できます。
　P型とT型の発信機の特徴をまとめると下表のようになります。これは実技試験でもよく出るのでしっかり覚えてください。

種類		発信方法	特徴
P型発信機	1級	押しボタン	①電話ジャックあり　②確認応答ランプあり
	2級	押しボタン	①、②なし
T型発信機		送受話器	取り上げた時点で発信、通話可能

正解は（3）

合格ポイント ＋α

　「押しボタンスイッチは、その前方に保護板を設け、その保護板を破壊し、または押し外すことにより、容易に押すことができること」とあり、保護板は**透明の有機ガラス**とします。半透明や**無機ガラスは不可**です。有機ガラスとはプラスチック製のガラスです。無機ガラスは一般に窓に使われている板ガラスなどです。これは使用できません。

難易度… ☀ ☀ ☀ ○ ○

P型発信機の構造および機能に関し、規格省令上誤っているものはどれか。

(1) 押しボタンスイッチを押した後、当該スイッチが自動的に元の位置にもどらない構造の発信機にあっては、当該スイッチを元の位置にもどす操作を忘れないための措置を講ずること。
(2) 押しボタンスイッチは、その前方に保護板を設け、その保護板を破壊し、または押し外すことにより、容易に押すことができること。
(3) 保護板は、透明または半透明の有機ガラスを用いること。
(4) 外箱の色は、赤色であること。

解答&解説

　P型発信機の構造および機能は、以下のように定められています。
① 火災信号は、押しボタンスイッチを押したときに伝達されること。
② 押しボタンスイッチを押した後、当該スイッチが自動的に元の位置にもどらない構造の発信機にあっては、当該スイッチを元の位置にもどす操作を忘れないための措置を講ずること。
③ 押しボタンスイッチは、その前方に保護板を設け、その保護板を破壊し、または押し外すことにより、容易に押すことができること。
④ 保護板は、**透明**の有機ガラスを用いること。
⑤ 外箱の色は、**赤色**であること。
⑥ 指先で押し破り、または押し外す構造の保護板は、その中央部の直径20㎜の円内に20Nの静荷重を一様に加えた場合に押し破られ、または押し外されることなく、かつ、たわみにより押ボタンスイッチに触れることなく、80Nの静荷重を一様に加えた場合に、押し破られまたは押し外されること。

P型発信器

⑦ 火災信号を伝達したとき、受信機が当該信号を受信したことを確認することができる装置を有すること（P型1級のみ）。
⑧ 火災信号の伝達に支障なく、受信機との間で、**相互に電話連絡をすることができる装置**を有すること（P型1級のみ）。
　保護板は**透明の有機ガラス**とします。半透明なものや無機ガラスは不可です。

正解は（3）

合格ポイント

1N（ニュートン）は、およそ100gの物体が押す力です。20N（約2kg）の指力で保護板を押したときに破られまたは外れることなく、80N（約8kg）の力で押したときは必ず破られるか外れなければなりません。

第4章 自動火災報知設備の構造と機能

問題 **4**

中継器の構造および機能について、規格省令上誤っているものはどれか。

(1) 定格電圧が100Vを超える中継器の金属製外箱には、接地端子を設けること。
(2) 地区音響装置を鳴動させる中継器は、受信機において操作しない限り、鳴動を継続させること。
(3) 蓄積式のものにあっては、蓄積時間は、5秒を超え60秒以内であること。
(4) 蓄積式のものにあっては、発信機からの火災信号を検出したときは、蓄積機能を自動的に解除すること。

解答&解説

　中継器は感知器、発信機からの信号を受信機等に送るものです。
　(1) 定格電圧が60Vを超える中継器の金属製外箱には、接地端子を設けます。
　中継器については下記の規格省令上の基準があります。
① **不燃性**または**難燃性**の外箱で覆うこと。
② 定格電圧が**60Vを超える中継器**の**金属製外箱**には、**接地端子**を設けること。
③ **地区音響装置を鳴動させる中継器**は、受信機において操作しない限り、鳴動を継続させること。
④ 中継器の受信開始から発信開始までの所要時間は、**5秒以内**でなければならない。ただし、ガス漏れ信号に係る当該所要時間にあっては、ガス漏れ信号の受信開始からガス漏れ表示までの所要時間が5秒以内である受信機に接続するものに限り、60秒以内とすることができる。
⑤ 蓄積時間を調整する装置を有するものにあっては、当該装置を中継器の内部に設けること。
⑥ 蓄積時間を設けるものにあっては、**蓄積時間は5秒を超え60秒以内**であること。
　蓄積時間とは、感知器からの火災信号または火災情報信号を検出してから、検出を継続し、受信を開始するまでの時間。

感知器　→　信号検出　→　受信開始　→　発信開始

5秒を超えて60秒以内　　5秒以内

⑦ 発信機からの火災信号を検出したときは、蓄積機能を自動的に解除すること。

正解は（1）

合格ポイント +α

受信機、他の中継器から電力を供給されない場合、**予備電源**を設けます。主電源、予備電源とも**保護装置**（ヒューズ、ブレーカ）を設け、その作動時には受信機に送信できるようにします（ガス漏れ火災警報設備の中継器には予備電源は不要）。

自動火災報知設備の設置基準

火災報知設備の設置
には細かい基準が設
けられているよ。

火災のあった区域を他の区域と区別、識別する最小単位が警戒区域です。感知器が有効に働く感知区域と間違えないようにしましょう。

|解|説| 合格ポイント！

❶ 1つの警戒区域の面積は、階ごとに600㎡以下が原則です。

❷ 階段、エレベータ、傾斜路、DS、PSなどのたて穴は、別の警戒区域とします。

❸ はりが天井面から0.4m（差動式分布型感知器または煙感知器を設ける場合は、0.6m）以上あるときは、はりと壁で囲まれた部分ごとが、1感知区域です。

（1）警戒区域

火災の発生した区域を、他の区域と区別して識別することができる最小単位の区域を警戒区域といいます。

原 則	例 外
階ごとで、面積は、600㎡以下	① 上下階の床面積の合計が500㎡以下なら、2つの階にまたがり同一警戒区域としてよい
	② 主要な出入口から建物内部を見通すことができれば、1つの警戒区域の面積は1000㎡まで増やせる
一辺の長さは、50m以下	③ 光電式分離型感知器を設置すれば、一辺の長さは100mまでよい
2つ以上の階にわたらない	④ 階段、エレベータ昇降路、パイプスペース（PS）、ダクトスペース（DS）等に煙感知器を設ける場合は、2つ以上の階にまたがってよい（たて穴区画）。 ①も例外

（2）感知区域

感知器によって、火炎の発生を有効に感知できる区域をいいます。具体的には、壁または取付け面から0.4m（差動式分布型感知器または煙感知器を設置する場合は、0.6m）以上突き出したはり等によって区画された部分です。

難易度… ☀ ☀ ○ ○ ○

自動火災報知設備（光電式分離型感知器を除く）の警戒区域について、正しいものは
どれか。

（1）1階と2階の床面積の合計が600㎡以下なら、同一の警戒区域としてよい。
（2）感知器によって、火災の発生を有効に感知できる区域をいう。
（3）防火対象物の主要な出入口からその内部を見通すことができる場合にあっては、
　　　1つの警戒区域の面積を800㎡以下とする。
（4）一辺の長さは50m以下とする。

解答&解説

　火災の発生した区域を、他の区域と区別して識別することができる**最小単位の区域
を警戒区域**といいます。
　1つの警戒区域の決め方は以下のとおりです。
① 階ごととし、面積は、**600㎡以下**
　　→ （例外）面積合計が**500㎡以下**なら、2つの階にまたがってもよい。
② 一辺の長さは、**50m以下**（光電式分離型感知器は除く）。
③ たて穴は2つ以上の階にわたってよい。
　警戒区域を細分化すれば、火災発生の場所を特定しやすく、消火、避難誘導、救助
活動を的確に素早く行えますが、受信機の回線数が多くなり費用面での負担が大とな
ります。
(1) 階がまたがってよいのは500㎡以下の場合です。
(2) 感知区域の説明です。
(3) 1000㎡以下です。
　なお、主要な出入口からその内部を見通すこと
ができる場合とは、図のように視界の妨げになる
ようなものを置かない、**講堂や体育館**が該当しま
す。

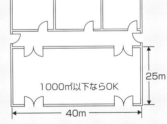

1000㎡以下ならOK

25m

40m

(4) 問題文に、「光電式分離型感知器を除く」とあるので、一辺50m以下が正解です。

正解は（4）

合格ポイント
　　　警戒区域の設定で、建物の長辺が**50m以下**とありますが、**光電式分離型感知器**
を設置する場合は除外されます。光電式分離型感知器の**公称監視距離が100m**だ
からです。

第5章

自動火災報知設備の設置基準

図の建物の最小の警戒区域数はいくつか。ただし、建物の長辺は50m以下、高さは15mで、階段、その他たて穴は1カ所にあるものとする。

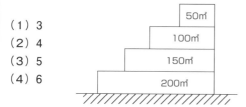

（1）3
（2）4
（3）5
（4）6

解答&解説

　まず、1、2階と3、4階は500㎡以下なので、それぞれ同一**警戒区域**とすることができます。次に**たて穴区画**ですが、

① **階段、エレベータ、傾斜路、DS、PS**などのたて穴は、部屋と別の警戒区域とする。

② **階段等の警戒区域**は、高さ45m以内ごとに別にする。

③ **地階が2以上の場合、別の警戒区域とする**（地階が1なら地上階と同じでよい）。

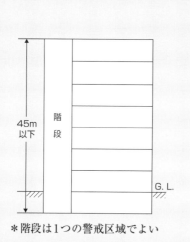

＊階段は1つの警戒区域でよい

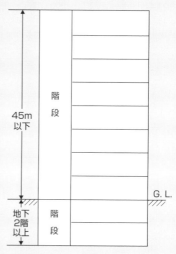

＊地上と地下の階段は別の警戒区域とする

以上から、警戒区域は最小で3つ必要です。

正解は（1）

合格ポイント

　この問題では、階段等は1カ所にあるので問題になりませんが、2カ所以上に分散していた場合でも、**水平距離で50m以下**は、同一の警戒区域とできます。これを超えると別の警戒区域を設定しなければなりません。

問題 3

難易度… ● ● ○ ○ ○

感知区域についての説明で、正しいのはどれか。

（1）火災の発生した区域を他の区域と区別することができる最小単位の区域をいう。
（2）1個の感知器が火災を感知できる有効範囲をいう。
（3）居室ごとに区画された部分をいう。
（4）壁、または取付け面から0.4m以上（差動式分布型感知器と煙感知器は0.6m以上）突き出したはりなどによって区画された部分をいう。

解答＆解説

（1）警戒区域の説明です。

（2）感知面積の説明です。

（3）感知区域は居室ごとの区画とは限りません、

（4）これが具体的な感知区域の説明です。

　感知区域とは、感知器により、火の発生を有効に感知できる区域をいいます。壁で仕切られた部屋は別の感知区域となりますが、同じ部屋であっても、天井からはりの出が一定寸法以上になると別の感知区域となります。

　具体的には、

① はりのない天井の場合

　1つの部屋が1つの感知区域になります。

② はりのある天井の場合

　はりが天井面から0.4m（差動式分布型感知器または煙感知器を設ける場合は、0.6m）以上あるときは、そのはりと壁で囲まれた部分ごとが、1感知区域です。はりの深さが0.4m（0.6m）未満

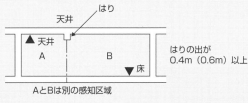

であれば、①と同様、同一の感知区域となります。

　◎「はり」は漢字で梁と書きます。小屋組、床組を構成する曲げ作用を受ける水平材をいいます。

正解は（4）

合格ポイント

　　感知区域の面積を算出する場合、壁面から対する壁面までの寸法となりますが、天井にはりがあり、区画されるときは、はりの中心までの寸法を採用します。

5-2 ||||||||||||||||||||||||||||||||||

感知器の設置

感知器の種類、性能により取付け高さの上限が決まっています。また、1個当たりの感知器が受け持つことのできる面積（感知面積）も設計対策では重要です。

|解|説| 合格ポイント!

❶ 取付け面の高さが、20m以上の場所に設置できる感知器は炎感知器だけです。
❷ 天井と上階の床との距離が、0.5m未満の天井裏には感知器の設置は不要です。
❸ 4m未満の耐火構造では、差動式スポット型感知器の2種の感知面積は70㎡です。

感知器の取付け高さ

感知器には、**熱感知器、煙感知器、炎感知器**の3種類があります。このうち、熱感知器と煙感知器は、効果が期待できないので20m以上には設置できません。20m以上にも設置可能な感知器は炎感知器です。

20m未満の高さを4段階に分け、それに適した感知器は次の表になります。

○印は、その高さにおいて取付けることができる感知器です。

取付け面の高さ	差動式スポット型・補償式スポット型1・2種	差動式分布型1・2種	定温式スポット型 特種	1種	2種	煙式（イオン・光電） 1種	2種	3種
4m未満	○	○	○	○	○	○	○	○
4m以上 8m未満	○	○	○	○		○	○	
8m以上 15m未満		○				○	○	
15m以上 20m未満						○		
20m以上								

＊特種、1種、2種、3種の順に感度がよい。

感知器の取付け面の最大の高さとして、誤っているものはどれか。

（1）差動式スポット型感知器（2種）　　　8m未満
（2）差動式分布型感知器　　　　　　　20m未満
（3）定温式スポット型感知器（1種）　　8m未満
（4）煙感知器（2種）　　　　　　　　15m未満

解答&解説

差動式分布型感知器は**15m未満**の高さまで取付け可能です。
感知器の種類による取付け面の最高の高さの比較図です。

＊4m未満はどの感知器でも設置できます。

正解は（2）

合格ポイント
+α
　　取付け高さについては、4m、8m、15m、20mの4つの数字未満であること
を押さえましょう。**補償式スポット型感知器**は**差動式スポット型感知器**と同じ取
付け高さです。

問題 2

感知器（炎感知器を除く）の設置が省略できる場所として正しいものはどれか。

（1）取付け面の高さが18mの場所
（2）更衣室の天井
（3）木造建築物で、天井と上階の床との距離が0.6mの天井裏
（4）主要構造部を耐火構造とした建築物の天井裏

解答&解説

　自動火災報知設備を設計するとき、感知器の適材適所を考えます。どの場所にどう配置するか、と同時に、取り付けても効果が期待できない場所や、感知器そのものに悪影響を及ぼすようなところは、設置しなくてよいことになっています。

　表の記載部分には感知器は設置不要です。

① 取付け面の高さが、20m以上の場所（炎感知器は20m以上可）
② 上屋など外部の気流が流通して、有効に感知できない場所（炎感知器は可）
③ 天井と上階の床との距離が、0.5m未満の天井裏
④ 主要構造部を耐火構造とした建築物の天井裏
⑤ 便所、浴室、シャワー室等

＊市町村によっては便所において設置義務のある場合もありますが、本試験では不要と考えてください

(1) 18mの場所は設置が必要です。この高さに設置できるのは、炎感知器を除けば煙感知器だけです。もちろん、煙が多量に滞留するような場所であれば、煙感知器の設置はできませんが、問題ではそのことに触れていないので、設置可能です。

(2) 更衣室の天井高さはわかりませんが、常識的には20m以上とは考えられませんし、問題にも明記されていないので、感知器は必要となります。

(3) 天井と上階の床との距離が0.5m未満であれば、どのような天井裏であっても、木造のように耐火構造でなくても感知器の設置は不要です。

(4) 主要構造部を耐火構造とした建築物の天井裏は、距離に関係なく感知器不要です。

> 正解は（4）

合格ポイント +α

　感知器の設置が省略できる場所のひとつに天井裏があります。**鉄筋コンクリート造**なら天井裏の寸法がいくらであっても設置不要ですが、**木造建築物**では、天井と上階の床との距離が**0.5m未満**でなければなりません。0.5mでは設置が必要です。

差動式スポット型感知器（2種）を主要構造部が耐火構造の建築物で、取付け面の高さが3.5mのところに取り付ける場合、感知面積として正しいものはどれか。

（1）40㎡
（2）60㎡
（3）70㎡
（4）90㎡

解答&解説

熱感知器の1個当たりの感知面積は表のとおりです。
1個でカバーできる面積（エリア）の大小であり、感知器の能力といえるものです。

熱感知器の感知面積〔㎡〕

取付け面の高さ	建物構造	差動式スポット型 補償式スポット型		定温式スポット型		
		1種	2種	特種	1種	2種
4m未満	主要構造部が耐火構造	90	70	70	60	20
	その他	50	40	40	30	15
4m以上 8m未満	主要構造部が耐火構造	45	35	35	30	—
	その他	30	25	25	15	—

　取付け面が**4m未満**で**耐火構造**の欄を見ると、差動式スポット型感知器の2種は**70㎡**です。**主要構造部**の場合、取付け高さが4m未満から8m未満と2倍になると、感知面積は2分の1になっていることがわかります。

正解は（3）

【類題】
　定温式スポット型感知器（1種）を主要構造部が耐火構造の建築物で、取付け面の高さが3mのところに取り付ける場合、感知面積として正しいものはどれか。
ア．30㎡
イ．40㎡
ウ．45㎡
エ．60㎡

（答）エ

合格ポイント
+α
　大まかにいって、**主要構造部**とは床、壁、柱、屋根などをいいます。耐火構造とは、具体的には**鉄筋コンクリート造（RC造）**です。**木造**はもとより、**鉄骨造**も耐火被覆がなければ火災により耐力が格段に落ちるので、耐火構造ではありません。

第5章 自動火災報知設備の設置基準

難易度…☀ ☀ ☀ ○ ○

光電式スポット型感知器（1種）の設置個数について、次のうち誤っているものはどれか。

（1）取付け面の高さが3mの場合、150㎡につき1個以上設置する。
（2）取付け面の高さが6mの場合、150㎡につき1個以上設置する。
（3）取付け面の高さが12mの場合、75㎡につき1個以上設置する。
（4）取付け面の高さが19mの場合、75㎡につき1個以上設置する。

解答&解説

煙感知器の感知面積〔㎡〕は表のとおりです。

取付け高さ	1種	2種	3種
4m 未満	150	150	50
4m 以上15m 未満	75	75	—
15m 以上20m 未満	75	—	—

　煙感知器で、取付け高さ15m以上20m未満に設置できるのは1種のみです。15m未満では2種も設置可能で、1種と同じ面積です。3種は4m未満でしかつけられず、1、2種の面積の3分の1です。光電式スポット型感知器（1種）の取付け面の高さが6mの場合、75㎡につき1個以上設置します。

正解は（2）

【類題】
　光電式スポット型感知器の感知面積、必要個数についての説明で、正しいものはどれか。
ア．1種を取付け面の高さが6mに設置する場合、150㎡につき1個設置する。
イ．2種を取付け面の高さが4mに設置する場合、150㎡につき1個設置する。
ウ．3種が取付け可能な高さは8m未満で、50㎡につき1個設置する。
エ．取付け面の高さが15m未満では、1種と2種の感知面積は同じである。

(答) エ

合格ポイント
+α

　煙感知器には1種・2種・3種があります。取付け最高の高さは異なりますが、それを別にすれば**1種と2種の感知面積は同じ**です。天井が高くなると感知面積は半分になります。

問題 ⑤

鉄筋コンクリート造の建築物において、300㎡の居室の天井（高さ3.5mではり等の突き出しはない）に、差動式スポット型感知器2種を設置する場合、最小設置個数はいくつか。

（1）3個
（2）4個
（3）5個
（4）6個

解答＆解説

鉄筋コンクリート造は耐火構造です。**主要構造部が耐火構造で、4m未満なので70㎡/個です。**天井にはりがなく平らなので1つの感知区域でよいことになります。

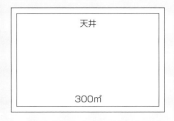

天井

300㎡

$$300 ÷ 70 ≒ 4.29 \quad → \quad 5個$$

小数点以下は必ず切り上げます。

正解は（3）

【類題】

もし、はりが天井面より40cm以上突き出ていたら、どうなるでしょう。80㎡と220㎡の2つの感知区域に分けて考えなければなりません。

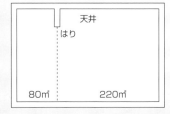

天井

はり

80㎡　　220㎡

$$80 ÷ 70 ≒ 1.14 \quad → \quad 2個$$

$$220 ÷ 70 ≒ 3.14 \quad → \quad 4個$$

以上から、合計6個必要になります。1個増えました。

もちろん、この6個を80㎡のエリアに2個、220㎡のエリアに4個バランスよく配置することが必要です。220㎡のほうに5個配置するような設計は不可です。

合格ポイント

天井面から何cmはりが出ているかは、感知器個数の計算で重要です。
① 差動式スポット型、補償式スポット型、定温式スポット型
　→　40cm以上で別
② 差動式分布型、光電式スポット型、イオン化式スポット型
　→　60cm以上で別

第5章 自動火災報知設備の設置基準

5-3 ||||||||||||||||||||||||||||||||||||||||
熱感知器・炎感知器の設置

天井面ならどこでも設置できるというわけではありません。ここでは、熱と炎について離隔距離や高さ、工事方法について扱います。

|解|説| 合格ポイント！

❶ 熱式スポット型感知器の取付け面の下端は、0.3m以内です。
❷ 空気管は、取付け面の下方0.3m以内で、側面から1.5m以内の範囲です。
❸ 炎感知器の道路型は道路面から1.0m以上1.5m以下の高さに設置します。

（1）熱スポット型感知器の取付け方法

熱スポット型感知器は、以下の基準に従って設置します。

①感知器の下端は、天井面（取付面）から、0.3m以内となるように設ける。

②換気口等の空気吹出口から1.5m以上離れた位置に設ける。

③45度を超えて傾斜させないように設ける。

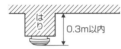
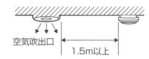

（2）差動式分布型感知器（空気管式）の取付け方法

差動式分布型感知器は、以下の基準に従い感知部分が広範囲となるように張ります。

①取付け位置

取付け面の下方0.3m以内で、側面から1.5m以内の範囲に取り付ける。

②露出長さ

・空気管の露出部分は、1つの感知区域ごとに20m以上とし、足りないときは、**二重巻**または**コイル巻**とする。

・空気管の露出部分は、1つの検出部につき、100m以下とします。感知区域が大きく、100mを超える場合は、検出部を増やす。

問題 1

難易度…●●○○○

差動式スポット型感知器の取付け位置について、誤っているものはどれか。

（1）感知器の下端が、取付け面の下方0.3m以内の位置に設ける。
（2）換気口等の空気吹出口から1.5m以上離れた位置に設ける。
（3）壁またははりから0.6m以上離れた位置に設ける。
（4）45度を超えて傾斜させないように設ける。

解答＆解説

　熱式のスポット型感知器の取付け方法
① 感知器の下端は、天井面（取付面）から、
0.3m以内となるように設ける。
② 換気口等の空気吹出口から1.5m以上離れ
た位置に設ける。
③ 45度を超えて傾斜させないように設ける。

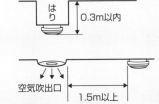

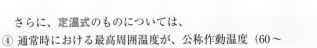

　さらに、定温式のものについては、
④ 通常時における最高周囲温度が、公称作動温度（60～
150℃）より20℃以上低い場所に設ける。
　差動式スポット型感知器には、設問（3）の「壁またははりから0.6m以上離れた位
置に設ける」という規定はありません。この規定は煙感知器のスポット型です。

正解は（3）

第5章 自動火災報知設備の設置基準

合格ポイント

　定温式スポット型感知器は、正常時における最高周囲温度が、公称作動温度よ
り20℃以上低い場所に設けます。たとえば、公称作動温度が75℃の定温式スポッ
ト型感知器を設置する場合、通常時の最高周囲温度が $75-20=55℃$ までの
ところです。

153

差動式分布型感知器（空気管式）の設置工事について、誤っているものはどれか。

（1）空気管をステップルで固定する際の支持間隔は、35cm以内とする。
（2）空気管の屈曲部を留める際、屈曲部から5cm以内のところにステップルで留める。
（3）空気管をスリーブで接続した場合、スリーブの中央部をステップルで固定する。
（4）空気管を曲げる場合の屈曲半径は、5mm以上とする。

解答＆解説

差動式分布型感知器（空気管式）の固定方法については下図によります。

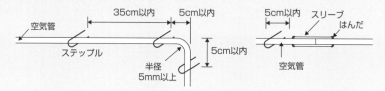

　空気管を**スリーブ**で接続する場合、スリーブの両端は**はんだあげ**しますが、その端部から**5cm以内**を空気管用の**ステップル**で固定します。中央部ではありません。
　差動式分布型感知器は、感知部分が広範囲に張り巡らされます。取付け面の下方**0.3m以内**で、側面から**1.5m以内**の範囲に取り付けます。

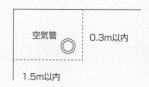

正解は（3）

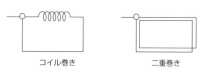

合格ポイント +α

　空気管の露出長さは、1つの感知区域ごとに**20m以上**とし、足りないときは**二重巻**または**コイル状**にします。
　空気管の露出部分は、1つの**検出**部につき、**100m以下**で、感知区域が大きく、100mを超える場合は、検出部を増やします。空気管を分岐接続してはいけません。

難易度… ★ ★ ★ ★ ○

差動式分布型感知器（熱電対式のもの）を設置する場合、正しいものはどれか。

（1）1の感知区域ごとに、4個以上の熱電対部を設ける。
（2）1の検出部に接続する熱電対部は、10個以下とする。
（3）感知器は、取付け面の下方0.6m以内の位置に設ける。
（4）検出部は45度を超えて傾斜させないように設ける。

解答&解説

　熱電対式は、いくつもの熱電対を分布させ、火災による温度上昇を検出するものです。

　起電力によりメーターリレー（または電子制御素子：SCR）のコイルに電流が流れ、接点を閉じるものです。

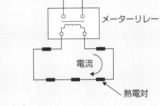

メーターリレー

電流

熱電対

（1）火災を有効に検出するために、感知区域ごとに、4個以上の熱電対部を設けます。

（2）1の検出部に接続する熱電対部は、20個までとします。

（3）空気管式と同様、取付け面の下方0.3m以内に張ります。

（4）検出部は5度を超えて傾斜させないように設けます。45度は、スポット型感知器の数字です。

差動式分布型感知器（熱電対式）の設置基準

1つの感知区域に接続する熱電対部	4個以上
1つの検出部に接続できる熱電対部	20個以下

正解は（1）

合格ポイント
+α

建物の構造、面積による熱電対部の設置個数は以下のとおりです。
取付け面の高さは、空気管式と同じく15m未満です。

耐火構造	① 88㎡まで1個
	② 22㎡超えるごとに1個追加
その他の構造	① 72㎡まで1個
	② 18㎡超えるごとに1個追加

（例）耐火構造で200㎡の場合
200−88＝112　　112÷22≒5.1（6個）　　1＋6＝7個

第5章 自動火災報知設備の設置基準

問題 4

炎感知器の設置環境に関する規定で誤っているのはどれか。

（1）じんあい、微粉などが多量に滞留する場所には設置しない。
（2）ライター等を使用する付近には設置しない。
（3）直射日光や自動車のヘッドライトが直接あたるような場所には設置しない。
（4）ハロゲンランプや殺菌灯のある場所には設置しない。

解答＆解説

炎感知器を設置場所により分類すると、

① 屋内型
② 屋外型
③ 道路型

となります。

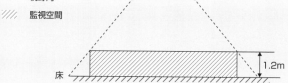

共通の設置基準としては、

① 感知器は、障害物などにより有効に火災の発生を感知できないことがないように設ける。
② 感知器は、**日光を受けない位置**に設ける。ただし、感知障害が生じないように**遮光板**などを設けた場合はよい。
③ 監視距離が**公称監視距離**の範囲内であること。

なお、道路部分に設ける場合は**2個**設置します。

(1) じんあい、微粉などが多量に滞留する場所に設置できるのが炎感知器です。
(2) ライターは炎なのでその近くでは感知のおそれがあります。
(3) 炎感知器は、赤外線か紫外線を感知するので、それらを含んだ**直射日光や自動車のヘッドライトが直接あたる**ような場所には設置しないようにします。
(4) (3) と同様です。**ハロゲンランプや殺菌灯**のある場所には設置しません。

正解は（1）

合格ポイント

炎感知器を**道路部分以外**に設ける場合
①屋内型、または屋外型の感知器であること。
②感知器は壁、または天井などに設ける。

道路の用に供される部分に設けられる炎感知器の設置について、誤っているものはどれか。

（1）感知器は、道路の側壁部に設けた。
（2）監視員通路面からの高さが1.8mの位置に設けた。
（3）道路の各部分から感知器までの距離が公称監視距離の範囲内となるように設けた。
（4）日光を受けない位置に設けた。

解答&解説

（1）炎感知器を道路部分に設ける場合
① 道路型の感知器であること。
② 感知器は道路の側壁部分または路端の上方に設ける。
③ 感知器は道路面から1.0m以上1.5m以下の高さとする。
④ 最大視野角は180度以上とする。

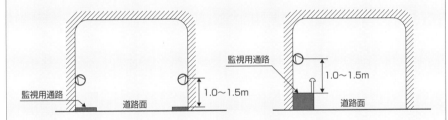

（2）道路面から1.0m以上1.5m以下の高さに設置します。
　監視員通路が設けられている場合は、監視員通路面からも同様に1.0m以上1.5m以下の高さに設けます。1.8mの位置では高すぎます。

正解は（2）

合格ポイント
+α　防火対象物の道路の用に供される部分に設ける炎感知器の設置方法は上記のほか、
① 日光を受けない位置に設ける（遮光板等を設けた場合は除く）。
② 監視距離が公称監視距離の範囲内となるように設ける（設置個数が1となる場合は、2個設ける）。

5-4 煙感知器の設置

煙感知器の設置できない場所、設置しないといけない場所はどこか？　また、居室、廊下、階段に付ける場合、基準が面積だったり、距離だったりいろいろです。

|解|説| 合格ポイント！

❶ 居室等で取付け高さ4m未満は、150㎡（1、2種）、50㎡（3種）以内に1個以上。
❷ 廊下等に設ける場合、歩行距離30m（1、2種）、20m（3種）以内に1個以上。
❸ 階段および傾斜路では、垂直距離15m（1、2種）、10m（3種）以内に1個以上。

煙感知器を設置しなければならない場所

場所	設置する主な防火対象物	その他
階段、傾斜路	設置基準に該当するものすべて	
EV昇降路、パイプスペース、ダクトスペース等	設置基準に該当するものすべて	
廊下、通路	① 特定防火対象物 ② 共同住宅等 ③ 公衆浴場 ④ 工場、映画スタジオ等 ⑤ 事務所等	熱煙複合式スポット型も可
地階、無窓階、11階以上	① 特定防火対象物 ② 事務所等	熱煙複合式スポット型、炎感知器も可
天井高15m以上20m未満	設置基準に該当するものすべて	炎感知器も可
カラオケボックス、漫画喫茶等	これを含む複合用途防火対象物も該当	熱煙複合式スポット型も可

EV：エレベータ

問題 1

難易度… ● ● ○ ○ ○

光電式スポット型感知器（2種）を、取付け面の高さが10mの居室に取り付ける場合、感知面積として、正しいものはどれか。

（1） 60㎡
（2） 75㎡
（3） 90㎡
（4） 150㎡

解答＆解説

　階段、傾斜路、通路、廊下以外の感知区域（居室など）に光電式スポット型感知器を設ける場合、取付け面の高さと面積によって規定されます。

　一般の建物の天井高は、**4m未満**がほとんどなので、**150㎡（1、2種）** をしっかり覚えておきましょう。3種は3分の1の50㎡、天井高4〜20m未満は、半分の**75㎡**です。

　なお、居室とは、居住、執務、作業、集会、娯楽等の目的のために、継続的に使用する室をいいます。

　たとえば、事務室、会議室、厨房などは居室ですが、便所、物置などは居室ではありません。

取付け面の高さ	感知器の種別	
	1・2種	3種
4m未満	150㎡	50㎡
4m以上20m未満	75㎡	ー

正解は（2）

第5章
自動火災報知設備の設置基準

合格ポイント ＋α

　廊下、通路は面積でなく、1種、2種感知器では歩行距離30m（3種感知器では20m）につき1個以上設置します。建物の端までは15m（10m）です。

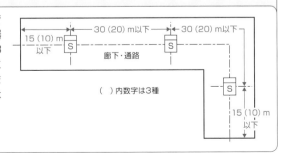

煙感知器（光電式分離型感知器を除く）を設置する場合の技術上の基準について、正しいものはどれか。

（1）感知器の下端を、取付け面の下方0.3m以内の位置となるように設ける。
（2）狭い居室や天井が低い居室は、感知器を入口付近に設ける。
（3）1種または2種の感知器を廊下および通路に設ける場合、歩行距離20mにつき1個以上設ける。
（4）3種の感知器を廊下および通路に設ける場合、歩行距離10mにつき1個以上設ける。

解答＆解説

（1）**煙感知器（光電式分離型感知器を除く）の下端は取付け面の下方0.6m以内に設けます。**

天井に付ければ問題ありませんが、はり下に付ける場合、天井面から感知器下端までが0.6m以内なので注意が必要です。

※差動式スポット型感知器は0.3m以内です。

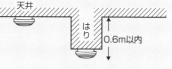

（2）狭い居室や天井が低い居室は、煙感知器を**入口付近に設けます。狭い部屋とは、約40㎡以下、天井が低い部屋とは2.3m以下**をいいます。

なお、このような居室に煙感知器を設置する場合、甲種4類の整図試験では**ドアの近くに記入するとよい**でしょう。

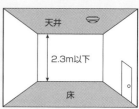

天井が低いとは、2.3m以下

（3）1種または2種の感知器を廊下および通路に設ける場合、**歩行距離30mにつき1個以上**です。

（4）3種の感知器を廊下および通路に設ける場合、**歩行距離20mにつき1個以上**です。

狭い部屋とは、約40㎡以下

正解は（2）

合格ポイント

＋α 煙感知器（光電式分離型感知器を除く）は壁またははり等から、0.6m以上離れたところに設けます。また、天井付近に**吸気口**がある居室では、その近くに設け、**吹出口**があるときは、1.5m以上離れたところに設けます。

地下2階、地上3階の建物の階段部分に第2種の煙感知器（光電式分離型感知器を除く）を、設置する場合の感知器の必要数として正しいものはどれか。ただし、階段は1つで、階高は3mとする。

(1) 0
(2) 1
(3) 2
(4) 3

解答＆解説

　階段および傾斜路では、**垂直距離15m（3種感知器では10m）につき1個以上設置**します。地階が1つのときは地上階に含めて計算できますが、**地階が2以上のときは、別に計算します。**

　警戒区域は45m単位です。15mと混同しないようにしましょう。

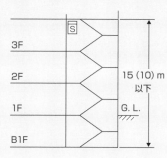

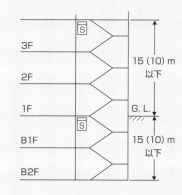

　階高とは、1フロア分の高さです。問題は、**地下2階、地上3階の建物**なので、上の右図に該当するので、**地下と地上を別に計算します。**地下部分は6m、地上部は9mです。したがって、**煙感知器は2つ必要です。**

正解は（3）

たて穴（垂直方向）に煙感知器を設置する場合の数値です。廊下、通路の水平方向に設置する数値とも異なります。( )内は3種感知器

階段等（垂直方向）	15m（10m）
廊下等（水平方向）	30m（20m）
階段等の警戒区域（垂直方向）	45m

第5章 自動火災報知設備の設置基準

問題 ④

難易度…☀ ☀ ☀ ☀ ○

次のうち、煙感知器の設置が義務付けられていないものはどれか。

（1） 図書館の廊下
（2） 事務所のエレベータ昇降路
（3） 事務所の地階
（4） 事務所のパイプダクト

解答＆解説

次に掲げる場所には、煙感知器等を設置します。

① 階段、傾斜路

② 以下の廊下および通路

　・特定防火対象物

　・令別表第1第5項ロ（寄宿舎、下宿、共同住宅）

　・令別表第1第9項ロ（特殊浴場以外の公衆浴場）

　・令別表第1第12項（工場、作業場、映画スタジオなど）

　・令別表第1第15項（1項から14項に該当しない事業場）

　◎7項の学校等や8項の図書館等の廊下、通路には設置義務がないので注意。

③ エレベータの昇降路、リネンシュート、パイプダクト、その他これらに類するもの

④ カラオケボックス、漫画喫茶、およびこれらを含む複合用途防火対象物、地下街、準地下街

⑤ 特定防火対象物および第15項の防火対象物の地階、無窓階および11階以上の階

　◎事務所は該当する。

⑥ 感知器の取付け面の高さが15m以上20m未満の場所

　なお、事務所（令別表15項に該当する事業場）についていえば、甲種4類の製図試験でよく出題されますが、地上階の各室については煙感知器の設置義務はなく、熱感知器を設置します。

> 正解は（1）

合格ポイント
＋α

　　煙感知器を設置できない場所は、じんあい（ゴミ集積場）、排気ガス（駐車場）、水蒸気（湯沸室）、煙（厨房）が滞留、煙が流入（配膳室）、著しく高温（ボイラ室）、腐食性ガス発生（蓄電池室）、結露が発生（納戸）です。代わりに定温式スポット型感知器などを設置します。

光電式分離型感知器の設置について、誤っているのはどれか。

（1）感知器の光軸が並行する壁からの距離は0.6m以上
（2）感知器の光軸間の距離は14m以内
（3）感知器の送光部または受光部は、その背部の壁から1.5m以内
（4）感知器の光軸の高さが天井等の高さの80%以上

解答&解説

　光電式分離型感知器は、周囲の空気が一定以上の煙を含むと作動するものです。送光部と受光部に分かれ、光軸付近に広範囲に煙が蓄積すると、受光量が変化します。設置基準は以下のとおりです。
① 感知器の**光軸**（感知器の送光面の中心と受光面の中心とを結ぶ線）について
・平行する壁からの距離は、**0.6m以上7m以下**となるように設ける。
・光軸間の距離は、**14m以下**となるように設ける。
・光軸の高さは、天井などの高さの**80%以上**の高さに設ける。
② 感知器の送光部および受光部は、その背部の壁から**1m以内**の位置に設ける。
③ 感知器の光軸の長さ
　その感知器の**公称監視距離**の範囲内となるように設ける。

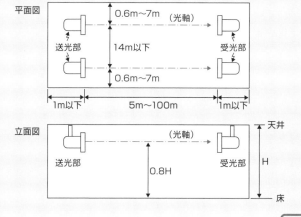

正解は（3）

自動火災報知設備の設置基準

合格ポイント
+α　公称監視距離とは、光電式分離型と炎感知器での火災を監視できる距離のことをいいます。光電式分離型では5m以上100m以下です。

5-5 受信機・発信機・地区音響装置の設置基準

操作スイッチ、押しボタンの高さは、操作しやすい高さです。発信機は歩いて行くので歩行距離50m、地区音響装置は音なので水平距離25m以内に1個設置です。

|解|説| 合格ポイント*!*

❶ 受信機の操作スイッチ高さは、床面から0.8m以上1.5m以下の高さに設けます。
❷ P型1級受信機（多回線）は、1つの防火対象物に何台でも設置可。他は2台まで。
❸ 発信機は歩行距離50m以下に設置。地区音響装置は水平距離25m以下に設置。

（1）受信機の設置基準

① 受信機の操作スイッチ高さは、床面から0.8m以上1.5m以下の高さに設けます。

　◎いすに座って操作するものにあっては、0.6～1.5mの高さです。

② P-2級（1回線用）　GP-2級（1回線用）

　延べ面積が350㎡以下の防火対象物に限り設置できます。

③ P-3級　　GP-3級

　延べ面積が150㎡以下の防火対象物に限り設置できます。

（2）発信機の設置基準

① 押しボタンは、床面から0.8m以上1.5m以下の高さに設けます。
② 各階ごとに、その階の各部分から1つの発信機までの**歩行距離**が50m以下となるように設けます。
③ 発信機の近くに**赤色**の**表示灯**を設けます。

（3）地区音響装置

① 地区音響装置は、1m離れた位置で**90 dB以上**（音声は**92 dB以上**）
② 各階ごとに、その階の各部分から1つの地区音響装置までの**水平距離**が**25m以下**となるように設けます。
③ 次の場合（アかつイ）、防火対象物の地区音響装置を区分鳴動できるようにします。

ア．地階を除く階数が5以上
イ．延べ面積が3000㎡を超える

問題 1

難易度… ☀ ☀ ○ ○ ○

自動火災報知設備の受信機の設置について、誤っているものはどれか。

(1) 受信機は、防災センター等に設ける。
(2) いすに座って操作する受信機の操作スイッチは、床面からの高さが0.5m以上、1.5m以下の箇所に設ける。
(3) 特定1階段等防火対象物に設置する受信機は、再鳴動機能を設ける。
(4) 1の防火対象物に、2台以上の受信機を設ける場合は、受信機間で相互通話できる設備を設ける。

解答&解説

受信機は、**防災センター**など常時人がいる場所（中央管理室が設けられている場合には、当該中央管理室）に設けます。受信機の正面に直射日光が当たらず、湿度または温度が高い場所で機能に影響を与えるおそれがない場所を選定します。

昼間と夜間で人のいる場所が変わるような場合は、メインとなる場所に**受信機**、サブに**副受信機**を設置します。

特定1階段等防火対象物や個室ビデオ店等には、**再鳴動機能**をもった受信機を設置します。再鳴動機能とは、火災信号を受信したとき、地区音響停止スイッチがOFFであっても、自動的に鳴動させる機能です。

また、1の防火対象物に、2台以上の受信機を設ける場合は、**受信機のある場所で相互通話**できる設備を設けます。

いすに座って操作する受信機の**操作スイッチ**は、床面からの高さが**0.6m以上1.5m以下**の箇所に設けます。なお、通常の受信機は**0.8〜1.5m**です。

受信機

操作スイッチ

1.5m以下

0.8m以上
（いすに座って
操作する場合は0.6m以上）

床

正解は（2）

合格ポイント

自動火災報知設備の受信機は、いすに座って操作するものかどうかで操作スイッチの高さが異なります。
① いすに座って操作する　→　0.6〜1.5m
② いすに座って操作せず　→　0.8〜1.5m

自動火災報知設備の受信機の設置に関して、誤っているものはどれか。

（1）P型2級受信機で1回線のものは、350㎡以下の防火対象物にのみ設置することができる。
（2）P型3級受信機は、延べ面積が150㎡以下の防火対象物にのみ設置することができる。
（3）P型3級受信機は、1の防火対象物に1台しか設置することができない。
（4）P型1級受信機で2回線以上のものは、1の防火対象物に何台でも設置できる。

解答&解説

　原則として、1つの警戒区域の面積は600㎡ですが、**P型2級（1回線）**、**GP型2級（1回線）**受信機は延べ面積350㎡以下、**P型3級**、**GP型3級**受信機は、延べ面積150㎡以下の防火対象物にしか設置できません。

　受信機の種類と設置対象は表のとおりです。

受信機の種類	設置対象
P型1級、GP型1級、R型	警戒区域の数に無関係
P型2級、GP型2級	警戒区域数5以下
P型2級（1回線）、GP型2級（1回線）	警戒区域数1、延べ面積350㎡以下
P型3級、GP型3級	警戒区域数1、延べ面積150㎡以下

　P型1級受信機で2回線以上のもの（**P型1級多回線**）は、1の防火対象物に何台でも設置できます。

　それ以外の受信機は2台まで設置可能です。P型3級受信機も2台まで設置することができます。

正解は（3）

合格ポイント
+α

1つの防火対象物に**2台以上の受信機**が設けられている場合、
① 受信機のある場所相互間で同時に通話することができる**電話またはインターホン**を設ける。ただし、同一室内に2以上の受信機が設けられている場合は、当該受信機間の通話装置を設けないことができる。
② **地区音響装置はいずれの受信機からも鳴動させることができる。**

自動火災報知設備の発信機の設置について、正しいものはどれか。

（1）各階ごとにその階の各部分から発信機までの水平距離が、50m以下となるように設けた。

（2）子供にいたずらされるので、容易に子供の手の届かない1.8mの高さに設置した。

（3）R型受信機を設置したのでP型2級発信機を設けた。

（4）設置する直近に屋内消火栓用表示灯があったので、発信機の表示灯は省略した。

解答＆解説

（1）水平距離50mではなく、**歩行距離50m**です。

（2）発信機は、床面から**0.8m以上1.5m以下**の高さに設けます。

受信機の操作スイッチと同じです。

（3）R型受信機に適合する発信機は、**P型1級発信機**です。

（4）自動火災報知設備の**表示灯**は、屋内消火栓設備の表示灯と**兼用**できます。

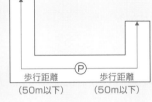

歩行距離
（50m以下）　　歩行距離
（50m以下）

発信機と受信機の組合せ

発信機	適合受信機
P型1級	P型1級、GP型1級、R型、GR型
P型2級	P型2級
不要	P型2級（1回線）、GP型2級（1回線）、P型3級、GP型3級

＊P型（またはGP型）2級受信機で1回線のもの、およびP型（またはGP型）3級受信機には、発信機を接続しなくてもよい。

正解は（4）

第5章　自動火災報知設備の設置基準

合格ポイント＋α

発信機の近くに赤色の表示灯を設けます。取付け面と15度以上の角度となる方向に沿って、10m離れた位置から点灯していることが容易に識別できるよう設置します。

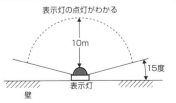

表示灯の点灯がわかる

10m

15度

壁　　　表示灯

地区音響装置について、誤っているものはどれか。

（1）音響により警報を発するものの音圧は、取り付けられた音響装置の中心から1m
　　　離れた位置で90dB以上であること。
（2）音声により警報を発するものの音圧は、取り付けられた音響装置の中心から1m
　　　離れた位置で92dB以上であること。
（3）各階ごとにその階の各部分から地区音響装置までの歩行距離が50m以下となる
　　　ように設ける。
（4）地階を除く階数が5以上で、延べ面積が3000㎡を超える防火対象物にあっては、
　　　一斉鳴動のほかに区分鳴動もできるものであること。

解答＆解説

音圧等は以下のように定められています。
① **定格電圧の90%以上で音を発する**
② **地区音響装置は、1m離れた位置で90dB以上（音声は92dB以上）**
　　◎dB：音圧レベルの単位「デシベル」
　　◎**主音響装置（受信機内）は、1m離れた位置で85dB以上。**
　　◎**P型3級、GP型3級、ガス漏れ警報は70dB以上**
　地区音響装置までの距離は、（3）の歩行距離50m以下ではなく、水平距離25mです。

（4）の鳴動とは、音響装置を鳴り響かせることで、防火対象物の全館を鳴動させるの
が**一斉鳴動**（または全館鳴動）で、鳴動させる階とそうでない階を分けるのが**区分鳴
動**です。
　区分鳴動ができるように配線する必要がある防火対象物は、次の①かつ②に該当す
る場合です。階数をカウントする場合、地階は入れませんが、延べ面積を算定する場
合は地階の面積も入れます。

①	**地階を除く階数が5以上**
②	**延べ面積が3000㎡を超える**

正解は（3）

合格ポイント
+α　　地区音響装置は**各階ごと**に、その階の各部分から1つの地区音響装置までの**水
平距離が25m以下**となるようにします。
　地区音響装置の「地区」は、警戒区域や感知区域とは異なり、音響装置が鳴っ
たとき、確実にその地区（区域）にいる人に聞こえるように決められたものです。

延べ面積が5000㎡で、地上5階、地下3階建ての防火対象物の1階から出火したとき、区分鳴動する階として正しいものはどれか。

（1）1階、地下1階　　　　　（2）2階、1階
（3）2階、1階、地下1階　　　（4）2階、1階、地下1階、地下2階、地下3階

解答&解説

　鳴動方式について、
　「地階を除く階数が5以上」かつ「延べ面積が3000㎡を超える」防火対象物では、次のような区分鳴動ができるように配線します。

出火階	区分鳴動させる階
2階以上	出火階＋直上階
1階	出火階＋直上階＋地階全部
地下1階	出火階＋直上階＋地階全部
地下2階以下	地階全部

原則
① 2階以上の階で出火：出火階、直上階を鳴動
② 1階以下の階で出火：出火階、直上階、地階を鳴動

　直上階とは1フロア上の階のことです。たとえば3階の直上階は4階です。

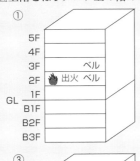

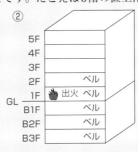

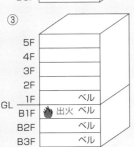

正解は（4）

合格ポイント
+α　大規模な建物では、火元に近い人の避難を優先するため、もっとも危険な出火した階と直上階（1つ上の階）を優先的に鳴動させます（**区分鳴動**）。一定時間後一斉鳴動となります。

5-6

電源・配線

感知器の配線は、送り配線、電路抵抗は50Ω以下、共通線1本で7警戒区域まで。
受信機に内蔵される予備電源は、密閉型蓄電池で、これが停電時に役立ちます。

|解|説| 合格ポイント!

❶ 接地工事の目的は、火災防止、感電防止、機器を雷から保護、異常電圧の抑制です。
❷ 感知器回路の電路抵抗は50Ω以下、共通線は、1本で7警戒区域以下です。
❸ 常用電源、非常電源、予備電源があり、予備電源≧非常電源なら非常電源省略可。

(1) 感知器回路

① 送り配線とする。
② 電路の抵抗は、50Ω以下とする。
③ P型1級受信機の末端には終端抵抗、P型2級には発信機または、押しボタンを設ける。
④ 共通線は、1本につき、7警戒区域以下とする。

(2) 受信機の電源

電源の種類	特　徴	蓄電池の容量	電源の省略
常用電源	交流低圧屋内幹線		
非常電源	① 非常電源専用受電設備 ② 蓄電池設備	②の場合、自動火災報知設備を10分間作動	①の場合、常用電源の省略可
予備電源	密閉型蓄電池	自動火災報知設備を、60分監視後、2回線を10分間作動	予備電源の容量≧非常電源の容量なら、非常電源の省略可（予備電源の容量＜非常電源の容量であると予備電源の省略不可）

A～Dの4工場において、電気回路の絶縁抵抗を測定したところ、表のようになった。
絶縁不良を起こしているのはどの工場か。

電源　　　工場名	単相100V	三相200V	三相400V
工場A	0.1MΩ	0.3MΩ	0.5MΩ
工場B	0.2MΩ	0.2MΩ	0.4MΩ
工場C	0.1MΩ	0.2MΩ	0.4MΩ
工場D	0.3MΩ	0.3MΩ	0.3MΩ

（1）工場A
（2）工場B
（3）工場C
（4）工場D

解答＆解説

絶縁抵抗値は大きいほど良く、次のように規定されています。

種　別			絶縁抵抗値
電圧	使用電圧300V以下	対地電圧150V以下	0.1MΩ以上
		対地電圧150Vを超える	0.2MΩ以上
	使用電圧300V超える		0.4MΩ以上

この表より、

単相　100V	三相　200V	三相　400V
0.1MΩ以上	0.2MΩ以上	0.4MΩ以上

　これを各工場に当てはめて考えると、不適格なのは、工場Dの三相400V回路の0.3MΩです。

正解は（4）

合格ポイント
+α

　電気設備の試験では、**絶縁抵抗値**の測定と同様、**接地抵抗値**の測定も行います。接地工事には**A種～D種の4種類**がありますが、C種接地工事とD種接地工事の接地抵抗値は、原則として下記の数値以下となるように定められています。
　絶縁抵抗値は「○○MΩ以上」ですが、接地抵抗値は「○○Ω以下」となっているところに注目しましょう。

C種接地工事	10Ω以下	使用電圧300Vを超える場合
D種接地工事	100Ω以下	使用電圧300V以下の場合

　なお、電源が100Vの自動火災報知設備の機器で、金属製外箱のものは、接地端子を設け、D種接地工事を施します。

第5章　自動火災報知設備の設置基準

自動火災報知設備の配線について、正しいものはどれか。

（1）P型1級受信機の感知器回路の末端には終端抵抗を接続する。
（2）60V以下の弱電流回路であっても、自動火災報知設備の配線と同一の管に設けてはいけない。
（3）P型受信機の感知器回路の電路の抵抗は、100Ω以下となるように設ける。
（4）P型受信機の感知器回路の共通線は、1本につき8警戒区域以下とする。

解答&解説

（1）P型1級受信機の感知器回路の末端には終端抵抗を接続します。P型2級受信機は、回路導通試験装置はなくてよいので（試験機能はないと考えます）、終端抵抗を設置しても意味がありません。そこで末端に、人が操作する発信機か押しボタンを設置します。

（2）自動火災報知設備の配線と他の配線を同一の配管に入れてはいけません。ただし、60V以下の弱電流回路ならば、自動火災報知設備の配線と同一の管に設けて差し支えありません。

（3）感知器回路の電路の抵抗は、50Ω以下となるように設けます。

（4）P型受信機の感知器回路の共通線は、1本につき7警戒区域以下とします。

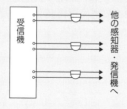 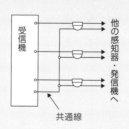

共通線

正解は（1）

　　左図では×印で断線しても、導通試験でわかりません。右図のようにすれば、どこで断線してもわかります。これを送り配線といいます。

自動火災報知設備の電源について、消防法令上、誤っているものは次のうちどれか。

（1）常用電源が復旧したときは、自動で非常電源から常用電源に切り替えられること。
（2）配線用遮断器に「自動火災報知設備」と明示すれば、他の一般負荷と共用できる。
（3）電源は、蓄電池または交流低圧屋内幹線から他の配線を分岐させずにとること。
（4）電源の開閉器には、自動火災報知設備用のものである旨を表示すること。

解答＆解説

受信機電源には次の3つがあります。
① 常用電源
② 非常電源
③ 予備電源

●電源について
① 常用電源
　一般に、交流低圧屋内幹線からの専用回線（開閉器が専用）で、開閉器には、自動火災報知設備用であることを表示します。
② 非常電源
　常用電源（商用電源）をバックアップする非常時の電源です。
ア．延べ面積が1000㎡以上の特定防火対象物では、蓄電池設備。
イ．その他の防火対象物では、蓄電池設備か非常電源専用受電設備のどちらか。
◎非常電源専用受電設備とは、常用電源を使用しますが、基準に合致した、より信頼性の高い電源設備をいいます。
③ 予備電源
　自動火災報知設備の予備電源は、密閉型蓄電池に限定されます。

正解は（2）

合格ポイント
＋α　自動火災報知設備用の一般的な常用電源は、他の負荷（電気製品）と一緒にせず、配線用遮断器（MCCBという）を専用で設けます。その専用の配線用遮断器には自動火災報知設備用である旨の表示をします。

第5章 自動火災報知設備の設置基準

自動火災報知設備の蓄電池設備による非常電源について、正しいものはどれか。

（1）蓄電池設備の容量は、自動火災報知設備を5分間有効に作動できる容量以上であること。
（2）常用電源の停電が復旧したときは、手動で非常電源から常用電源に切り替えられること。
（3）予備電源の容量が非常電源の容量以上である場合は、非常電源を省略することができる。
（4）延べ面積が1000㎡以上の特定防火対象物に設ける自動火災報知設備の非常電源は、発電機から供給されるものであること。

解答&解説

（1）10分間有効に作動できる容量以上です。
（2）切り替えは手動ではなく自動です。
（3）予備電源の容量が非常電源の容量以上なら、非常電源を省略できます。ただし、予備電源の省略はできません。
（4）自動火災報知設備では、自家発電設備をバックアップ電源として使用できません。

電源の種類	特　徴	蓄電池の容量	電源の省略
常用電源	電力会社からの交流低圧屋内幹線		
非常電源	① 非常電源専用受電設備 ② 蓄電池設備	②の場合、自動火災報知設備を10分間作動	①の場合、常用電源の省略可
予備電源	密閉型蓄電池	自動火災報知設備を、60分監視後、2回線を10分間作動	予備電源の容量≧非常電源の容量なら、非常電源の省略可（非常電源の容量＞予備電源の容量であると予備電源の省略不可） 常用電源の省略はできない

正解は（3）

合格ポイント
+α 　上の表において、特定防火対象物で、1000㎡以上は②蓄電池設備によります。非常電源専用受電設備とは、電力会社から受電する電源ですが、火災等の被害を受けるおそれが少ない設備で各種基準に適合したものです。なお、予備電源は密閉型蓄電池でなければなりません。

受信機から地区音響装置までの配線工事として誤っているのはどれか。

（1） 600Vビニル絶縁電線の金属管工事
（2） 600V2種ビニル絶縁電線の金属管工事
（3） EPゴム絶縁電線の金属管工事
（4） MIケーブルの露出配線

解答&解説

受信機から地区音響装置までは耐熱配線とします。
600Vビニル絶縁電線（IV線）は耐熱電線ではないので不可です。

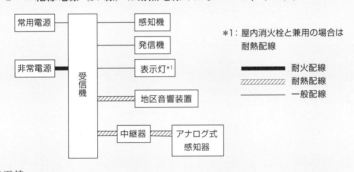

① 一般電線
代表格は600Vビニル絶縁電線（IV線）です。
② 耐熱電線
・600V2種ビニル絶縁電線（HIV）　　　・シリコンゴム絶縁電線
・EPゴム絶縁電線　　　　　　　　　　・ポリエチレン絶縁電線
・架橋ポリエチレン絶縁電線　　　　　・CDケーブル
・クロロプレン外装ケーブル　　など
③ 耐火電線
・消防長認定の耐火電線（FP）
・MIケーブル

正解は（1）

合格ポイント
+α

許容温度は、耐火電線＞耐熱電線＞一般電線　です。
耐火配線とするには　→　耐火電線を使用し露出配線
　　　　　　　　　　　　　耐熱電線を使用し配管に入れて埋め込む
耐熱配線とするには　→　耐熱電線を配管に入れて露出で可

第5章　自動火災報知設備の設置基準

5-7 自動火災報知設備の試験

感知器、受信機の試験名称と試験内容、および不具合発生時の原因は何か、といった問題のパターンを覚えましょう。

|解|説| 合格ポイント！

❶ 煙感知器感度試験器は、スポット型煙感知器の感度を調べます。

❷ 空気管の流通試験は、テストポンプで空気を注入し、漏れや詰まりを調べます。

❸ 回路導通試験は感知器配線、終端抵抗器に断線、接続不良がないことの確認です。

（1）感知器の試験

感知器の種類	試験名	試験に使用する機材
熱スポット型	作動試験	加熱試験器
差動式分布型（空気管）	① 作動試験 ② 作動継続試験 ③ 流通試験 ④ 接点水高試験	テストポンプ（空気注入試験器） マノメーター ＊マノメーターは③、④のみ
煙スポット型	作動試験	加煙試験器
	感度試験	煙感知器感度試験器
光電式分離型	作動試験	減光フィルター

（2）受信機の試験

試験名	内　容
火災表示試験	回線ごとに火災表示、音響装置の鳴動などを確認
同時作動試験	常用電源使用時は5回線、非常電源使用時は2回線が同時発報しても正常に機能するかの試験
回路導通試験	感知器回路の断線の有無を調べる
予備電源試験	予備電源電圧が適正か

自動火災報知設備の総合点検において、スポット型煙感知器の感度を確認するために行う試験機器はどれか。

（1）加煙試験器 　　　　（2）煙感知器感度試験器
（3）メーターリレー試験器 　　（4）減光フィルター

解答＆解説

感知器の試験（主なもの）は表のとおりです。

感知器の種類	試験名	試験に使用する機材
差動式スポット型 補償式スポット型 定温式スポット型	作動試験	加熱試験器
差動式分布型（空気管）	① 作動試験 ② 作動継続試験 ③ 流通試験 ④ 接点水高試験	テストポンプ（空気注入試験器） マノメーター ＊マノメーターは③、④のみ
差動式分布型（熱電対式・熱半導体式）	① 作動試験 ② 回路合成抵抗試験	メーターリレー試験器
イオン化式スポット型	作動試験	加煙試験器
光電式スポット型	感度試験	煙感知器感度試験機
光電式分離型	作動試験	減光フィルター

（1）加煙試験器は、スポット型煙感知器の作動試験に使用します。天井に取り付けたままで感知器に煙を当て、所定の時間内に感知するか確認します。感度の確認はできません。
（2）煙感知器感度試験器は、スポット型煙感知器の感度を調べます。取り外して1つ1つ試験器に設置し、感度の良否を判定します。
（3）メーターリレー試験器は、差動式分布型（熱電対式・熱半導体式）で使用します。
（4）減光フィルターは光電式分離型感知器で使います。

正解は（2）

合格ポイント
+α 　加煙試験でスポット型煙感知器（非蓄積式）の作動時間は表の秒数以内なら合格です。

1種	2種	3種
30秒	60秒	90秒

第5章 自動火災報知設備の設置基準

差動式分布型感知器（空気管式）の機能試験のうち、流通試験で良否を確認できるものはどれか。

（1）作動継続時間が適正であるか　　（2）リーク抵抗が適正であるか
（3）接点水高値が適正であるか　　　（4）空気管に詰まりがないか

解答&解説

　差動式分布型感知器（空気管式）の流通試験は、空気管にテストポンプで空気を注入し、空気管の漏れや詰まりを調べるものです。
　流通試験の手順は以下のとおりです。
① 検出部のコックスタンドから空気管の一端を外し、マノメーター（圧力で水位が変動するU字型ガラス管）を接続します。
② コックスタンドの試験孔にテストポンプを接続します。
③ テストポンプで空気を注入し、マノメーターの水位を100mm上昇させます。

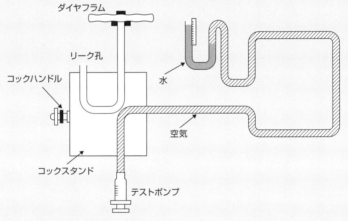

　このとき、次のことがわかります。
・水位が上昇しない　→　空気管の詰まり、切断
・上昇したが徐々に下降する　→　空気管の漏れ

正解は（4）

合格ポイント
+α　　差動式分布型感知器（空気管式）の流通試験は、テストポンプで空気を送り、マノメーターの水位を100mmまで上昇させてから送気をやめ、送気口を開いて水位が50mmに下がるまでの時間を測定します。

問題 3

難易度…●●● ○ ○

P型1級受信機から回路導通試験を行ったとき、導通を示さない原因はどれか。

（1）差動式スポット型感知器の接点不良
（2）光電式スポット型感知器の増幅回路の断線
（3）差動式分布型感知器（空気管）のリーク孔の詰まり
（4）終端抵抗器の接続不良

解答&解説

受信機の試験は以下のとおりです。

試験名	内　容
火災表示試験	回線ごとに火災表示、音響装置の鳴動などを確認する
同時作動試験	常用電源使用時は5回線、非常電源使用時は2回線が同時発報しても正常に機能するかの試験
回路導通試験	感知器回路の断線の有無を調べる
予備電源試験	予備電源試験スイッチを押し、電圧計の指示が安定してから確認する。電圧計がなく、ランプ点灯などで確認するタイプもある

　受信機から回路導通試験を行ったとき、試験電流は感知器回路を流れていきます。感知器本体内の線ではなく、送り配線といわれる感知器間の配線と、末端にある終端抵抗器を流れます。導通を示さないわけですから、感知器間の配線の断線、端子との接続不良、終端抵抗器の接続不良が疑われます。

正解は（4）

【類題】

P型1級受信機の機能試験について、適当でないのはどれか。
ア．1級受信機の火災表示試験では、火災灯および地区表示灯の点灯、音響装置の鳴動を確認する。
イ．1級受信機の場合、終端抵抗を流れる電流により、回路導通試験を行う。
ウ．常用電源で2回線ごとの同時作動試験を行い、火災灯などの点灯を確認する。
エ．感知器回路の共通線を外し回路導通試験を行い、7回線以内であることを確認する。

（答）ウ

合格ポイント
+α

　常用電源で同時作動試験を行う場合、5回線同時、非常電源では、2回線同時です。

第5章 自動火災報知設備の設置基準

問題 ④

P型1級受信機（多回線）の火災表示試験で、確認できないものはどれか。

（1） 受信機から感知器への接続の状況
（2） 主音響装置の鳴動
（3） 火災灯の点灯
（4） 地区表示灯の点灯

解答＆解説

　火災表示試験を行うと、受信機の主音響装置が鳴動するとともに、**火災灯**と選択した**地区表示灯**が点灯します。また、**地区音響装置**を鳴動させます。

　自己保持機能や**蓄積式受信機**では、**蓄積機能**も確認できます。

　受信機から感知器への配線の状況は、**回路導通試験**にて確認します。

正解は（1）

【類題1】

　P型1級受信機（多回線）の火災表示試験で、確認できないものはどれか。

ア．地区音響装置の作動
イ．火災灯の点灯
ウ．自己保持機能
エ．感知器の不動作試験

（答）エ

【類題2】

　自動火災報知設備の受信機の予備電源試験を行ったところ、不具合が見つかった。不適当な処置はどれか。

ア．規定電圧に達していなかったので密閉型蓄電池を交換した。
イ．常用から予備への自動切替装置が機能しなかったので、手動切替装置に交換した。
ウ．予備電源線が断線していたため、新しい配線に交換した。
エ．予備電源灯が不点灯であったので、ランプを交換した。

（答）イ

合格ポイント
+α

　常用電源から**予備電源**への切替えは**自動**でなければなりません。したがって、電源切替用の継電器などを交換するのはよいが、手動の切替器を取り付けてはいけません。

第 **6** 章

ガス漏れ
火災警報設備ほか

ガス漏れ火災警報設備の
検知器の設置場所や検知
方式などを学習するよ。

検知器

ガス漏れ火災警報設備の設置　その1

ガス漏れ火災警報設備の警戒区域の設定方法、検知器を設置すべき場所、設置してはいけない場所、および警報装置の種類、数値基準を記憶します。

|解|説| 合格ポイント！

❶ 警戒区域の面積は、600㎡以下、ガス漏れ表示灯を見通せるときは1000㎡以下。
❷ 気流が流通、吹出口1.5m以内、廃ガス接触、検知が困難は、検知器を設置せず。
❸ ガス漏れ火災警報設備の警報装置は3種類あります。

（1）警戒区域

警戒区域の面積は、600㎡以下（原則）	通路の中央から容易にガス漏れ表示灯を見通せるときは1000㎡以下としてよい
2つ以上の階にわたらない	警戒区域の面積が合計500㎡以下であれば、2つの階にわたることができる
貫通部は他の検知器に係る警戒区域と別にする	

（2）検知器を設置してはいけない場所

検知器を設置してはいけない場所
① 出入口付近で、外気の気流が頻繁に流通する場所
② 換気口の空気の吹出口から1.5m以内の場所
③ ガス燃焼機器の廃ガスに触れやすい場所
④ ガス漏れの発生を有効に検知できない場所

問題 **1**

難易度… ◆ ◆ ○ ○ ○

ガス漏れ火災警報設備の警戒区域の設定について、正しいものはどれか。

（1）1つの警戒区域の面積は、原則として800㎡以下とする。
（2）警戒区域内のガス漏れ表示灯を通路の中央から容易に見通すことができる場合は、1の警戒区域の面積を1000㎡以下とすることができる。
（3）床面積の合計が500㎡以下であれば、3以上の階にわたって設定できる。
（4）貫通部に設ける検知器の警戒区域は、隣接する検知器の警戒区域と同一とできる。

解答＆解説

　ガス漏れ火災警報設備とは、**燃料用ガス**（液化石油ガス販売事業によって販売される液化石油ガスを除く）または**自然発生する可燃性ガス**の漏れを検知し、防火対象物の関係者または利用者に警報する設備で、**ガス漏れ検知器（検知器）、受信機、中継器、警報装置**で構成されたものです。
　ガス漏れ火災警報設備の**警戒区域**とは、ガス漏れの発生した区域を、他の区域と区別して識別することができる最小単位をいいます。

警戒区域の面積は、600㎡以下（原則）	通路の中央から**ガス漏れ表示灯を容易に見通せる**ときは**1000㎡以下**としてよい
2つ以上の階にわたらない	警戒区域の面積が**合計500㎡以下**であれば、2つの階にわたることができる
貫通部は他の検知器に係る警戒区域と別にする	

（1）1つの警戒区域の面積は、原則として**600㎡以下**です。
（2）正しいです。「**表示灯を通路の中央から**」という文言に留意してください。通路のセンターライン上からランプが確認できるという意味です。
（3）床面積の**合計が500㎡以下**は、2つの階にわたって**1つの警戒区域**とできます。
（4）**貫通部に設ける検知器**の警戒区域は、隣接する検知器の警戒区域と**区別して**表示できるようにします。なお、貫通部とは、ガスを供給する導管が防火対象物の外壁を貫通する部分をいいます。

> 正解は（2）

合格ポイント
＋α　ガス漏れ火災警報設備の警戒区域の設定は、自動火災報知設備の場合と**ほぼ同様**です。自動火災報知設備（光電式分離型感知器を除く）では、一辺の長さが50m以下ですが、ガス漏れ火災警報設備では明確な規定はありません。自動火災報知設備に準じて、**50mを目安**とするよう設定します。

次のうち、検知器を設置すべき場所はどれか。いずれも点検には便利な場所である。

（1）出入口付近で、外気の気流が頻繁に流通する場所
（2）ガスを供給する導管が、外壁を貫通する屋外側付近
（3）可燃性ガスが発生するおそれがあるとして、消防長または消防署長が指定した場所
（4）ガス燃焼機器の廃ガスに触れやすい場所

解答＆解説

検知器を設置すべき場所は、点検に便利な場所で下記の4項目です。

検知器を設置すべき場所
① ガス燃焼器具（ガスコンロ、湯沸器等）が使用される室内
② ガスを供給する導管が、外壁を貫通する屋内側の付近
③ 可燃性ガスが発生するおそれがあるとして、消防長または消防署長が指定した場所
④ 温泉採取のための設備が設置されている場所（総務省令で定めるもの）

検知器を設置してはいけない場所は、下記の4項目です。

検知器を設置してはいけない場所
① 出入口付近で、外気の気流が頻繁に流通する場所
② 換気口の空気の吹出口から1.5m以内の場所
③ ガス燃焼機器の廃ガスに触れやすい場所
④ ガス漏れの発生を有効に検知できない場所

（1）出入口付近で、外気の気流が頻繁に流通する場所は不可です。
（2）ガスを供給する導管が、外壁を貫通する**屋内側付近**であって、屋外側付近ではありません。
（3）正解です。
（4）ガス燃焼機器の廃ガスに触れやすい場所も**検知器**を設置してはまずい場所です。

正解は（3）

合格ポイント
＋α 　ガス漏れ火災警報設備の**検知器**は、ガス漏れを検知し、中継器または受信機にガス漏れ信号を発信するものまたはガス漏れを検知し、ガス漏れの発生を音響により警報するとともに、**中継器**または**受信機**にガス漏れ信号を発信するものです。自動火災報知設備の感知器に相当しますが、感知器でなく、検知器と呼びます。

問題 3

難易度…★★ ○ ○ ○

ガス漏れ火災報知設備の警報装置の設置について、正しいものはどれか。

（1）音声警報装置の音圧または音色は、自動火災報知設備の地区音響装置の警報音と同じにすることができる。

（2）検知区域警報装置の音圧は、それぞれの検地区域警報装置から1m離れた位置で70dB以上であること。

（3）機械室その他常時人がいない場所においても、検知区域警報装置を設けなければならない。

（4）音声警報装置のスピーカーは、各階ごとに、その階の各部分からスピーカーまでの水平距離が20m以下となるように設けること。

解答＆解説

ガス漏れ火災報知設備の警報装置は、次の3つがあります。

警報装置の種類	設置基準
音声警報装置	スピーカーは各階に設ける。スピーカーからの水平距離は25m以下で、音圧および音色は、他の警報音と明らかに区別して聞き取ることができること
ガス漏れ表示灯	前方から3mの地点で、点灯していることがわかること
検知区域警報装置	1m離れた位置で70dB以上。警報機能内蔵の検知器や、常時人がいない場所（機械室等）、貫通部には、設けないことができる

（1）他の警報音と明らかに区別できることが必要です。

（2）正解です。

（3）常時人がいない場所（機械室等）の貫通部には設けないことができます。

（4）水平距離が25m以下です（自動火災報知設備の地区音響装置と同じです）。

正解は（2）

合格ポイント
+α

ガス漏れ表示灯は前方から3mの地点で、点灯していることがわかること。色の指定はありません。

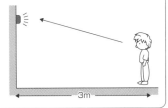

3m

ガス漏れ火災警報設備の設置 その2

検知器の検知方式、ガスの空気との軽重による設置場所の違い、特に寸法に関するものを覚えましょう。また、受信機の設置基準は自動火災報知設備と共通です。

|解|説| 合格ポイント！

- ❶ 検知器は空気との軽重によって床面または天井面から0.3m以内に設置します。
- ❷ ガス漏れ検知方式は、半導体式、接触燃焼式、気体熱伝導度式の3つです。
- ❸ 2台以上の受信機を設置するとき、同時通話できる電話等を設置します。

（1）検知器の設置

① 空気より軽いガスの検知器

　都市ガスは天然ガスを使用しており、その多くは空気より軽いので、検知器は天井面近くに設置します。

② 空気より重いガスの検知器

　LPG（プロパンガス等）は空気より重いため、下に滞留します。検知器は床面に近いところに取り付けます。

（2）検知方式

① 半導体式

② 接触燃焼式

③ 気体熱伝導度式

（3）受信機の設置

① 防災センター等、人がいる場所に設ける。

② 操作スイッチは、床面からの高さが0.8m（いすに座って操作するものは0.6m）以上で、1.5m以下に設ける。

③ 音圧および音色は、他の警報音や騒音と識別できること。

④ 1つの防火対象物に2つ以上の受信機を設けるときは、受信機のある場所相互間で同時通話可能な電話、インターホン等を設置する。

問題 1

難易度…●●○○○

空気に対する比重が1より大きいガスを検知するガス漏れ検知器の設置場所として、正しいものはどれか

（1）燃焼器から4m以内で、床面の上方0.3m以内の位置に設置する。
（2）燃焼器から8m以内で、床面の上方0.3m以内の位置に設置する。
（3）燃焼器から4m以内で、天井面の下方0.3m以内の位置に設置する。
（4）燃焼器から8m以内で、天井面の下方0.3m以内の位置に設置する。

解答＆解説

●空気より軽いガスの検知器
① ガス燃焼器具の水平距離≦8m。
② 天井面が0.6m以上のはり等で区画されている場合は、燃焼器具のあるほうに設置。
③ 天井面付近に吸気口がある居室では、その付近に設置。
④ 検知器の下端は、天井面の下方0.3m以内に取り付ける。
●空気より重いガスの検知器
① 燃焼器具から水平距離≦4m。
② 検知器の上端は、床面から0.3m以内に取り付ける。

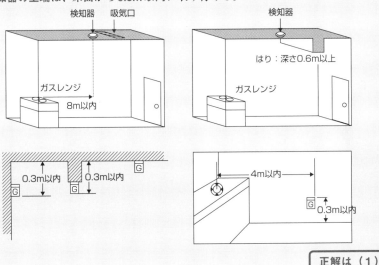

正解は（1）

合格ポイント
+α　火災の熱や煙は上昇するので、感知器は天井面近くに設置しますが、検知器はガスの種類により空気より軽いものと重いものがあるので、設置場所や取付け方法が異なります。

問題 2

ガス漏れ火災警報設備の検知器のガス漏れ検知方式として使用されていないものはどれか。

（1） 半導体式
（2） 接触燃焼式
（3） 気体熱伝導度式
（4） 温度検知素子式

解答＆解説

ガス漏れ火災警報設備の検知器のガス漏れ検知方式は次の3種類です。

① 半導体式

半導体の表面に可燃性ガスが吸着して電気伝導度が上昇します。これによりガス漏れを検知します。

② 接触燃焼式

可燃性ガスが検出素子（白金線）に接触して白金線の温度が上昇し、電気抵抗が上昇します。これを検知します。

③ 気体熱伝導度式

可燃性ガスが触れたとき、検出素子の温度変化により電気抵抗も変化します。空気とガスの熱伝導度の違いを利用し検知するものです。

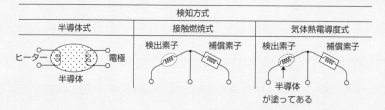

ガス漏れ信号の受信開始からガス漏れ表示までは**60秒以内**です。

正解は（4）

合格ポイント

+α　検知器は燃焼、爆発前に警報を発する必要があります。**爆発下限界**（ガスが漏れて爆発が起こる下限値）に対して次のように決められています。
① 爆発下限界の**1/4以上**の濃度で**作動する**こと。
② 爆発下限界の**1/200以下**の濃度では**作動しない**こと。

問題 3

ガス漏れ火災警報設備の受信機に関する記述で、実際に設置するうえで正しいものは
どれか。

（1）受信機は、点検しやすく防火上有効な措置を講じたので、普段人のいない機械
　　　室に設置した。
（2）1つの防火対象物に2台の受信機なので、相互に通話できる電話もインターホン
　　　も設置しなかった。
（3）受信機の操作スイッチは、床面からの高さを最下段のスイッチを1.0m、最上段
　　　のスイッチを1.2mに設けた。
（4）受信機の操作スイッチは、いすに座って操作するタイプなので、0.5mのところ
　　　に設けた。

解答＆解説

（1）受信機は、環境条件のよい場所
であることはもちろんですが、人の
いる**防災センター等**に設けます。防
災センターのほか、中央管理室、守
衛室等が適した場所です。
　音圧および音色は、他の警報音や
騒音と識別できることが必要です。
※総務省令で定めた温泉採取のため
の設備の建物は例外あり。
（2）1つの防火対象物に**2台以上の受
信機**を設置する場合、受信機のある
場所相互間で**同時に通話できる電話
またはインターホン等**を設置します。
（3）受信機の操作スイッチの高さは、
床面からの高さが**0.8m以上、1.5m
以下**に設けます。
（4）いすに座って操作するものは、
0.6m以上、1.5m以下の高さです。

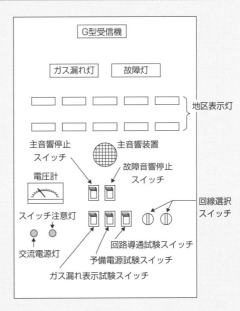

正解は（3）

合格ポイント

　ガス漏れ警報設備の**受信機の設置基準**は、自動火災報知設備の受信機とよく似
ています。ただし、自動火災報知設備の火災灯は赤色ですが、**ガス漏れ灯は黄色**
です。

G型受信機の機能について、規格省令上誤っているものはどれか。

（1）2回線からガス漏れ信号を同時に受信したとき、ガス漏れ表示をすることができること。
（2）ガス漏れ信号の受信開始からガス漏れ表示までの所要時間は、30秒以内であること。
（3）ガス漏れ表示の作動を容易に確認することができる装置による試験機能を有すること。
（4）試験中に他の回線からのガス漏れ信号を受信したとき、ガス漏れ表示をすることができること。

解答&解説

（2）のガス漏れ信号の受信開始からガス漏れ表示までの所要時間は**60秒以内**です。
（1）、（3）、（4）は正しい。

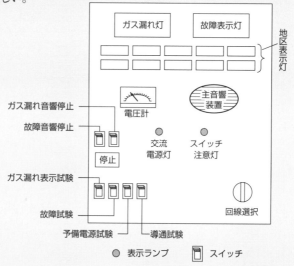

正解は（2）

G型受信機の機能については、さらに次のように定められています。
「終端器に至る信号回路の**導通**を回線ごとに**容易**に**確認**することができる装置による試験機能を有し、かつ、この装置の操作中に他の回線からのガス漏れ信号を受信したとき、ガス漏れ表示をすることができること（回線数が5以下のもの及び検知器の電源の停止が受信機においてわかる装置を有するものにあっては、この限りでない）。」

第 **7** 章

鑑別

工具や感知器など
の名称や用途を覚
えよう。

受信機

7 - 1 工具・材料

工具、材料は、その用途から名称がわかるものがあります。似たものも多くありますが、日常的に使用するものなので写真から特徴をとらえましょう。

|解|説| 合格ポイント!

❶ 電線管を加工する工具では、パイプという言葉が多用されます。
❷ 電線等を切断するものは手で握って操作しやすい形です。先端に着目しましょう。
❸ 電線管を壁面などに固定するのはサドル、ケーブルはステップルです。

（1）工具

① パイプバイス

　電線管（パイプ）を固定する（バイス＝万力）。

② パイプベンダ

　電線管（パイプ）を曲げる（ベンド）。

③ ケーブルカッター

　ケーブル、電線を切断（カット）する。

④ ホルソー

　ドリルの先端に付け、大きい穴（ホール）を開けるのこぎり（ソー）。

（2）材料

① サドル

　電線管を造営材に固定する。

② ステップル

　ケーブルを壁面等に固定する。

③ 差込みコネクタ

　電線を接続する。芯線を差し込むだけで固定、接続される。

④ リングスリーブ

　電線を接続する。芯線をリング内に差し込み、圧着ペンチでつぶす。

問題 1

難易度…★★★○○

次の写真の名称と用途を答えなさい。

（1）

（2）

（3）

（4）

（5）
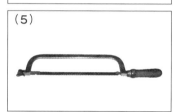

（6）

解答&解説

（1）名称：**パイプバイス**
　　用途：**電線管の切断、ねじ切りなどを行うために、電線管を固定するもの。**

（2）名称：**ねじ切り器**
　　用途：**ダイス（ねじを切る刃）を取り付け、金属管のねじを切る。**

（3）名称：**パイプベンダ**
　　用途：**金属管を曲げる。**

（4）名称：**パイプカッター**
　　用途：**金属管を切断する。**

（5）名称：**金切りのこ**
　　用途：**電線管の切断に使用する。**

（6）名称：**パイプレンチ**
　　用途：**電線管をつかんだり、カップリングを回す。**

合格ポイント

　電線管を固定する（パイプバイス、パイプレンチ）、切断する（パイプカッター、金切りのこ）、ねじを切る（ねじ切り器）、曲げる（パイプベンダ）の各作業工程で覚えましょう。

次の写真の名称と用途を答えなさい。

(1)

(2)

(3)
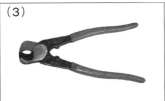

(4)

(5)

(6)

解答&解説

(1) 名称：**ワイヤストリッパ**
　　用途：電線の**被覆をとる**。

(2) 名称：**塩ビカッター**
　　用途：**合成樹脂管を切断**する。

(3) 名称：**ケーブルカッター**
　　用途：**ケーブル、電線を切断**する。

(4) 名称：**ボルトカッター（ワイヤーカッター）**
　　用途：**ボルトや鋼線を切断**する。

(5) 名称：**ペンチ**
　　用途：電線を**切断**したり、芯線を**曲げ**たりする。

(6) 名称：**圧着ペンチ**
　　用途：電線相互を**圧着接続**する。

合格ポイント

　　ケーブルカッターの刃形は湾曲していますが、**ボルトカッター・ワイヤーカッ
ター**の刃は平らです。

問題 ③

難易度… ☀ ☀ ○ ○ ○

次の写真の名称と用途を答えなさい。

(1)

(2)
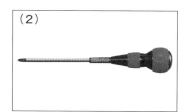

(3)

(4)

(5)

(6)

解答&解説

(1) 名称：**ウォータポンププライヤ**
　　用途：ロックナットやカップリングなどを**締める**。

(2) 名称：**ドライバー**
　　用途：ねじやビスを**締める**。

(3) 名称：**ラジオペンチ**
　　用途：電線を**切断**したり、芯線を**曲げ**たりする。

(4) 名称：**ニッパー**
　　用途：電線を**切断**する。

(5) 名称：**リーマ**
　　用途：電線管の**バリ**をとる。

(6) 名称：**ホルソー**
　　用途：ドリルの先端に付け、**大きい穴をあける**。

合格ポイント
+α
　　ウォータポンププライヤは、穴の位置を変えることによって挟み込む対象の大きさに合わせることができます。ラジオペンチは先が細くなっており、狭い部分の物をつかむことができます。

次の写真の名称と用途を答えなさい。

(1)

(2)

(3)

(4)

(5)

(6)

解答&解説

(1) 名称：**モンキー**
　　用途：**ナットを締める。**
(2) 名称：**スパナ**
　　用途：**ナットを締める。**
(3) 名称：**鋼製電線管（金属管）**
　　用途：**電線を収納する。**
(4) 名称：**ノーマルベンド**
　　用途：**電線管の曲がり部分に使用する。**
(5) 名称：**アウトレットボックス**
　　用途：**電線の接続や電気機器などの取付け箇所に用いる。**
(6) 名称：**ボックスコネクタ**
　　用途：**電線管とアウトレットボックスを接続する。**

合格ポイント
+α
　　　モンキーは調節ねじによりナットの大きさに対応できますが、**スパナ**は1本で2種類のナット径です。スパナは数本のセットで用います。

問題 5

難易度…◉ ◉ ○ ○ ○

次の写真の名称と用途を答えなさい。

(1)

(2)

(3)

(4)

(5)
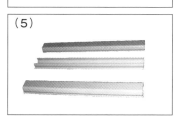

(6)

解答&解説

(1) 名称：**サドル**
   用途：**電線管を造営材に固定する。**

(2) 名称：**絶縁ブッシング**
   用途：電線管の管端に取り付け、電線の**被覆を保護**する。

(3) 名称：**差込みコネクタ**
   用途：電線を**接続**する。

(4) 名称：**リングスリーブ**
   用途：電線を**接続**する。

(5) 名称：**モール**
   用途：壁面等に固定し、内部に電線を**収納**する。

(6) 名称：**ステップル**
   用途：ケーブルを壁面等に**固定**する。

合格ポイント
+α　　差込みコネクタもリングスリーブも電線の接続に使用しますが、前者は、導体部分を穴に差し込むだけで固定されます。後者は、数本の電線をスリーブ内に挿入し、**圧着ペンチ**でつぶします。

感知器

感知器の写真から名称、機能を覚えましょう。空気管式の差動分布型感知器の工事部品などにも着目しましょう。

|解|説| 合格ポイント*!*

❶ 定温式スポット型感知器（防爆型）は、爆発の危険性のある場所に設置します。
❷ 空気管は細いチューブで、熱電対はその部分がふくらんでいます。
❸ 空気管の付属品は、銅管端子、スリーブ、ステップル、貫通キャップなどです。

（1）差動式分布型感知器の検出器
検出器の内部は右の写真参照。

（2）空気管の付属品
① 接続管（スリーブ）
空気管同士を接続する。
② 銅管端子
空気管の先端を検出部に接続する。
③ 貫通キャップ
空気管が壁などを貫通するとき用いる。
④ ステップル
空気管を壁などに固定するとき用いる。

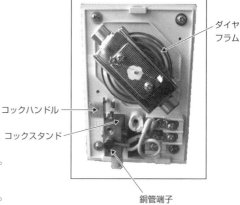

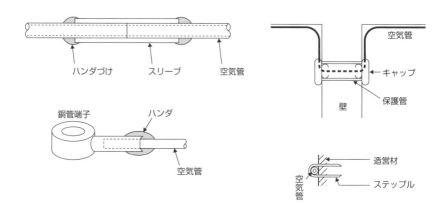

問題 1

難易度…●●●○○

次の写真の名称と作動原理を答えなさい。

（1）

（2）

（3）

（4）

（5）

（6）

解答&解説

(1) 名称：**差動式スポット型感知器**
　　原理：**空気室の熱膨張によるダイヤフラムの変位。**
(2) 名称：**差動式スポット型感知器**
　　原理：**温度検知素子（サーミスタ）による周囲温度の上昇を感知する。**
(3) 名称：**定温式スポット型感知器**
　　原理：**バイメタルの反転を利用したもの。**
(4) 名称：**定温式スポット型感知器**
　　原理：**温度検知素子（サーミスタ）により、周囲温度が所定の温度になると感知する。**
(5) 名称：**定温式スポット型感知器**
　　原理：**金属の膨張係数の差を利用したもの。**
(6) 名称：**定温式スポット型感知器（防爆型）**
　　原理：**金属の膨張係数の差を利用したもの。**

※選択肢（2）と（4）は、写真が酷似してわかりづらいが、名称と原理の組み合わせが同じであれば、それぞれ入れ替わった解答が入っていても正解とする。

合格ポイント

　定温式スポット型感知器の穴のあいたメタルは**受熱板**で、ここで熱を受けて**バイメタル**を反転させます。

次の写真の名称と原理を答えなさい。

(1)

(2)

(3) 裏面に放射線のマーク

(4)

(5)

(6)

解答＆解説

(1) 名称：**差動式分布型感知器の検出器と空気管**
　　原理：**空気管**を天井面に張り巡らせ、**空気膨張による温度上昇**を感知する。

(2) 名称：**差動式分布型感知器の検出器と熱電対**
　　原理：**熱電対**を天井面に張り巡らせ、**熱起電力**を感知する。

(3) 名称：**イオン化式スポット型感知器**
　　原理：**煙によるイオン電流の変化**を感知する。

(4) 名称：**光電式スポット型感知器**
　　原理：**煙の粒子による光電素子の受光量の変化**を感知する。

(5) 名称：**光電式分離型感知器（送光部と受光部）**
　　原理：**煙が光軸をさえぎることによる受光量の変化**を感知する。

(6) 名称：**紫外線式スポット型感知器**
　　原理：**炎の紫外線**を感知する。

合格ポイント
＋α　　光電式分離型感知器は、**送光部**と**受光部**がセットです。**紫外線式スポット型感知器**は、中央部にチューブ形の**検出管**が見えます。

問題 3

難易度…●●●○○

次の写真の名称と原理または用途を答えなさい。

（1）

（2）

（3）

（4）

（5）

（6）

解答&解説

(1) 名称：**赤外線式スポット型感知器**
　　原理：炎の**赤外線**を感知する。
(2) 名称：**接続管（スリーブ）**
　　用途：**空気管同士**を**接続**する。
(3) 名称：**銅管端子**
　　用途：空気管をつなぎ、先端を**検出部**に接続する。
(4) 名称：**貫通キャップ**
　　用途：空気管が壁などを**貫通**するとき用いる。
(5) 名称：**ステップル（空気管用）**
　　用途：空気管を壁などに**固定**するとき用いる。
(6) 名称：**クリップ**
　　用途：空気管を壁などに**固定**するとき用いる。

合格ポイント
+α　　銅管端子の管の部分に差動式分布型感知器（空気管式）の先端を差し込み、は
んだ上げします。輪の部分は検出器に固定します。

感知器の構造

感知器の名称とともに、原理図における各部の名称と作動原理をしっかり記憶することに努めましょう。

|解|説| 合格ポイント!

❶ 差動式スポット型感知器（空気膨張）は、ダイヤフラムを押します。
❷ 定温式スポット型感知器には、バイメタル式と金属膨張式があります。
❸ 光電式スポット型感知器は、煙の乱反射を利用して光を受けます。

●感知器名（主なもの）

1. 差動式スポット型感知器
① 空気膨張により感知
② 温度検知素子（サーミスタ）

2. 差動式分布型感知器
① 空気膨張による（空気管式）
② 温度変化による（熱電対式）

3. 定温式スポット型感知器
① バイメタル式
② 金属膨張式

4. 光電式スポット型感知器
暗箱内の煙による乱反射を感知

5. 光電式分離型感知器
光軸をさえぎる煙の量を感知

問題 1

感知器名と各部の名称および作動原理を答えなさい。

（1）
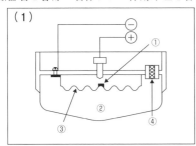

（2）
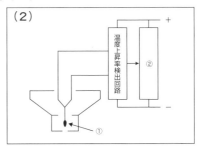

（3）
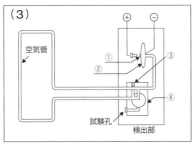

（4）
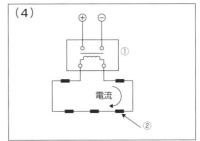

解答&解説

(1) 感知器名：**差動式スポット型感知器**
　　各部の名称：① 接点　② 空気室（感熱室）　③ ダイヤフラム　④ リーク孔
　　原理：**空気室の熱膨張によるダイヤフラムの変位**
(2) 感知器名：**差動式スポット型感知器**
　　各部の名称：① 温度検知素子　② スイッチング回路
　　原理：**温度検知素子（サーミスタ）により周囲温度の上昇を感知**
(3) 感知器名：**差動式分布型感知器**
　　各部の名称：① 接点　② ダイヤフラム　③ リーク孔　④ コックスタンド
　　原理：**空気管内の空気膨張による温度上昇を感知**
(4) 感知器名：**差動式分布型感知器**
　　各部の名称：① メーターリレー　② 熱電対
　　原理：**熱電対による熱起電力を感知**

　　空気膨張を検出する**差動式スポット型感知器**と、**差動式分布型感知器（空気管式）**の検出部の内部名称は共通するものが多いので、原理を押さえておきましょう。

感知器名と各部の名称および作動原理を答えなさい。

（1）

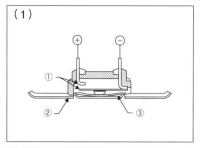

（2）

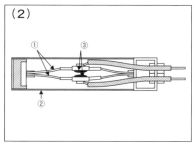

（3）

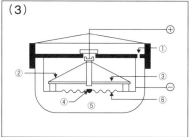

（4）

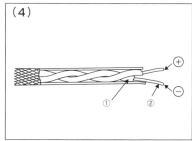

解答＆解説

（1）感知器名：**定温式スポット型感知器**
　　各部の名称：① 接点　　② 受熱板　　③ 円形バイメタル
　　原理：**バイメタルにより周囲の熱を感知**

（2）感知器名：**定温式スポット型感知器**
　　各部の名称：① ストラット（低膨張）　　② 外筒（高膨張）　　③ 接点
　　原理：**金属膨張率の差により周囲の熱を感知**

（3）感知器名：**補償式スポット型感知器**
　　各部の名称：① リーク孔　　② 低膨張金属　　③ 高膨張金属
　　　　　　　　　④ 接点　　⑤ 空気室（感熱室）　　⑥ ダイヤフラム
　　原理：**空気膨張と金属膨張により周囲の熱を感知**

（4）感知器名：**定温式感知線型感知器**
　　各部の名称：① 可溶絶縁物　　② 導体
　　原理：**熱により絶縁材が溶け、導体が短絡する**

合格ポイント
＋α　　　**定温式スポット型感知器**の**バイメタル式**は２種類の金属を貼り合わせています
　　　　　が、**金属膨張式**は２種類の金属を分離させています。

問題 3

難易度… ◉ ◉ ○ ○ ○

感知器名と各部の名称および作動原理を答えなさい。

（1）

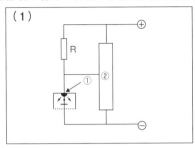

（2）

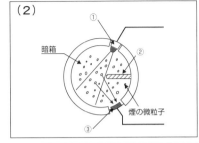

（3）

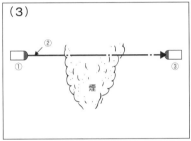

（4）

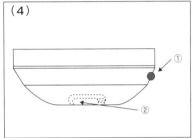

解答&解説

(1) 感知器名：**イオン化式スポット型感知器**
　　各部の名称：① **放射線源**　　② **スイッチング回路**
　　原理：煙による**イオン電流の変化**

(2) 感知器名：**光電式スポット型感知器**
　　各部の名称：① **発光素子**　　② **遮光板**　　③ **受光素子**
　　原理：**暗箱内の煙による乱反射を感知**

(3) 感知器名：**光電式分離型感知器**
　　各部の名称：① **送光部**　　② **光軸**　　③ **受光部**
　　原理：**光軸をさえぎる煙の量を感知**

(4) 感知器名：**紫外線式スポット型感知器**
　　各部の名称：① **作動確認灯**　　② **紫外線検出管（UVトロン）**
　　原理：**炎の中の紫外線を感知**

合格ポイント
+α　　光電式スポット型は、煙があると発光電子からの光は乱反射し、受光素子に届きますが、光電式分離型は、煙が邪魔をして受光部への光は減ります。

7-4 自動火災報知設備の機器等

地区表示灯の窓数が5を超えている場合、P型2級受信機はあり得ません。5回線以下でも、火災灯の有無で分かれます。前面パネルの特徴に着目しましょう。

|解|説| 合格ポイント！

❶ P型2級受信機の地区表示灯の窓数は5以下です。

❷ P型1級と2級発信機の違いは、「電話」「確認灯（応答灯）」です。

❸ 予備電源として受信機に内蔵されるのは、密閉型蓄電池です。

（1）受信機

① P型1級受信機

　自動火災報知設備用の受信機で、5回線より多くの警戒区域の設定が可能です。**地区表示灯の窓数が鑑別の決め手です。**

② P型2級受信機

　自動火災報知設備用の受信機で、**5回線以下**です。窓数が5以下で、火災灯がないなどをチェックします。5回線以下でもP型1級受信機かもしれません。

③ R型受信機

　感知器から固有の信号を受信できる受信機です。**Record（記録）**の名のとおり、表示窓と記録紙がポイントです。

（2）発信機

① P型1級発信機

　P型1級受信機やR型受信機と組み合わせ、火災を発信します。写真では、**電話**の文字が読めます。

② P型2級発信機

　P型2級受信機と組み合わせ、火災を発信します。

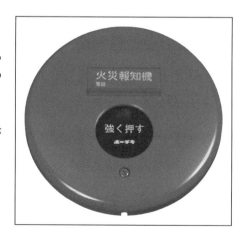

問題 1

難易度… ● ● ○ ○ ○

次の写真の名称と用途を答えなさい。

(1)

(2)

(3)

(4)

(5)

(6)

解答&解説

(1) 名称：**P型1級受信機**
　　用途：自動火災報知設備用の受信機で、**5回線より多くの**警戒区域の設定ができ
　　　　る。

(2) 名称：**P型2級受信機（多回線用）**
　　用途：自動火災報知設備用の受信機で、**5回線まで**警戒区域の設定ができる。

(3) 名称：**P型2級受信機（1回線用）**
　　用途：警戒区域が**1回線のみ**の自動火災報知設備用受信機。

(4) 名称：**R型受信機**
　　用途：感知器から**固有の信号**を受信できる自動火災報知設備用の受信機。

(5) 名称：**G型受信機**
　　用途：**ガス漏れ信号**を受信する、ガス漏れ火災警報設備用の受信機。

(6) 名称：**副受信機（表示機）**
　　用途：受信機の子機として用いられるもので、地区表示灯、音響装置を内蔵。

合格ポイント
+α
　　窓数が5を超えていたら2級ではありません。**R型はP型とは異なり回線の窓**
がなく、**表示窓と記録紙**が見えます。

次の写真の名称と用途を答えなさい。

（1）

（2）

（3）

（4）

（5）

（6）
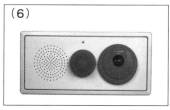

解答＆解説

(1) 名称：**火災通報装置**
　　用途：専用回線で消防機関に火災を通報する。
(2) 名称：**P型1級発信機**
　　用途：P型1級受信機と組み合わせ、火災を発信する。
(3) 名称：**P型2級発信機**
　　用途：P型2級受信機と組み合わせ、火災を発信する。
(4) 名称：**表示灯**
　　用途：発信機のある場所を示すランプ。
(5) 名称：**地区音響装置**
　　用途：火災発生を音響により防火対象物の各地区にいる人に知らせる。
(6) 名称：**機器収容箱**
　　用途：発信機、表示灯、地区音響装置を収容した箱。

合格ポイント +α

　発信機の表面に「電話」「応答ランプ」の表示か、ジャック、ランプの現物が確認できたら、P型1級発信機です。機器収容箱のパンチングの部分に地区音響装置が内蔵されています。

問題 3

難易度…★★★ ○ ○

次の写真の名称と用途を答えなさい。

(1)

(2)

(3)

(4)

(5)
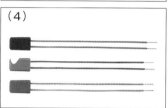

(6)

解答&解説

(1) 名称：**携帯用送受話器**
　　用途：電話ジャックに差し込み、発信機と受信機間で通話する。

(2) 名称：**中継器**
　　用途：感知器と受信機間の**信号を中継**する。

(3) 名称：**密閉型蓄電池**
　　用途：受信機の**予備電源**として使用する。

(4) 名称：**終端器（終端抵抗）**
　　用途：**回路導通試験用**として、感知器回路の末端に接続する。

(5) 名称：**表示灯用発光ダイオード**
　　用途：表示灯の**発光源**として用いる。

(6) 名称：**ガス漏れ警報器**
　　用途：**ガス漏れ**を検知する。

合格ポイント

　　携帯用送受話器の先端は差込みジャックになっており、P型1級発信機の受け口に差し込んで、受信機と通話します。

第7章 鑑別

7-5 測定器等

回路計の前面パネルには、各種単位、目盛りが表記されていますが、メーターリレー試験器は〔mV-Ω〕です。形だけでなく、単位にも着目しましょう。

|解|説| 合格ポイント！

❶ 表示する単位は、接地抵抗計〔Ω〕、絶縁抵抗計〔MΩ〕です。
❷ 加熱試験器は火口（白金カイロ）、煙試験器はガス、線香などです。
❸ マノメーター、テストポンプは空気管式の試験に使用します。

（1）メーターリレー試験器

差動式分布型感知器（熱電対式）の作動試験、回路合成抵抗試験を行います。
パネルは〔mV-Ω〕

（2）炎感知器試験器

炎感知器の作動試験を行います。

（3）マノメーターとテストポンプ

差動式分布型感知器（空気管式）の作動試験、流通試験、接点水高試験を行います。

メーターリレー試験器の目盛り

炎感知器試験器

マノメーターとテストポンプ

問題 1

難易度… ● ● ○ ○ ○

次の写真の名称と用途を答えなさい。

(1)

(2)

(3)

(4)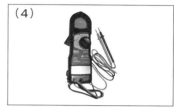

(5)

(6)

解答&解説

(1) 名称：**回路計（テスター）**
   用途：**電圧、電流、抵抗を測定する。**

(2) 名称：**絶縁抵抗計（メガー）**
   用途：**電路の絶縁抵抗を測定する。**

(3) 名称：**接地抵抗計（アーステスター）**
   用途：**接地抵抗を測定する。**

(4) 名称：**クランプ電流計**
   用途：**回路を遮断することなく電流を測定する。**

(5) 名称：**メーターリレー試験器**
   用途：**差動式分布型感知器（熱電対式）の作動試験、回路合成抵抗試験を行う。**

(6) 名称：**騒音計**
   用途：**音響装置の音圧を測定する。**

合格ポイント

　　　計器類は目盛りの単位に注目してください。Ωは**接地抵抗計**、MΩは**絶縁抵抗計**、mV－Ωは**メーターリレー試験器**、多数の目盛りは回路計、クワガタ虫によ うに挟むのが**クランプ電流計**です。

次の写真の名称と用途を答えなさい。

(1)

(2)

(3)

(4)

(5)
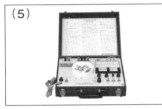

(6)

解答&解説

(1) 名称：**検電器**
　　用途：**電圧の有無を調べる。**

(2) 名称：**加熱試験器**
　　用途：**スポット型の熱感知器の作動試験を行う。**

(3) 名称：**加熱試験器の火口（白金カイロ）**
　　用途：**加熱試験器の中に入れる熱源。**

(4) 名称：**加煙試験器**
　　用途：**スポット型の煙感知器の作動試験を行う。**

(5) 名称：**煙感知器感度試験器**
　　用途：**スポット型の煙感知器の感度試験を行う。**

(6) 名称：**減光フィルター**
　　用途：**光電式分離型感知器の作動試験を行う。**

合格ポイント
+α

　　煙感知器感度試験器は、スポット型感知器を取り外し、1個ずつセットして所定濃度で感知するかを調べます。**減光フィルター**は、光の通過量の異なる数枚のフィルターを分布型感知器の光軸において作動試験します。

第8章

機器の試験

感知器などが正常に作動しているか（試験）について学ぼう。

8 - 1

感知器の配線

感知器回路の配線は送り配線とし、共通線と表示線が、終端抵抗（または発信機、回路試験器）まで行き着くように配線します。

|解|説| 合格ポイント*!*

❶ 感知器回路の配線は送り配線とします。
❷ Ｐ型１級受信機では感知器回路の末端に終端抵抗を付けます。
❸ 共通線と表示線が、終端抵抗（または発信機、回路試験器）まで行き着くようにします。

●感知器の配線

① 送り配線

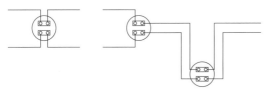

② 終端抵抗

Ｐ型１級受信機では、1つの警戒区域につき末端に終端抵抗を1つ取り付けます。
Ｐ型２級受信機では、終端を発信機か回路試験器（押しボタン）とします。

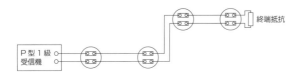

③ 終端抵抗の位置で配線数が異なる
・受信機（機器収容箱）からいちばん遠い（末端の）感知器に設置する　→　２線式
・機器収容箱内に設置する　→　４線式

問題 1

受信機から感知器への配線方法について次の各問に答えなさい。

（1）感知器回路の正しい配線方法の名称は何か。

（2）次のうち、（1）の名称といえるものはどれか。

　　ただし、終端抵抗は省略している。

①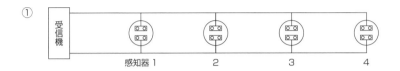

②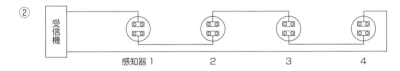

③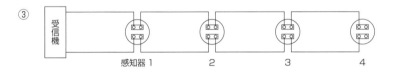

解答＆解説

　下の左図のような配線では、×で断線しているのに回路全体はつながっているので、**導通あり（問題なし）**となります。

　右図のように配線する必要があります。これが**送り配線**です。

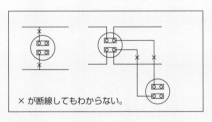

×が断線してもわからない。

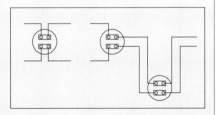

（答）（1）送り配線　　（2）③

合格ポイント

　感知器の**共通線**と**表示線**は、受信機から**機器収容箱**（地区音響装置、発信機、表示灯などが収容された箱）を出て、いちばん遠い末端の感知器で終わる場合、そこに**終端抵抗**を取り付けます。機器収容箱内に設置する場合は、戻り線があるため、２×２＝**4本**になります。

次の感知器回路の系統図において、終端抵抗を接続する位置に記号Ωを、例にならって書き加えなさい。

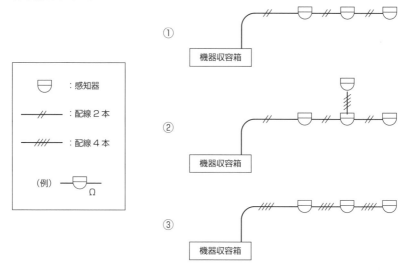

解答&解説

2本線なら**共通線**と**表示線**の行きの線だけです。最後の感知器に**終端抵抗**を付けます。

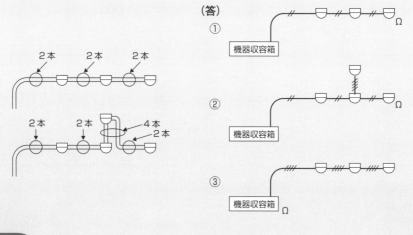

合格ポイント
+α 共通線と表示線を**ワンペア**（ワンセット）と考えるとよいでしょう。

問題 3

感知器回路の配線において、次の各問に答えなさい。

（1）次の図で不適当な感知器A〜Dの箇所を示し、その理由を書きなさい。

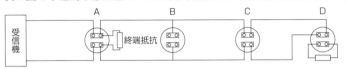

	不適当な箇所	理由
①		
②		
③		

（2）全体の正しい回路を書きなさい。

解答＆解説

（1）終端抵抗は末端に正しく接続します。

	不適当な箇所	理由
①	A	末端でないのに終端抵抗が接続されている
②	B	送り配線になっていない
③	D	送り配線となっていない。終端抵抗の位置が不適当

（2）送り配線をします。

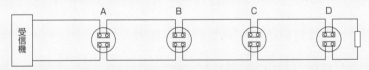

合格ポイント +α

　　不適当な理由であれば上記のとおりですが、改善策を問われたら解答の仕方が異なります。

　　感知器配線の改善策（対策）は次のとおりです。

	不適当な箇所	改善策
①	A	終端抵抗を取りはずす
②	B	送り配線とする
③	D	送り配線とし、終端抵抗を末端に接続する

次の文は感知器配線の共通線試験と送り配線試験についての試験手順を記述したものである。( )内に適当な用語、数字を入れなさい。

（1）共通線試験

　［手順］

　①受信機で（ ① ）を行い、すべての回路に断線がないことを確認する。

　②（ ② ）を外す。

　③受信機の（ ③ ）を行う。

　④断線となった回路が（ ④ ）以下なら合格である。

（2）送り配線試験

　［手順］

　①感知器の（ ① ）線を外して、断線していることを確認する。

　②自動断線監視機能のある受信機なら、外した時点で（ ② ）表示する。それ以
　　外の受信機では、（ ③ ）スイッチを入れ、回線選択スイッチを（ ④ ）に
　　合わせて確認する。

解答＆解説

　穴埋め問題です。正確なことばと内容を理解していないと、全問正解は難しいのでレベル5としました。もし、用語群が用意され、そこから適当なものを選択する問題ならレベルは3まで下がります。

（1）共通線試験

　共通線1本あたり**7回線（7警戒区域）以下**であることを確認する試験です。

　共通線は7回線（7警戒区域）まで1本の線を共通で使用できます。8回線なら共通線をもう1本追加します。**7回線ごとに1本**と覚えます（次ページの図参照）。

　共通線試験は次のような手順で行います。

　①受信機で**回路導通試験**を行い、すべての回路に**断線がない**ことを確認する。

　②**共通線**を外す。

　③受信機の**回路導通試験**を行う。

　④断線となった回路が**7回線以下**なら合格である。

(2) 送り配線試験

送り配線試験とは、感知器回路が送り配線になっているかを確認する試験です。

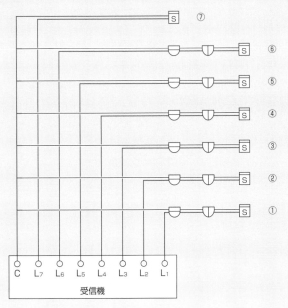

C: 共通線　L₁～L₇: 表示線
終端抵抗は省略

(答)　(1) 共通線試験
① 回路導通試験
② 共通線
③ 回路導通試験
④ 7回線

(2)　送り配線試験
① 1
② 断線
③ 導通試験
④ 回線番号

送り配線試験は時間がかかるので、全数検査ではなく、警戒区域の数により試験する回線数が決まっています。

警戒区域数	試験の回線数
10以下	1
11以上50以下	2
51以上	3

切り離す

感知器本体の機能試験の名称、目的、方法、使用機器等、および差動式分布型感知器
（空気管式）の試験4項目を理解しましょう。

|解|説| 合格ポイント!

❶ 光電式分離型感知器は、減光フィルターにて作動試験を行います。
❷ 空気管の試験では、作動試験の直後に、作動継続試験を行います。
❸ 空気管の流通曲線の上限と下限の範囲にあれば適正です。

（1）スポット型感知器の作動試験

感知器	試験器
差動式スポット型、補償式スポット型、定温式スポット型	加熱試験器
イオン化式スポット型感知器、光電式スポット型感知器	加煙試験器

（2）差動式分布型感知器（空気管式）の試験
① 火災作動試験
② 作動継続試験
③ 流通試験
④ 接点水高試験

（3）その他の感知器の試験
① 定温式感知線型
　 作動試験、回路合成抵抗試験
② 光電式分離型感知器の作動試験
　 減光フィルターを用いて行う。
③ 炎感知器の作動試験

問題 1

難易度… ✦ ✦ ○ ○ ○

次のA、Bは感知器の試験を行うための機器である。機器名称を答えなさい。
また、それを用いて試験できる感知器名を解答群から選びなさい。

A

B

解答群

差動式スポット型感知器	差動式分布型感知器（空気管式）
差動式分布型感知器（熱電対式）	光電式スポット型感知器
イオン化式スポット型感知器	定温式スポット型感知器
光電式分離型感知器	補償式スポット型感知器

試験機器	試験機器の名称	試験できる感知器
A		
B		

解答&解説

　写真Aは**加煙試験器**です。これは、イオン化式スポット型感知器と光電式スポット型感知器に使用します。

　写真Bは、網目状のフィルターと、付属品および収納カバンです。網目の大きさが何種類もあり、煙の量を調整するものとわかります。

（答）

試験機器	試験機器の名称	試験できる感知器
A	加煙試験器	イオン化式スポット型感知器 光電式スポット型感知器
B	減光フィルター	光電式分離型感知器

合格ポイント

Bの**減光フィルター**は、**穴サイズ**の異なる**フィルター**で光の量を調節します。

次は、差動式分布型感知器（空気管式）の試験の説明である。各試験名称を答えなさい。

（1）火災時の動作空気量と同じ量の空気をテストポンプで注入し、動作時間を測る。
（2）ダイヤフラムの接点が閉じてから再び開くまでの時間を測定する。
（3）ダイヤフラムの接点間隔が適正か調べる。
（4）空気を注入し、空気管の漏れや詰まりを調べる。

解答＆解説

　差動式分布型感知器（空気管式）の試験には次の4つがあります。

（1）**火災作動試験**

　空気管で火災を警戒している状態、いわゆる通常の状態は下図のように**コックスタンド**と連結されています。斜線部に空気が充満しており、火災で空気が膨張すると、**リーク孔**から一部の空気が漏れながら**ダイヤフラム**を押し上げ、接点を閉じます。

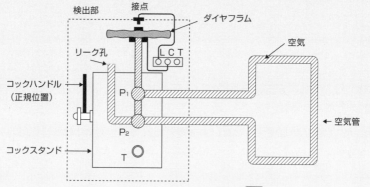

① 試験口（T）にテストポンプを接続する。
② コックハンドルの位置を変える（内部の空気流路が右図のようになる）。
③ 空気を注入する。
④ 接点が閉じるまでの時間を測定する。

　注入する空気量と時間は検出部に表示され、適正か確認できる。

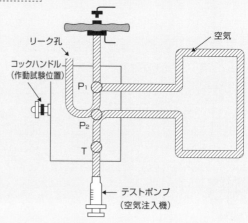

(2) 作動継続試験

① 火災作動試験で時間を確認した後、すぐに**コックハンドル**を通常の位置に戻す。

② そのまま放置する（リーク孔から空気が漏れ、接点が開く）。

③ **接点が閉じたときから開くまでの時間**を測定する。

④ 検出部に表示された**時間内**か確認する。

(3) 接点水高試験

① 空気管を外す（空気管は使用しない）。

② P_1に**マノメーターとテストポンプが接続された三叉管**をつなぐ。

③ **コックハンドルを接点水高試験位置**に合わせる。

④ **ダイヤフラムにテストポンプで空気を注入**する。

⑤ **接点が閉じるときのマノメーターの接点水高値**を測定する。

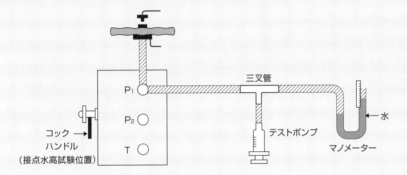

● **高いとき** → **感度が鈍い**（遅報のおそれあり）

● **低いとき** → **感度が鋭敏**（非火災報のおそれあり）

(4) 流通試験

　テストポンプで空気を送り、空気管の詰まりや漏れなどを調べる試験です。詳細な解説は次ページの「解答&解説」を参考にしてください。

（答）

（1）火災作動試験　　　（2）作動継続試験

（3）接点水高試験　　　（4）流通試験

 合格ポイント

　空気管の試験では、①火災作動試験、②作動継続試験、③接点水高試験、④流通試験の4種類の**試験名称**と試験の目的、方法を押さえましょう。

空気管A、B、Cの流通試験を行ったところ、表のような結果が出た。流通曲線を参照し、適正な結果には判定欄に○を、不適正な結果には×を記入しなさい。

また、×の場合は、空気管の不具合として考えられる原因を簡潔に述べなさい。

なお、空気管A〜Cはいずれも肉厚、内径は同じとする。

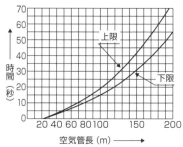

空気管	長さ（m）	試験結果（秒）	判定	原因
A	60	15		
B	80	12		
C	100	10		

解答＆解説

　流通試験はコックハンドルを操作し、空気管だけの道をつくります。空気管の一端をはずし、マノメーターを接続します。試験口（T）にテストポンプを接続し空気を送り、空気管の詰まり、漏れなどを調べます。

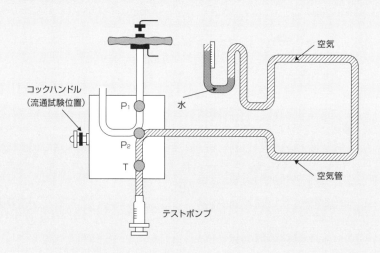

［試験手順］
① 空気管の一端を外し、マノメーター（圧力で水位が変動するU字型ガラス管）を接続する。
② コックスタンドの試験孔にテストポンプを接続する。
③ テストポンプで空気を注入し、マノメーターの水位を100mm上昇させる。
●**水位が上昇しない　→　空気管の詰まり、切断**
●**上昇したが徐々に下降　→　空気管の漏れ**
④ 水位停止後、コックハンドルを操作し、送気口を開いて空気を抜く。
⑤ マノメーターの水位が2分の1まで下がる時間を測定する。
⑥ 空気管流通曲線で、適正か確認する。

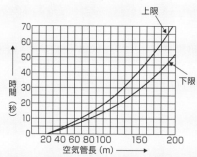

まとめると、
●差動式感知器は、熱により空気が膨張する割合と、**リーク孔**から逃げる割合との関係で**ダイヤフラム**が動きます。逃げるより膨張するほうが早ければ、接点が閉じます。
●差動式分布型感知器の空気管では、流通試験により時間を測定します。その時間を**空気管流通曲線**と照合し、空気の漏れや詰まりを判断します。
●空気管の状態と時間の関係は、次のようになります。
① 空気管に少しの「つぶれ」もしくは「詰まり」があるとき　→　マノメーターの水位を上げるときと下げるときのいずれも時間が長くなる。
② 空気管が完全に詰まり、つぶれがあるとき　→　空気の注入ができず、水位が上がらない。
③ 空気管に少しの漏れがあるとき　→　マノメーターの水位が停止せずに降下する時間は短くなる。
④ 空気管に大きな漏れがあるとき　→　空気が注入されても水位が上がらない。

（答）

空気管	長さ（m）	試験結果（秒）	判定	原因
A	60	15	×	空気管に詰まりかつぶれがある
B	80	12	○	―
C	100	10	×	空気管に漏れがある

合格ポイント
流通曲線の上限を超えたら「**詰まり**」、下限を下回ったら「**漏れ**」があると判断します。範囲内にあれば適正です。

第**8**章

機器の試験

8-3 受信機等の試験

自動火災報知設備受信機Ｐ型１級と２級の機能面での違いがわかるようにしましょう。また、１級受信機の試験４項目の内容と手順も理解しましょう。

|解|説| 合格ポイント!

❶ 地区音響装置の配線は耐熱電線です。鳴動方式には一斉と区分があります。
❷ 常用電源では５回線、非常電源では２回線からの同時受信でも正常に作動します。
❸ Ｐ型１級は２級に比べ、火災灯、導通試験装置、発信機との間の電話機能があります。

（1）受信機の火災表示試験
① 火災表示試験スイッチを入れる。
② 回線選択スイッチのダイヤルを1にする。
③ 火災灯、地区表示灯が点灯していること。
　音響装置が正しく鳴動していること。
④ 火災復旧スイッチを入れる。
　回線選択スイッチのダイヤルを2にする。以下同様。

① 火災表示試験スイッチ

② 回線選択スイッチ

③ 火災灯 | 1 | 2 | 3 | 4 | 5 | 6 | 7 | 8 | 9 | 10 |

④ 火災復旧スイッチ

（2）受信機の同時作動試験
① 火災表示試験スイッチを入れる。
② 回線選択スイッチを順次回転させ、５回線分を表示させる（非常電源は、２回線分）。
③ 火災灯、地区表示灯の点灯、および音響装置の鳴動を確認する。

（3）受信機の回路導通試験
① 導通試験スイッチを入れる。
② 回線選択スイッチのダイヤルを1にする。
③ 電圧計の指示値が適正か確認する。以下、順次全回路行う。

（4）受信機の予備電源試験
　予備電源試験スイッチ（はね返りスイッチ）を押し、適正電圧を確認する。

問題 1

難易度… ☀ ☀ ☀ ○ ○

受信機と地区音響装置について、各問に答えなさい。

（1）下図①と②の系統図における地区音響装置の鳴動方式は何か。

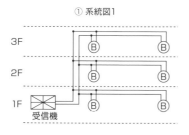

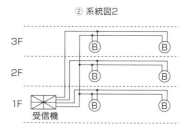

（2）系統図2の鳴動方式の特徴を書きなさい。

（3）地区音響装置に関し、次の（　）にあてはまる言葉または数字を答えなさい。
「各階の地区音響装置は、（　）距離（　）m以内に設置し、受信機からの配線は（　）電線を使用する」

解答 & 解説

（1）①は、各階の地区音響装置の2本の電線が並列接続されているので共通です。したがって、感知器が感知するか、発信機が押されれば受信機に信号が送られ、一斉に鳴ります。これを、**一斉鳴動方式または全館鳴動方式**といいます。
②は1本の電線は共通ですが、もう1本は各階ごとに異なります。階ごとの鳴動が可能な配線方式で、これを**区分鳴動方式**といいます。

（2）区分鳴動方式は、避難緊急性の高い人がいる階を最初に鳴動させ、一定時間後、他の階も鳴動させます。これは、防火対象物内の**パニックを避ける**ためです。

（3）地区音響装置は、防火対象物の各地点から**水平距離25m以内**とします。配線は耐熱配線（HIV電線など）を使用します。火熱に耐え、長い時間鳴り続ける必要があるからです。

（答）　（1）①一斉鳴動方式（全館鳴動方式）　　②区分鳴動方式
　　　　（2）出火階の状況に応じて、階ごとに地区音響装置を鳴動させることができる。
　　　　（3）水平、25、耐熱

合格ポイント

区分鳴動方式とするのは、**地階を除く階数が5以上、かつ、延べ面積が3000㎡を超える**防火対象物です。

P型1級受信機（多回線）について、各問に答えなさい。

（1）受信機の機能試験を4つあげ、試験内容を簡単に説明しなさい。
（2）次の受信機の表示灯の名称は何か。
① 火災信号を受信したときに点灯する。
② 火災が発生した警戒区域が点灯する。
③ 発信機が押されたときに点灯する。
④ 受信機のスイッチが本来の位置にないときに点灯する。

解答＆解説

(1) 代表的な機能試験の名称と内容を覚えましょう。
(2) スイッチ注意灯とは、スイッチが定位置（通常、火災監視状態にあるときの位置）にないとき、監視者に注意を促すランプです。
　なお、はね返りスイッチは自動的に定位置に戻るので、スイッチ注意灯の対象ではありません。※P型1級受信機の姿図はP129参照

（答）
(1)

試験名	内容
火災表示試験	火災信号を受信したとき、受信機の火災灯、地区表示灯が点灯し、主音響装置と地区音響装置が鳴動するかを確認する試験
同時作動試験	複数の警戒区域から同時に火災信号を受信したとき、火災表示が正常であることを確認する試験。常用電源では5回線、非常電源では2回線からの信号を同時受信しても正常に作動すればよい
回路導通試験	受信器の機能試験の1つで、感知器回路が断線していないか（導通があるか）どうかを回路ごとに行う試験
予備電源試験	常用電源から予備電源への切り替え、およびその逆が正常に行われ、予備電源の電圧が適正かどうかを判断する試験

(2) ① 火災灯　　　② 地区表示灯
　　③ 発信機灯　　④ スイッチ注意灯

合格ポイント ＋α

　　　スイッチには次の種類があります。
① 倒れきりスイッチ
　　倒れたままの一般のスイッチ。自動で元に戻らず、手動で操作します。
② はね返りスイッチ
　　指で押している間だけ動作し、離すと元に戻るスイッチ（例：火災復旧スイッチ、予備電源試験スイッチ）

問題 3

難易度… ●●●●○

G型受信機について、次の各問に答えなさい。

(1) ガス漏れ信号を受信したとき、G型
受信機はどのような作動をするか、
3つあげなさい。
(2) 同時受信できるガス漏れ表示の回線
数はいくつか。
(3) ガス漏れ灯の色は何色か。
(4) 受信開始からガス漏れ表示までの所
要時間は何秒以内か。

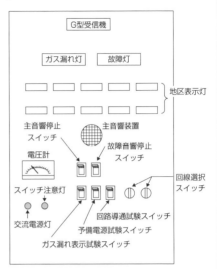

解答&解説

ガス漏れ信号を受信すると、**ガス漏れ灯（黄色）**と**地区表示灯**が点灯し、**主音響装置**が鳴動します。なお、故障灯は中継器電源回路等の故障時に点灯します。

(答)
(1) ① ガス漏れ灯が点灯する。
② 地区表示灯が点灯する。
③ 主音響装置が鳴動する。
(2) 2回線
(3) 黄色
(4) 60秒以内

合格ポイント
+α

自動火災報知設備とガス漏れ火災警報設備の比較表です。

項目	自動火災報知設備	ガス漏れ火災警報設備
表示色	火災灯は**赤色**	ガス漏れ灯は**黄色**
同時受信	**5回線**（非常電源時は**2回線**）	**2回線**

　ガス漏れ火災警報設備については、**予備電源**の設置義務はないが、設置する場合は常用電源と同様に、**2回線**からの**同時受信**で機能すること。

問題 4

難易度… ●●● ○ ○

次の各問に答えなさい。

（1）写真AとBの名称を答えなさい。

A

B

（2）次の比較表で、機能として必要なものに○、不要なものに×を書きなさい。

	火災灯	地区表示灯	予備電源	導通試験装置	電話および発信機への確認応答装置
A					
B					

解答＆解説

P型1級受信機

① 火災灯は地区表示灯の上部でなく、パネルの中央部に位置する場合もあります。

② 火災表示試験スイッチは火災試験スイッチと呼ばれることもあります。

● P型1級受信機の前面パネル図

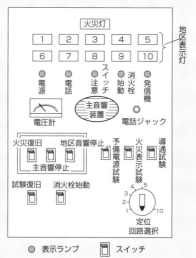

●P型2級受信機の前面パネル図

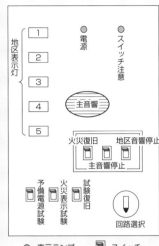

◎ 表示ランプ　　▯ スイッチ

地区表示灯の窓数が20あることから、Aは1級受信機です。**2級は窓数が5以下**です。

(答)

(1) A：P型1級受信機　　　　B：P型2級受信機

(2) P型1級受信機とP型2級受信機の比較表

	火災灯	地区表示灯	予備電源	導通試験装置	電話および発信機への確認応答装置
A	○	○	○	○	○
B	×	○	○	×	×

P型3級受信機の前面パネルは右図のとおりです。

問題 5

難易度… ●●● ○ ○

自動火災報知設備のP型1級受信機（多回線）の試験について、次の各問に答えなさい。

（1） 火災表示試験の手順において、（　）内に入ることばまたは数字を解答群から選びなさい。

① （　ア　）スイッチを入れる。　　② （　イ　）スイッチのダイヤルを1にする。

③ （　ウ　）の点灯を確認する。　　④ （　エ　）の点灯を確認する。

⑤ 音響装置が正しく鳴動することを確認する。

⑥ （　オ　）スイッチを入れ、回路選択スイッチをダイヤル2にする。

●解答群

導通試験	回路選択	火災表示試験	予備電源試験	火災復旧
試験復旧	発信機灯	電源灯	地区表示灯	火災灯

（2） はね返りスイッチを2つあげなさい。

（3） 同時作動試験において、①、②について答えなさい。

① 常用電源使用時、何回線を同時に表示できなければならないか。

② 非常電源使用時、何回線を同時に表示できなければならないか。

解答＆解説

(1) **火災表示試験の手順**は、以下のとおりです。

火災表示試験スイッチ → **回路選択スイッチ** → （火災灯、地区表示灯が点灯、音響装置が鳴動） → **火災復旧スイッチ** → 回路選択スイッチ

(2) **はね返りスイッチ**は、手を離すと元の位置に戻るスイッチです。(1) の解答群にあるスイッチ名称を参考にすれば、答えは比較的簡単に出ます。

(3) **同時作動試験**は、複数回線から同時に火災信号を受信したときに表示、鳴動できるかを試すものです。電源種類によりその回線数が定められています。

（答）　(1) ア：火災表示試験　　イ：回路選択　　ウ：火災灯
　　　　　　　エ：地区表示灯　　オ：火災復旧　　※ウとエは逆でも可

　　　　(2) 火災復旧スイッチ、予備電源試験スイッチ

　　　　(3) ①5回線　　②2回線

合格ポイント
+α

　　消火栓始動スイッチは、消火栓連動スイッチともいいます。このスイッチを切っておけば、発信機を押したときに消火栓ポンプは始動しません。

　　火災復旧スイッチは、受信機の火災表示試験で用います。**試験復旧スイッチ**は、感知器の作動試験時に、地区音響装置が鳴動し続けるのを切ることができます。

第 9 章

製図

製図とは、建物の
平面図と系統図を
設計することだよ。

自動火災報知設備の
平面図作成 その1

警戒区域は火災発生場所を他と区別するための区域です。階ごとの面積から必要数を求めます。また、階段やエレベータなどのたて穴は面積ではありません。

|解|説| 合格ポイント！

❶ 警戒区域は各階600㎡以下だが、上下階合計500㎡以下なら同一可です。

❷ 地階が1なら地上階と同じでよいが、2以上の場合、別の警戒区域とします。

❸ たて穴は、水平距離50m以内は同一警戒区域とできます（一部例外除く）。

（1）警戒区域の設定

原則	例外
(1) 階ごとで、面積は、600㎡以下	① 上下階の床面積の合計が500㎡以下なら、2つの階にまたがり同一警戒区域としてよい。
	② 主要な出入口から建物内部を見通すことができれば、1つの警戒区域の面積は1000㎡まで増やせる。
(2) 一辺の長さは、50m以下	③ 光電式分離型感知器を設置すれば、一辺の長さは100mまでよい。
(3) 2つ以上の階にわたらない	④ 階段、エレベータ昇降路、パイプダクト等に煙感知器を設ける場合は、2つ以上の階にまたがってよい（たて穴区画）。①も例外。

（2）たて穴の警戒区域

① 階段、エレベータ、傾斜路、DS、PSなどのたて穴は、部屋と別の警戒区域とする。

② 階段、傾斜路、エスカレータの警戒区域は、高さ45m以内ごとに別にする。

③ 地階が2以上の場合、別の警戒区域とする（地階が1なら地上階に含め、同じ警戒区域としてよい）。

防火対象物において、①、②は平面図で、③、④は立面図である。少なくとも警戒区域の数はそれぞれいくつか。ただし、使用する感知器は、光電式分離型感知器以外とする。

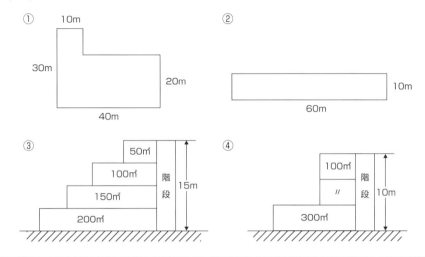

解答＆解説

①は、**一辺が50mを超えていないので**原則通り**600㎡以下で1つの警戒区域**となります。面積は900㎡なので、**2つの警戒区域**となります。

②は、600㎡ですが、**一辺が50mを超えているので、2つに分けます。**

③は、1階と2階の合計が350㎡なので、1つの警戒区域にできます。また、3階と4階も合計150㎡なので、1つにできます。階段で1つの警戒区域なので、全体として3警戒区域です。

④は、延べ床面積が500㎡ですが、2つの階しか一緒にできないので、全体で3警戒区域です。

（答） ①、②は2警戒区域。③、④は3警戒区域

合格ポイント
＋α

原則	例外
階ごとで、面積は、**600㎡以下**	上下階の床面積の合計が**500㎡以下**なら、**2つの階にまたがり**同一警戒区域としてよい。
	主要な出入口から建物内部を**見通す**ことができれば、1つの警戒区域の面積は**1000㎡**まで増やせる。
一辺の長さは、50m以下	光電式分離型感知器を設置すれば、一辺の長さは**100m**まで。

次の防火対象物の警戒区域の数はいくつか。

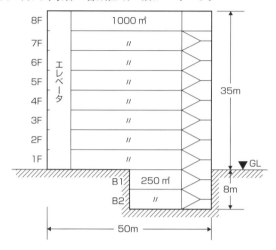

解答 & 解説

　1階～8階まで1000㎡なので、それぞれ2警戒区域であり、 **2×8＝16**。地下1階と2階は合計500㎡なので1つの警戒区域とできます。

　たて穴は、水平距離50m以下なので同一とできますが、地下は2階なので別にします。**地上は45m以下なので1つ**です。

　つまり、B1、B2で1つの警戒区域、地上の立て穴で1つ。

　合計すると、**16＋1＋1＋1＝19**が警戒区域です。

（答）　19警戒区域

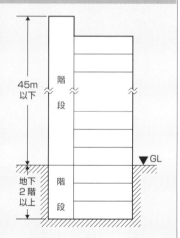

　　たて穴区画の警戒区域は、次のように設定します。
① 他のたて穴と**水平距離50m以内**なら同一の警戒区域とできる。
② 階段とエスカレータは、高さ**45m以内**ごとにする。
③ **地階が2以上の場合、別の警戒区域**とする（地階が1なら地上階と同じでよい）。

耐火構造3階建ての3階部分である。

屋内体操場は出入り口から内部が見通せ、光電式分離型感知器（2種、公称監視距離70m）を設置する。以下の問に答えなさい。

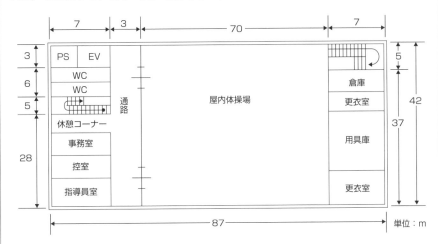

(1) 警戒区域は少なくともいくつ必要か。

(2) 警戒区域境界線を一点鎖線で表しなさい。

解答＆解説

　面積は以下のとおりです

・屋内体操場　70 × 42 ＝ 2940㎡

・たて穴　21 ＋ 35 ＋ 35 ＝ 91㎡

・左側部分　420 － (21 ＋ 35) ＝ 364㎡

・右側部分　294 － 35 ＝ 259㎡

　屋内体操場は内部が見通せるので1000㎡まで1警戒区域とできます。

　　2940 ÷ 1000 ＝ 2.94　→　3警戒区域

　たて穴は水平距離50m以内は同一の警戒区域とできます（階層の差が3以上あるなど特殊なケースを除く）。

　警戒区域は①～⑦となります。

(**答**)　(1) 7警戒区　　(2) 上図（一例）

 合格ポイント ＋α

　　　1警戒区域は原則600㎡以下ですが、主要な出入口から建物内部を**見通す**ことができれば、1つの警戒区域の面積は**1000㎡**まで増やせます。

　　　体育館など、高天井で大空間は**光電式分離型感知器**が適しています。

自動火災報知設備の平面図作成 その2

製図では自動火災報知設備の図記号、配線の表記と、機器収容箱から感知器、発信機、地区音響装置、表示灯への配線本数等が重要です。

|解|説| 合格ポイント！

❶ 感知器回路の末端に、終端抵抗、発信機、押しボタンなどを設置します。

❷ はりの出が40cm以上と60cm以上が別の感知区域となります。

❸ 光電式分離型感知器は、公称監視距離や光軸の距離等により個数を決めます。

（1）配線の表記法

IV：600Vビニル絶縁電線　　HIV：600V2種ビニル絶縁電線

＊1P＝2本　5Pは10本

①直径1.2mmのIV線。5本が直径19mmの電線管に入っている。	②×5は5本ということ。意味は①と同じです。	③IV線1.2mm5本とHIV線1.2mm4本が、直径25mmの電線管に入っている。	④耐熱ケーブルのころがし配線

太さ　電線管

IV 1.2（19）

本数

IV 1.2×5（19）

IV 1.2×5（25）
HIV 1.2×4

耐熱ケーブル
心線の太さ
対数

HP0.9 − 5P

（2）受信機〜機器収容箱の配線

　P型1級受信機において、共通線は次の3つの役割をもちます。

① 共通線 ― 表示線

感知器回路の配線です。2級受信機においても同じです。

② 共通線 ― 応答線

受信機が発信機からの信号を受信すると応答ランプを点灯させます。

③ 共通線 ― 電話線

発信機と受信機の間で通話できます。

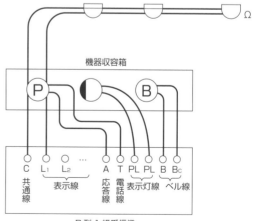

機器収容箱

C　L₁　L₂　…　A　T　PL　PL　B　Bc

共通線　　表示線　　　　応答線　電話線　表示灯線　ベル線

P型1級受信機

（3）感知器への配線

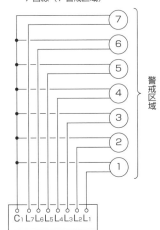
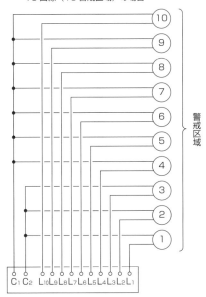

共通線（C線）は**7回線ごとに1本追加**します。ここでは、IV線が短くてすむように、上階の④〜⑩で1本、①〜③で1本としています。

共通線の本数＝回線数÷7を計算し、切り上げた整数にします。

（例）P型1級36回線では共通線は何本必要か。

$36 \div 7 \fallingdotseq 5.1 \quad \rightarrow \quad 6本 \quad （切り上げる）$

（4）表示灯・地区音響装置の配線

① **表示灯**は並列接続で**2本**です。通常はIV線（消火栓兼用の場合、HIV線）。

② **地区音響装置**は一斉鳴動と区分鳴動で本数が異なります。なお、共通線は警戒区域の数によらず1本です。

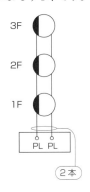
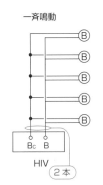
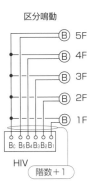

（5）図記号（JIS）

名称	図記号	摘要
差動式スポット型感知器	▽	必要に応じ種別を傍記
補償式スポット型感知器	▽	必要に応じ種別を傍記
定温式スポット型感知器	▽	①必要に応じ種別を傍記 ②防水型は ▽ ③耐酸型は ▽ ④耐アルカリ型は ▽ ⑤防爆型は ▽EX
煙感知器	S	①必要に応じ種別を傍記 ②光電式分離型感知器 　送光部 S→ 　受光部 →S
炎感知器	⨀	必要に応じ種別を傍記
定温式感知線型感知器	—⨀—	必要に応じ種別を傍記
差動式分布型感知器（空気管式）	———	① 小屋裏および天井裏へ張る場合は - - - - とする ② 貫通箇所は、–o–o– とする
差動式分布型感知器（熱電対式）	—▬—	
差動式分布型感知器の検出部	⧖	必要に応じ種別を傍記
Ｐ型発信機	Ⓟ	
警報ベル	Ⓑ	
表示灯	◗	
回路試験器	◉	
終端抵抗	Ω	（例）▽Ω　ⓅΩ　⧖Ω
機器収容箱	▭	
受信機	✕	
副受信機	▤	
中継器	▭	
警戒区域	—・—	配線の図記号より太くする
警戒区域番号	◯	① ◯ の中に警戒区域番号を記入する ② 必要に応じ、◯とし、上部に警戒場所、 　下部に警戒区域番号を入れる　　例： 階段◯1　1階東◯2

問題 1

難易度… ● ● ○ ○ ○

次の各問に答えなさい。

（1）感知器回路の配線として正しいものはどれか。正しいものに○、間違っているものに×を付けなさい。①、②はP型1級受信機で、③、④はP型2級受信機である。なお、受信機から機器収容箱への配線は一部省略してある。

凡例

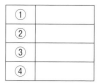	受信機
□	機器収容箱
Ⓟ	発信機
Ω	終端抵抗
◉	押ボタン

①	
②	
③	
④	

①
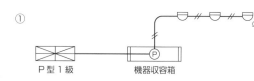
P型1級　　機器収容箱

②
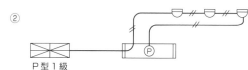
P型1級

③
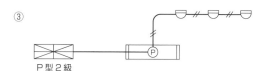
P型2級

④
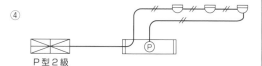
P型2級

（2）①〜④で、×を付けたものについて、正しく直しなさい。

解答&解説

（答）　P型1級は末端に終端抵抗を接続します。

（1）

①	○
②	×
③	×
④	○

（2）

②
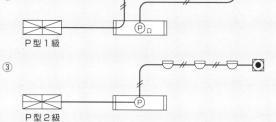
P型1級

③
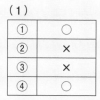
P型2級

合格ポイント
＋α　　P型1級受信機の末端の感知器、または発信機に**終端抵抗**を付けます。P型2級は末端を**発信機か押しボタン**（回路試験器）とします。

問題 2

難易度…● ● ● ○ ○

図はある主要構造部を耐火構造とした防火対象物の一部である。各問に答えなさい。

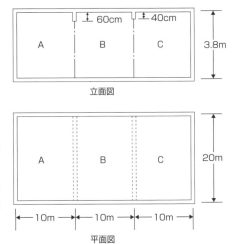

（1）差動式スポット型感知器（2種）を設置する場合の最低必要数はいくつか。

（2）光電式スポット型感知器（2種、非蓄積型）を設置する場合の最低必要数はいくつか。

（3）光電式分離型感知器（2種、公称監視距離35m）を設置する場合の最低必要数はいくつか。

解答＆解説

（1）、（2）　スポット型感知器の感知面積は表のとおりです。

取付け面の高さ	建物構造	差動式スポット型		光電式スポット型	
		1種	2種	1種	2種
4m未満	主要構造部が耐火構造	90	70	150	150
	その他	50	40		

天井からのはりが60cmと40cmなので、差動式スポット型感知器はA、B、Cどれも別の感知区域となります。光電式スポット型感知器はAが別で、B、Cは同じ感知区域となります。

差動式スポット（2種）の感知面積は70㎡／個。200㎡÷70≒2.9 → 3個　計9個

光電式スポット（2種）の感知面積は150㎡／個。200㎡÷150≒1.3 → 2個

400÷150≒2.7　→　3個　計5個

（3）光電式分離型感知器（公称監視距離35m）は、はりが3.8m×0.2＝76cmより浅いので、長手方向に設置できます。1台（送光部と受光部1セット）を中央部に設置すると、壁からの離れが7mを超えてしまうので不足です。もし2台なら、規定をクリアできます。

（答）　（1）9個　　（2）5個　　（3）2台

合格ポイント
+α
　熱感知器の感知面積は、**主要構造部が耐火構造かどうか**により異なります。
また、光電式分離型感知器の光軸は、天井面から**20％以内**であることが必要です。

次の防火対象物の階段と廊下において、煙感知器を設置する必要のある箇所に煙感知器の図記号を書き入れなさい。
煙感知器の種類は光電式スポット型感知器（2種）とする。

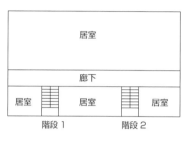

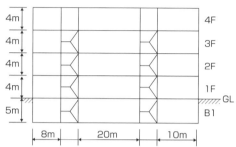

解答＆解説

　地下1階なので地上の階段部分と**同一の**警戒区域としてよく、1種と2種の感知器では、**垂直方向15m以内に1個**設置します。2階の天井までの垂直距離が13mなので、2階天井に設置します。

　次に、3階と4階で8mであり、最上階の4階天井に設置します（最上階には必ず設置）。

　廊下に煙感知器を設置する場合、1、2種では歩行距離30m以内に1個設置します。

　ただし次の場合、煙感知器の設置が省略できます。

① **10m以下の廊下、通路**

② **廊下、通路から階段に至る歩行距離が10m以下**

（答）

以上からすれば、次の3パターンは**煙感知器の設置が免除**されることになります。
もし、階段と階段の間隔が20mを超えて30m以下なら各階に1個設置します。

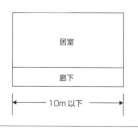

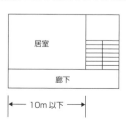

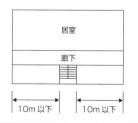

自動火災報知設備の
平面図作成　その3

警戒区域の設定、受信機、機器収容箱の設置場所、各室にどの感知器を何個設置するか、廊下は、配線は？　というようなことを順次考えて設計します。

|解|説|　合格ポイント！

❶ 空気管の相互間隔は耐火構造では9m以下、それ以外は6m以下とします。

❷ 建物構造が耐火か、天井高さが何mか、はりの出が何cmかなどを確認します。

❸ 差動式スポット型（2種）、光電式スポット型（2種）の感知面積は最重要です。

（1）設計手順

① **警戒区域を設定**

●警戒区域の面積

・感知器の設置が免除されている場所も含めて算出する。

　（例）便所、洗面所、浴室等

・階段、エレベータ昇降路、パイプシャフト等のたて穴の面積は除外する。

●警戒区域の境界

・警戒区域の境界は、関連する部屋（厨房と食堂など）は同一警戒区域とし、単純な線が引けるようにする。1つの室を分割するような分け方はしない。

●警戒区域番号の付け方

・下階から上階

・受信機に近いところから遠い場所へ

・階段、エレベータ等のたて穴は、各階の居室の警戒区域番号を付けた最後に付ける。

② **受信機種別と設置場所**

・回線数などによりP型1級、2級等を選別する。

・設置場所は、防災センターなど。

③ **発信機、地区音響装置、表示灯の設置場所**

・発信機

　防火対象物の各部分から、**歩行距離が50m以下**となる場所（階ごと）

・地区音響装置

　防火対象物の各部分から、**水平距離が25m以下**となる場所（階ごと）

・表示灯

　発信機の近く。

　一般に、発信機、地区音響装置、表示灯は**機器収容箱**に納めます。

④ 感知器の選別
・天井高を確認し、設置可能な感知器とする。
・地上階は基本的に、差動式スポット型感知器とする。ただし、煙感知器を設置しなければならない場所や、湯沸室などの特定の場所については定温式の感知器などとする。
・室により、定温式スポット型感知器、差動式分布型感知器、光電式分離型感知器、炎感知器などを設置する。
（例）湯沸室：定温式スポット防水型　　　ボイラー室油庫：定温式スポット防爆型
・廊下、たて穴は煙感知器とする。

⑤ 感知器の必要個数を計算する
・主要構造部が耐火構造かその他の構造かによって、感知器の感知面積は異なる。
・取付高さ（天井高さ）によって、感知面積は異なる。(P149参照)
・感知器の種類・種別により感知面積が異なる。
・天井面からのはりの出に注意する。
　はりが天井面から**0.4m**（**差動式分布型感知器**または**煙感知器**を設ける場合は、**0.6m**）以上あるときは、そのはりと壁で囲まれた部分ごとが、**1感知区域**です。
・階段、傾斜路
　廊下、通路は面積でなく歩行距離によります。**1種、2種の煙感知器**では歩行距離**30m（3種感知器では20m）**につき1個設置します。建物の端までは**15m（10m）**以下です。

⑥ 感知区域に均等に配置する
　煙感知器を天井が低い室（2.3m以下）、狭い室（40㎡以下）では、感知器を出入口付近に設置します。

⑦ 配線する
　終端抵抗の位置を決め、配線、本数を記入します。なお、終端抵抗の位置が問題文に指定されている場合は、それに従います。

⑧ 系統図を作成する
　平面図に描き込んだ自動火災報知図をもとに、系統図を作成します。

（2）感知器の設置不要場所

取付け面の高さが、20m以上の場所（炎感知器は20m以上可）
上屋など外部の気流が流通して、有効に感知できない場所（炎感知器は可）
天井と上階の床との距離が、0.5m未満の天井裏
主要構造部を耐火構造とした建築物の天井裏
便所、浴室、シャワー室

(3) 煙感知器を設置しなければならない場所

場所	設置する主な防火対象物	その他
階段、傾斜路	設置基準に該当するものすべて	
EV昇降路、リネンシュート、パイプダクト等	同上	
廊下、通路	① 特定防火対象物 ② 共同住宅等 ③ 公衆浴場 ④ 工場、映画スタジオ等 ⑤ 事務所等	熱煙複合式スポット型も可
地階、無窓階、11階以上	① 特定防火対象物 ② 事務所等	熱煙複合式スポット型、炎感知器も可
天井高15m以上20m未満	設置基準に該当するものすべて	炎感知器も可
カラオケボックス、漫画喫茶等	これを含む複合用途防火対象物も該当	熱煙複合式スポット型も可

EV：エレベータ

(4) 定温式スポット型感知器の種類

室の状況	具体的な室名	適合感知器	図記号
著しく高温	ボイラー室、乾燥室	一般型	▽
水蒸気が滞留	湯沸室、給湯室	防水型	▽
高湿度の煙が滞留	厨房、調理室		
結露が発生			
爆発の危険	オイルタンク	防爆型	▽EX
腐食性ガスの発生	蓄電池室	耐酸型	▽

問題 1

難易度… ● ● ● ○ ○

図の空間に差動式分布型感知器（空気管
式）を効率よく設置しなさい。
ただし、主要構造部は耐火構造であり、天
井面は傾斜していない。

解答＆解説

空気管の**相互間隔**は原則として、主要構造部を**耐火構造**とした防火対象物またはその部分にあっては**9m以下**、その他の構造では**6m以下**です（基本形：左図）。

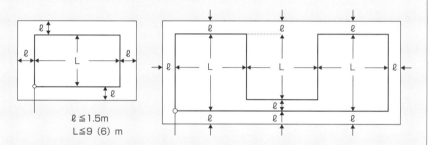

ℓ≦1.5m
L≦9（6）m

感知区域の規模、形状により有効に火災の発生を感知できれば基本形でなくてもよく、たとえば右図のように壁面の一辺が省略できます（**一辺省略：右図**）。

問題では、主要構造部は**耐火構造**なので**9m以下**で張ります。

「効率よく設置」
とは、無駄がなく経
済的ということで
す。壁からの離れ
1.5m以内、耐火構
造では空気管の間
隔**9m以内**、一辺省
略を適用します。

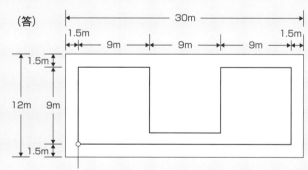

（答）

合格ポイント
＋α

L'が6m（耐火構造以外は5m）以下ならLは9m
（6m）を超えてよいことになっています。

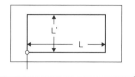

縦14m、横40m、天井高さ11.2mの空間に炎感知器を設置する場合、最少の必要個数を求めなさい。
ただし、視野角は90度、公称監視距離は20mとする。

解答&解説

　監視空間とは、監視すべき空間をいいます。具体的には、炎感知器の**視野角**をもとに描いた**床面1.2m**上での円を、そのまま床面に投影した部分です。

　1個では図のようになり、縦方向は1個でカバーできますが、横方向は3個必要です。

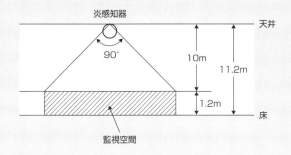

監視空間

直角三角形の辺の比を覚えましょう。

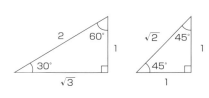

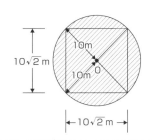

問題 3

難易度…★★★★○

事務所ビルの1階に自動火災報知設備を設置しなさい。ただし、階段その他たて穴の感知器は別の階で適正に行われているものとする。感知器の設置個数は必要最少数とし、配線本数がわかるようにすること、終端抵抗は機械室に設けるものとする。

（条件）　① 用途：事務所ビル　　② 構造：主要構造部は耐火構造
　　　　　③ 天井高：3.2m　　　　④ 天井面からのはりの出：20cm

凡例

記号	名称	備考
⊠	受信機	P型1級
▭	機器収容箱	発信機、表示灯、地区音響装置内蔵
▽	差動式スポット型感知器	2種
▽	定温式スポット型感知器	1種　75℃　防水型
Ｓ	光電式スポット型感知器	2種

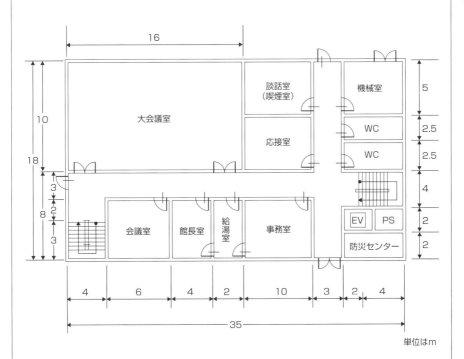

単位はm

解答&解説

① 床面積は630㎡で階段、EV、DS（EVの背面）の面積を引くと、574㎡です。したがって、警戒区域は1つです。

② 受信機の設置場所は**防災センター**とします。

③ 機器収容箱に発信機、地区音響装置、表示灯を収容します。発信機は**歩行距離50m**、地区音響装置は**水平距離25m**以内ですが、中央部の廊下に設置すればどちらもクリアします。

④ 事務所の地上階なので、各室の感知器は**差動式スポット型感知器2種（感知面積：70㎡）**を基本とします。ただし、給湯室は**定温式スポット型感知器1種の防水型（感知面積：60㎡）**です。廊下の最長部分は27.5 + 1.5 + 10 = 39mで、**光電式スポット型感知器2種**は2個設置します。

⑤ 大会議室の面積は160㎡で、**160 ÷ 70 ≒ 2.3 → 3個**設置します。他室はすべて1個で間に合います。

図は一例です。

(答)

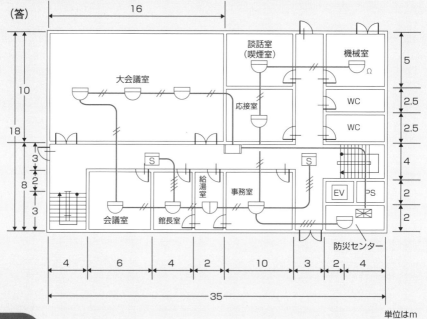

単位はm

合格ポイント +α

　機器収容箱は、多数の目に触れるよう、廊下部分がよいでしょう。水平距離25m以内かは、**三平方の定理（$a^2 + b^2 = c^2$）**を用いて判断します。これがクリアできれば歩行距離50m以内はまず大丈夫です。

　感知器の感知面積は、主要構造部が耐火構造、天井高3.2m（4m未満）であることから数値が出てきます。また、はりの出が20cmなので感知区域は同じでよいわけです。

問題 4

難易度… ●●●●●

図は耐火構造、3/10以上の傾斜天井に差動式分布型感知器（空気管式）を設置したものである。設計基準に従い、a～dの数値を求めなさい。

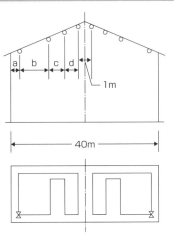

● 設計基準

1. 空気管の平均間隔は、6m以下とする。

2. 最大間隔は9m以下とする。

3. 頂部に近いほど間隔を密にする。その場合の間隔比は、1：2：3とする。

　　※空気管の間隔は、水平投影した間隔とする。

4. 頂部に対し、左右対象とする。

a	m
b	m
c	m
d	m

解答＆解説

以下の式が成り立ちます。

$$a \leqq 1.5 \qquad \cdots\cdots ①$$
$$(b+c+d) / 3 \leqq 6 \qquad \cdots\cdots ②$$
$$d : c : b = 1 : 2 : 3 \qquad \cdots\cdots ③$$

さらに、頂部からそれに最も近い空気管までの水平距離は0.5mであり、

$$a+b+c+d+0.5 = 20 \qquad \cdots\cdots ④$$

これを解くと（答）のようになります。

（答）

a	1.5 m
b	9 m
c	6 m
d	3 m

合格ポイント +α

　　勾配が3/10以上の傾斜天井に空気管を設置する場合、空気管の間隔は均等でなく、**頂部に行くほど密**にします。

9-4 自動火災報知設備の系統図

系統図の幹線の本数を求める問題は、本数の少ない上階から計算します。計算間違いをなくすため、表を作成し数値を当てはめていくのがポイントです。

|解|説| 合格ポイント！

❶ 同種の感知器が複数個あるとき、×3のように表記します。

❷ P型2級はA線（応答線）と、T線（電話線）がありません。

❸ 表示灯が消火栓と兼用ならHIVとします。

（1）系統図

① 階段等のたて穴は単独の警戒区域です。

② ベルはHIV（耐熱電線）で、一斉鳴動方式か区分鳴動方式か見極めます。

③ 表示灯が消火栓と兼用ならHIVです。

④ P型2級受信機ならAとTは不要です。

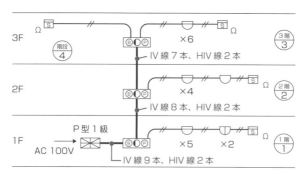

階	電線	ベル (B)	表示灯 (PL)	表示線 (L)	共通線 (C)	応答線 (A)	電話線 (T)	合計
3	IV		2	2	1	1	1	7
	HIV	2						2
2	IV		2	3	1	1	1	8
	HIV	2						2
1	IV		2	4	1	1	1	9
	HIV	2						2

※P型2級受信機なら、上表で応答線と電話線を削除した表をつくる。

問題 1

難易度…☀☀☀○○

図はP型2級受信機の自動火災報知設備である。A～Cまでの幹線の電線本数を表の空欄に記入しなさい。

凡例

図記号	名称	備考
⊠	受信機	P型2級
▭	機器収容箱	地区音響装置、P型2級発信機、表示灯
⌓	差動式スポット型感知器	2種
⌓	定温式スポット型感知器	1種防水型
S	光電式スポット型感知器	2種
◉	回路試験機	

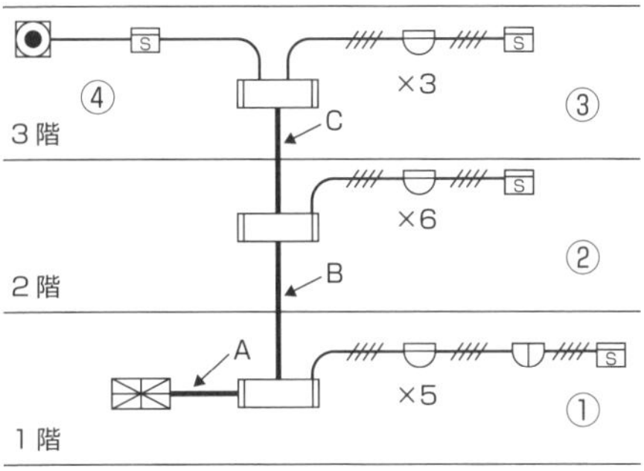

	IV線	HIV線
A	本	本
B	本	本
C	本	本

解答＆解説

P型2級はA線（応答線）と、T線（電話線）がありません。

表を作成すると右のようになります。

階	電線	ベル (B)	表示灯 (PL)	表示線 (L)	共通線 (C)	合計
3	IV		2	2	1	5
	HIV	2				2
2	IV		2	3	1	6
	HIV	2				2
1	IV		2	4	1	7
	HIV	2				2

（答）

	IV線	HIV線
A	7本	2本
B	6本	2本
C	5本	2本

合格ポイント ＋α

P型2級はA線（応答線）と、T線（電話線）がないので、P型1級の表からその部分を削除したものを使います。上階から配線本数を考えていきます。なお、とくに断りもありませんが、地区音響装置は一斉鳴動方式となります。**区分鳴動方式**は**地上5階以上かつ延べ面積3000㎡超**なので、P型2級受信機では対応できません。

問題 2

難易度… ● ● ● ○ ○

図はP型1級受信機の自動火災報知設備である。A～Cまでの幹線の電線本数を記入しなさい。

ただし、自動火災報知設備の表示灯は、消火栓と兼用とする。

凡例

図記号	名称	備考
⊠	受信機	P型1級
☐	機器収容箱	地区音響装置、P型1級発信機、表示灯
▽	差動式スポット型感知器	2種
⛉	定温式スポット型感知器	1種防水型
Ⓢ	光電式スポット型感知器	2種
Ω	終端抵抗	

	IV線	HIV線
A	本	本
B	本	本
C	本	本

解答＆解説

P型1級の表を使います。

階	電線	ベル (B)	表示灯 (PL)	表示線 (L)	共通線 (C)	応答線 (A)	電話線 (T)	合計
3	IV			2	1	1	1	5
	HIV	2	2					4
2	IV			3	1	1	1	6
	HIV	2	2					4
1	IV			4	1	1	1	7
	HIV	2	2					4

(答)

	IV線	HIV線
A	7本	4本
B	6本	4本
C	5本	4本

合格ポイント

一斉鳴動方式として考えます。
表示灯が**消火栓と兼用**なのでHIVとします。

次の系統図において、幹線部分（太線）の電線本数を求めなさい。ただし、電線は効率よく配線するものとする。

（1）一斉鳴動方式の場合
（2）区分鳴動方式の場合

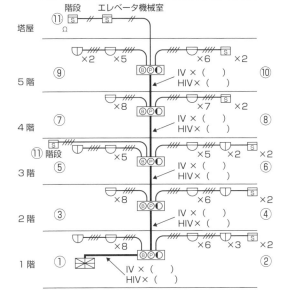

解答＆解説

とくに、断りがないので、表示灯は消火栓と兼用ではないと考えます。

(1) 一斉鳴動方式
(2) 区分鳴動方式（　）内の数字

階	電線	ベル (B)	表示灯 (PL)	表示線 (L)	共通線 (C)	応答線 (A)	電話線 (T)	合計
5	IV		2	3	1	1	1	8
	HIV	2						2
4	IV		2	5	1	1	1	10
	HIV	2 (3)						2 (3)
3	IV		2	7	1	1	1	12
	HIV	2 (4)						2 (4)
2	IV		2	9	2	1	1	15
	HIV	2 (5)						2 (5)
1	IV		2	11	2	1	1	17
	HIV	2 (6)						2 (6)

(答)

(1)

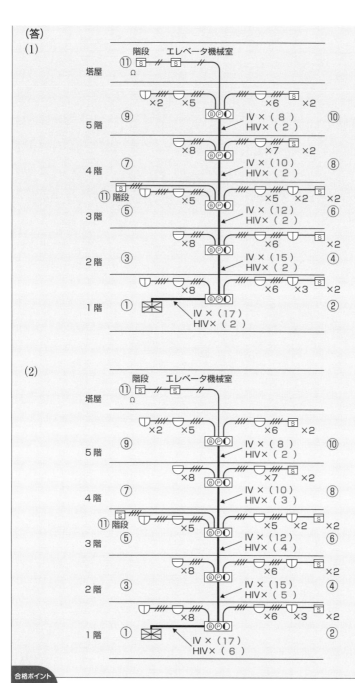

(2)

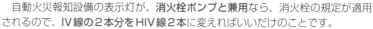

9-5

図面の間違いさがし

自動火災報知設備図面の間違いを探し当てるのは、設計の手順に従い1つずつ適否を確認していきます。室ごとに考えるのでは時間がかかりすぎます。

|解|説| 合格ポイント!

❶ 1つの警戒区域は原則600㎡以下、階段等は別にする。
❷ 天井面からのはりの出が40cm以上は、熱式スポット型では別の感知区域です。
❸ 空気管は、1つの感知区域に20m以上となるようにコイル巻き等をします。

(1) 警戒区域
① 規定された面積以下であるか。
② 設定は適切か(階段などの漏れはないか)。

(2) 受信機・機器
① 受信機の設置場所は、防災センターなど常時人がいる場所か。機種の選定は適正か(5回線を超えてP型2級としていないかなど)。
② 発信機の設置は適正か(歩行距離50m以内にあるか)。
③ 地区音響装置の設置は適正か(水平距離25m以内にあるか)。

(3) 感知器
① 未設置の箇所はないか(ただし便所、浴室などは不要)。
② 部屋の用途に合った感知器となっているか。
③ 個数は適切か(はりに注意)。
④ 空気管の長さは規定どおりか。
⑤ 必要最少個数であるか。

(4) 電線本数
① 終端抵抗の位置と電線本数は適正か(抵抗の位置により本数は異なる)。
② 幹線の本数は適正か(7警戒区域ごとに共通線が増える等)。

自動火災報知設備の警戒区域の設定において間違いを直しなさい（単位はm）。

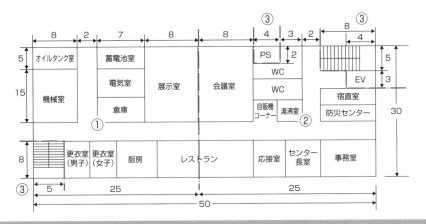

解答&解説

床面積は $30 \times 50 = 1500$㎡、階段、EV、PSの面積 $= 100$㎡、これを除くと1400㎡で、**1400㎡ ÷ 600 ≒ 2.3 → 3警戒区域**が必要です。図面では警戒区域が2つしかありません。

また、階段系統で警戒区域が必要ですが、2つの階段は**距離が50mを超えている**ので、別々にする必要があります。一例として下図のようになります。

（答）

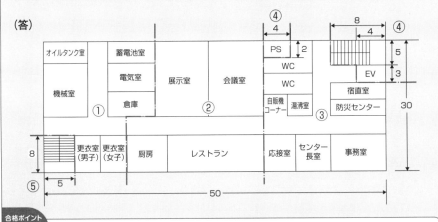

合格ポイント **+α**

警戒区域を図示する場合は、**太い一点鎖線**で表し、警戒区域の番号は○**数字**で表します。

間違い箇所を図示でなく、文で指摘する問題であれば、以下のように解答します。
① 階段等を除く警戒区域を2つでなく3つとする。
② 階段等の警戒区域を1つでなく2つとする。

問題 2

難易度… ● ● ● ○ ○

天井高さは4m未満、建物の主要構造部は耐火構造です。次の(1)～(3)はいずれも同建物内の居室平面図です。各室に配置された差動式スポット型感知器（2種）と光電式スポット型感知器（2種）の設置について、誤りを直しなさい。

(1)

(2)

(3)

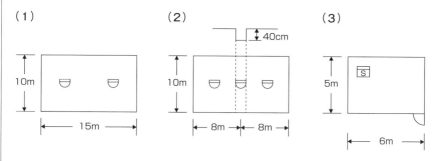

解答&解説

(1) 室面積は150㎡です。差動式スポット型感知器（2種）の感知面積は70㎡なので、

150÷70≒2.1 → **3個**

(2) 室面積は160㎡ですが、中央部に40cmのはりが出ています。したがって、このはりによって2つの**感知区域**（80㎡が2つ）に分割されてしまいます。

80÷70≒1.1 → **2個　合計4個**

(3) 室面積は30㎡です。光電式スポット型感知器（2種）の感知面積は150㎡なので、1個で問題はありませんが、設置位置が入口から遠く、適切ではありません。

居室の面積が**40㎡未満**か、天井高さが**2.3m未満**の場合は、**入口付近に感知器を設置**することになっています。

図示すると、以下のようになります。

(答)

(1)

(2)

(3)

合格ポイント

感知区域は感知器の種類により次のようになります。
差動式スポット型感知器、定温式スポット型感知器 → **40cm以上のはりがあったら別**
差動式分布型感知器、光電式スポット型感知器 → **60cm以上のはりがあったら別**

差動式分布型感知器（空気管式）の設置方法の誤りを正しく直しなさい。

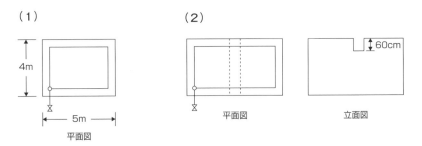

（1）

4m

├── 5m ──┤

平面図

（2）

平面図

60cm

立面図

解答&解説

(1) 1つの感知区域内における空気管の長さは、**20m以上**とする必要があります。室の全周は18mで不足しており、空気管の一部を**コイル巻き**とするか、**二重巻き**にします。

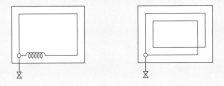

(2) 室の中央部にはりが**60cm以上**出ており、差動式分布型感知器の感知区域は分断されます。感知区域を分けて設置します。

　空気管では、感知区域ごとに**20m以上**とし、1つの検出部に接続する長さは**100m以下**です。

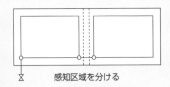

感知区域を分ける

合格ポイント
+α

　　熱電対式では、1つの感知区域に4個以上の熱電対部を配置し、1つの検出部に接続できるのは20個までです。
　　耐火構造では、1つの熱電対で22㎡（非耐火構造では18㎡）まで受け持つことができます。

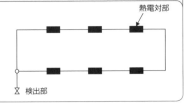

熱電対部

検出部

予想問題

この予想問題は、甲種試験で出題される問題数で構成されています。
科目免除者や乙種受験者は選択して解いてみましょう。

① 電気に関する基礎知識（10問）

● 問題1 ────────────────────────────────
次図の回路において、AB間の合成抵抗値として、正しいものはどれか。

(1) 8 Ω
(2) 12 Ω
(3) 20 Ω
(4) 30 Ω

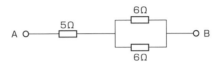

● 問題2 ────────────────────────────────
回路に流れる全電流I〔A〕の値として、正しいものはどれか。

(1) 2A
(2) 3A
(3) 5A
(4) 10A

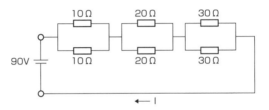

● 問題3 ────────────────────────────────
下図の交流回路における消費電力として、正しいものは次のうちどれか。

(1) 300W
(2) 600W
(3) 800W
(4) 1200W

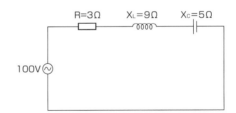

● 問題4 ────────────────────────────────
3μFと6μFのコンデンサを直列に接続したときの合成静電容量として、正しいものはどれか。

(1) 2 μF
(2) 6 μF
(3) 12 μF
(4) 24 μF

● 問題5

図に示す磁極間に置いた導体に電流を流したとき、導体に働く力の方向として、正しいものはどれか。ただし、電流は紙面の裏から表へ向かう方向に流れるものとする。

(1) a
(2) b
(3) c
(4) d

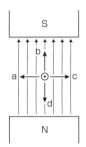

● 問題6

交流回路におけるインピーダンスについて、次のうち誤っているものはどれか。

(1) インピーダンスは、抵抗とリアクタンスからなる。
(2) インピーダンスの大きさの単位は、〔Ω〕である。
(3) リアクタンスには、コイルによる誘導リアクタンスと、コンデンサによる容量リアクタンスがある。
(4) インピーダンスの大きさは、コイルやコンデンサの大きさによって決まり、交流の周波数には関係しない。

● 問題7

電気計器の名称と記号の組合せとして、不適当なものはどれか。

(1) 誘導形　　　　(2) 整流形　　　　(3) 熱電形　　　　(4) 電流力形

●問題8

内部抵抗20kΩ、最大目盛り10Vの電圧計を使用し、最大電圧40Vまで測定するための倍率器の抵抗R〔kΩ〕の値はどれか。

(1) 60 kΩ
(2) 90 kΩ
(3) 360 kΩ
(4) 600 kΩ

● 問題9 ────────────────────────────────
抵抗率の説明について、誤っているものはどれか。

(1) 抵抗率 ρ と導電率 σ とは、$\rho\,\sigma = 1$ の関係がある。
(2) 抵抗率が大きいほど物体の抵抗が大きい。
(3) 抵抗率の単位は〔$\Omega\,\mathrm{m}$〕である。
(4) 抵抗率は導体の種類によって異なる数値である。

● 問題10 ───────────────────────────────
蓄電池に関する記述として、正しいものはどれか。

(1) 蓄電池は一次電池と呼ばれ、充電することで繰り返し使用できる。
(2) アルカリ蓄電池は、鉛蓄電池に比べて長寿命である。
(3) アルカリ蓄電池の、単電池あたりの公称電圧は2.0Vである。
(4) 鉛蓄電池の電解液は水である。

② 消防関係法令（15問）

──── 法令　共通 （8問）

● 問題1 ────────────────────────────────
消防法令上、特定防火対象物のみからなる組合せはどれか。

(1) 図書館、美術館、博物館
(2) 映画スタジオ、演芸場、映画館
(3) 幼稚園、保育園、小学校
(4) 集会場、書店、飲食店

● 問題2 ────────────────────────────────
火災予防上必要がある場合、当該防火対象物の改修などを命じることができるが、命令を
発する者と命令を受ける者の組合せで、正しいものはどれか。

(1) 都道府県知事　──　工事施行者
(2) 消防長または消防署長　──　防火対象物の関係者（管理権原を有する者）
(3) 市町村長　──　消防設備士
(4) 消防庁長官　──　防火管理者

消防法施行令に定める「消火活動上必要な施設」に該当しないものはどれか。

(1) 排煙設備
(2) 非常コンセント設備
(3) 泡消火設備
(4) 無線通信補助設備

● 問題4

市町村は、その地方の気候または風土の特種性により、消防法施行令や規則の規定のみで
は、防火の目的が十分に達せられないと認めるとき、付加条例を定めることができるとさ
れているが、それは次のどれか。

(1) 防火管理者の認定基準
(2) 消防用設備等を設置すべき防火対象物の指定
(3) 消防用設備等の種類
(4) 消防用設備等の技術上の基準

● 問題5

消防用設備等の技術上の基準が改正された後に増築または改築した場合、既存の防火対象
物の消防用設備等を改正後の基準に適合させなければならないものはどれか。

(1) 延べ面積が2000㎡の図書館を2900㎡に増築した場合
(2) 延べ面積が2000㎡の共同住宅のうち900㎡を改築した場合
(3) 延べ面積が3000㎡の専門学校を3800㎡に増築した場合
(4) 延べ面積が1500㎡の事務所を2300㎡に増築した場合

● 問題6

工事整備対象設備等の工事または整備に関する講習について、正しいものはどれか。

(1) 消防設備士は、消防長または消防署長の行う講習を受けなければならない。
(2) 消防設備士は、その業務に従事していなければ受講する義務はない。
(3) 免状の交付を受けた日から2年以内に第1回目の講習を受けなければならない。
(4) 2回目以降の講習は、3年以内に受講しなければならない。

● 問題7

消防用設備等または特殊消防用設備等を消防設備士または消防設備点検資格者に定期点検
させ、その結果を消防長または消防署長に報告しなければならない防火対象物はどれか。

第10章 予想問題

(1) すべての高層建築物
(2) すべての劇場
(3) 延べ面積が2000㎡の教会
(4) 延べ面積が1000㎡の映画館

● 問題8 ─────────────────────────────────
消防の用に供する機械器具等の検定に関する記述のうち、正しいものはどれか。

(1) 型式承認は、日本消防検定協会が行う。
(2) 型式適合検定とは日本消防検定協会等が、型式承認を受けた検定対象機械器具等の型式に関わる形状等と同一であるかを審査し、適合したものに検定合格の旨の表示を行うものである。
(3) 検定対象機械器具等であっても、海外から輸入されたものについては、型式適合検定を省略できる。
(4) 型式承認を受ければ、型式適合検定に合格しなくても検定対象機械器具等を販売することはできる。

┌─────────────────────────────────┐
│ **法令　4類** （7問）
└─────────────────────────────────┘

● 問題9 ─────────────────────────────────
会計事務所に、自動火災報知設備を設置しなければならない延べ面積として、正しいものはどれか。

(1) 200㎡以上のもの
(2) 300㎡以上のもの
(3) 500㎡以上のもの
(4) 1000㎡以上のもの

● 問題10 ─────────────────────────────────
地上11階建て以上の防火対象物に自動火災報知設備を設置する場合について、正しいものはどれか。

(1) 建物用途や床面積の大小にかかわらずすべて
(2) 特定防火対象物においては、その階の床面積の大小にかかわらずすべて
(3) 複合用途防火対象物で特定用途部分が100㎡以上
(4) 特定用途を含まない複合用途防火対象物で、その階の床面積が300㎡以上

● 問題11 ────────────────────

自動火災報知設備を設置する必要がない防火対象物はどれか。

(1) 延べ面積480㎡の共同住宅の12階で、床面積が40㎡のもの
(2) 延べ面積250㎡の複合用途防火対象物の地階にある飲食店で、床面積が100㎡のもの
(3) 延べ面積480㎡、地上3階建ての共同住宅の3階で、床面積が160㎡のもの
(4) 地下街で、床面積が300㎡のもの

● 問題12 ────────────────────

ガス漏れ火災警報設備を設置しなければならない防火対象物またはその部分はどれか。

(1) マンションの地下駐車場で、床面積が1000㎡のもの
(2) 飲食店の地階で、床面積の合計が1000㎡のもの
(3) 旅館の地階で、床面積の合計が500㎡のもの
(4) 準地下街で、延べ面積が1000㎡、特定用途部分の面積が300㎡のもの

● 問題13 ────────────────────

自動火災報知設備の感知器で、15m以上20m未満の高さに取り付けられるのはどれか。

(1) 差動式スポット型感知器
(2) 定温式スポット型感知器
(3) 差動式分布型感知器
(4) 煙感知器（1種）

第10章

予
想
問
題

● 問題14

地下を除く階数が5以上で、延べ面積が3000㎡を超える防火対象物またはその部分にあっては、地区音響装置を部分的に鳴動させることもできるようにしなければならない。出火階と鳴動させる階との関係で誤っているのはどれか。

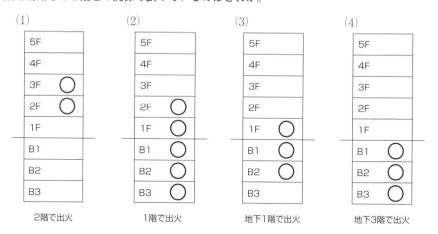

(1) 2階で出火
(2) 1階で出火
(3) 地下1階で出火
(4) 地下3階で出火

● 問題15

消防機関へ通報する火災報知設備に関する記述で、誤っているのはどれか。

(1) 消防機関へ常時通報できる電話があるときは、消防機関へ通報する火災報知設備を設置しなくてよい。
(2) 発信機の押しボタンは、床面または地盤面から0.8m以上、1.5m以下の位置に設ける。
(3) 配線の方法は、自動火災報知設備に準じる。
(4) 火災通報装置は、防災センター等に設ける。

③ 構造・機能・整備・工事（20問）

電気に関する部分 （12問）

● 問題1

定温式スポット型感知器の取付け位置として、正しいものはどれか。

(1) 感知器の下端が取付け面の下方0.2m以内となる位置
(2) 感知器の下端が取付け面の下方0.3m以内となる位置
(3) 感知器の下端が取付け面の下方0.4m以内となる位置

(4) 感知器の下端が取付け面の下方0.6m以内となる位置

● 問題2 ─────────────────────
厨房、湯沸室に設置する感知器として、適切なものはどれか。

(1) 差動式スポット型感知器
(2) 差動式分布型感知器
(3) 定温式スポット型感知器
(4) 光電式スポット型感知器

● 問題3 ─────────────────────
炎感知器の設置場所として、適切でないものはどれか。

(1) 排気ガスが多量に滞留する場所
(2) 火を使用する設備で、火炎が露出するものが設けられている場所
(3) 天井の高さが20m以上の場所
(4) じんあい、微粉等が多量に滞留する場所

● 問題4 ─────────────────────
定温式スポット型感知器（1種）を主要構造部が耐火構造以外の建築物で、取付け面の高さが3mのところに取り付ける場合、感知面積として正しいものはどれか。

(1) 30m²   (2) 40m²   (3) 45m²   (4) 60m²

● 問題5 ─────────────────────
P型1級発信機の設置方法について、正しいものはどれか。

(1) 床面から高さ0.8m以上1.5m以下の箇所に設置する。
(2) P型1級または2級受信機と接続する。
(3) 各階ごとに、その階の各部分から1の発信機までの歩行距離が25m以下となるように設置する。
(4) 設置する直近に屋内消火栓用表示灯があっても、発信機の表示灯は省略できない。

● 問題6

P型1級受信機が受信した火災信号が非火災報であったとき、これを復旧させる方法として、最も適当なものは次のうちどれか。

(1) 発信機の操作によって復旧させる。
(2) 受信機の電源スイッチを切らないと復旧しない。
(3) 火災復旧スイッチを手動で操作する。
(4) 感知器が復旧すれば自動的に復旧する。

● 問題7

加熱試験器にて、差動式スポット型感知器（1種）を加熱したときの作動時間として、正しいものはどれか。

(1) 30秒以内　　(2) 40秒以内　　(3) 60秒以内　　(4) 90秒以内

● 問題8

全長90mの空気管の流通試験を行い、時間を測定した。図の流通曲線に適合しているものはどれか。

(1) 5秒　　(2) 10秒　　(3) 15秒　　(4) 20秒

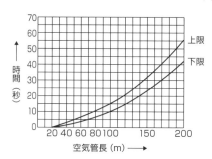

● 問題9

受信機の回路導通試験を実施したとき、試験用計器等の指示値が導通を示さない原因として、正しいものは次のうちどれか。

(1) 煙感知器の内部回路が破損していた。
(2) 差動式分布型感知器（空気管式）の空気管が切断状態になっていた。
(3) 終端抵抗器の接続端子が外れていた。
(4) 熱感知器の接点が接触不良であった。

ガス漏れ検知器の性能の基準についての文中の（ ）内に入る数値として、正しいものの組合せはどれか。

「ガスの濃度が爆発下限界の（ A ）以上のときに確実に作動し、（ B ）以下のときに作動しないこと」

	A	B
(1)	1／3	1／200
(2)	1／3	1／100
(3)	1／4	1／200
(4)	1／4	1／100

● 問題 11

電線の接続について、誤った施工方法はどれか。

(1) リングスリーブと圧着ペンチを用いて接続し、絶縁テープを巻いた。
(2) 差込みコネクタを用いて接続した。
(3) 電線の引張強度を20％以上減少させないようにした。
(4) 接続箇所の抵抗値は20％以上増加させないようにした。

● 問題 12

耐火配線の工事方法として、誤っているものはどれか。

(1) クロロプレン外装ケーブルを金属管に納め、鉄筋コンクリートの壁面から1cm以上深いところに埋設した。
(2) シリコンゴム絶縁電線を金属管に納め、露出配管とした。
(3) 消防庁長官が定める基準に適合する耐火電線を使用した。
(4) MIケーブルを使用し、その端末と接続点とを除く部分を居室に面した壁体に露出配線した。

規格に関する部分 （8問）

● 問題 13

規格省令上、感知器に関する説明として、正しいものはどれか。

(1) 差動式分布型感知器
  周囲の温度の上昇率が一定の率以上になったときに火災信号を発信するもので、一局所の熱効果により作動するものをいう。

(2) 定温式スポット型感知器

一局所の周囲の温度が一定の温度以上になったときに火災信号を発信するもので、外観が電線状以外のものをいう。

(3) 補償式スポット型感知器

差動式スポット型感知器の性能および定温式スポット型感知器の性能を併せもつもので、2以上の火災信号を発信するものをいう。

(4) 光電式分離型感知器

周囲の空気が一定の濃度以上の煙を含むに至ったときに火災信号を発信するもので、広範囲の煙の累積による感熱素子の温度の変化により作動するものをいう。

● 問題14 ────────────────────────

差動式分布型感知器（空気管式）に関する説明で、正しいものはどれか。

(1) 空気管の内径は1.94 mm以上とする。
(2) 空気管の肉厚は0.4 mm以上とする。
(3) 空気管1本の長さは20 m以上とする。
(4) 一局所の熱を感知して作動する。

● 問題15 ────────────────────────

発信機に関して規格省令上、正しいものはどれか。

(1) P型受信機にはP型発信機、R型受信機にはR型発信機を接続する。
(2) P型発信機の外箱の色は、赤色または橙色と定められている。
(3) 押しボタンスイッチは、その前方に保護板を設け、破壊するか押し外す構造のものとする。
(4) 保護板は透明または半透明の有機ガラスとする。

● 問題16 ────────────────────────

受信機の構造および機能について、規格省令上誤っているものはどれか。

(1) 耐久性を有すること。
(2) 水滴が浸入しにくいこと。
(3) 不燃性の外箱で覆うこと。
(4) 定格電圧が60Vを超える受信機の金属製外箱には、接地端子を設けること。

● 問題17 ────────────────────────

受信機に設ける表示灯について、規格省令上誤っているものはどれか。

(1) 電球は、使用される回路の定格電圧の130%の交流電圧を20時間連続して加えた場合、断線、著しい光束変化、黒化または著しい電流の低下を生じないこと。

(2) 電球を2以上並列に接続すること。

(3) 放電灯または発光ダイオードを用いるものにあっては、1個でもよい。

(4) 周囲の明るさが300ルクスの状態において、前方10m離れた地点で点灯していることを明確に識別することができること。

● 問題18 ─────────────────────────

受信機の予備電源について、規格省令上誤っているものはどれか。

(1) 密閉型蓄電池または自家発電装置であること。

(2) 主電源が停止したときは主電源から自動的に予備電源に、主電源が復旧したときは予備電源から主電源に自動的に切り替える装置を設けること。

(3) 最大消費電流に相当する負荷を加えたときの電圧を容易に測定することができる装置を設けること。

(4) 本体の外部に設けるものは、不燃性または難燃性の箱に収納し、本体との間の配線は、耐熱電線を用いること。

● 問題19 ─────────────────────────

受信機の機能に異常を生じない主電源の電圧として、規格省令上定められているものはどれか。

(1) 定格電圧の90%以上110%以下

(2) 定格電圧の85%以上110%以下

(3) 定格電圧の85%以上115%以下

(4) 定格電圧の80%以上120%以下

● 問題20 ─────────────────────────

中継器の構造および機能について、規格省令上誤っているものはどれか。

(1) 水滴が浸入しにくいこと。

(2) 腐食により機能に異常を生ずるおそれのある部分には、防食のための措置を講ずること。

(3) 不燃性の外箱で覆うこと。

(4) 配線は、十分な電流容量を有し、かつ接続が的確であること。

● 問題1

次の感知器回路のうち、P型1級受信機とP型2級受信機の配線方法として正しいものの番号を表に記入しなさい。ただし、P型1級受信機には回路導通試験のできる装置があり、P型2級受信機にはないものとする。

記号	名称
（感知器図記号）	感知器
（終端抵抗図記号）	終端抵抗
（発信機図記号）	発信機
（受信機図記号）	受信機

受信機の種類	正しい配線方法
P型1級受信機	
P型2級受信機	

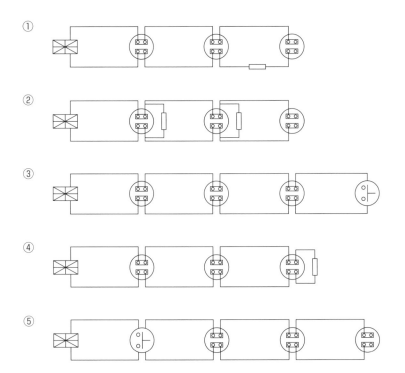

● 問題2

次の各問に答えなさい。

(1) Aは感知器回路の配線で、受信機から発信機まで2本で配線されている。終端抵抗を接続する箇所にΩを書き入れなさい。
(2) BはP型2級受信機には必要ない配線である。この2本の名称は何か。
(3) A〜Dに使用する電線の種類を、一般電線、耐熱電線、耐火電線の3つから選び空欄に記入しなさい。
ただし、表示灯は屋内消火栓と兼用している。

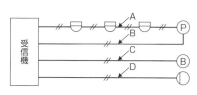

<blockquote>⊟：差動式スポット型感知器　─//─：配線2本
Ⓟ：発信機
Ⓑ：地区音響装置
Ⓛ：表示灯</blockquote>

A	
B	
C	
D	

● 問題3

次のA〜Dは感知器の試験を行うための機器である。機器名称とそれを用いて試験できる感知器を答えなさい。ただし、感知器の種類は解答群から選びなさい（複数選択あり）。

解答群

差動式スポット型感知器	差動式分布型感知器（空気管式）
差動式分布型感知器（熱電対式）	光電式スポット型感知器
イオン化式スポット型感知器	定温式スポット型感知器
光電式分離型感知器	補償式スポット型感知器

試験機器	試験機器の名称	試験できる感知器
A		
B		
C		
D		

● 問題4 ─────────────────────────────

差動式分布型感知器（空気管式）の火災作動試験に関する各問に答えなさい。

(1) 下記はおよその試験手順を示したものである。[　]に入る適当な言葉または数字を選んで書き入れなさい。なお、受信機側の操作は適正に行われているものとする。

① [　　　]のレンジを直流電圧に設定し、検出部の表示線端子と共通線端子に接続する。このとき、指針は[　　　]V程度である。

② ノズル（ゴム管）を[　　　]の試験孔に接続する。

③ [　　　]のハンドルを作動試験の位置にする。
（鍵で操作するタイプもある）

④ [　　　]で適量の空気を注入し、同時にストップウォッチを押す。

⑤ [　　　]の電圧指示値が[　　　]Vになったときの時間をストップウォッチで測定する。

O	25〜26	回路計	メーターリレー試験器	加熱試験器
テストポンプ	マノメーター	コックスタンド	ダイヤフラム	

(2) 判定法について書きなさい。

● 問題5────

P型1級受信機について、各問に答えなさい。

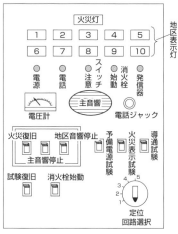

地区表示灯

◎ 表示ランプ
📱 スイッチ

(1) 次の機能は何か。

① 電話ジャック

② 消火栓連動スイッチ

(2) 受信機の試験を行う手順となるように、（　　）内に適当な用語を記入しなさい。ただし、消火栓等は連動しないようにしてあるものとする。

① 火災表示試験

（　　　　　）　→　（　　　　　）　→　（　　　　　）

② 同時作動試験

（　　　　　）　→　（　　　　　）

③ 回路導通試験

（　　　　　）　→　（　　　　　）

(3) P型2級受信機では不要なスイッチ、ランプ等について、その名称を書きなさい。

● 問題1

図において、各問に答えなさい。なお、数字の単位はmである。

単位：m

(1) 受信機および副受信機の設置する場所として正しければ○、不適当なら適当な場所を記載しなさい。

受信機	
副受信機	

(2) 図面上で記載のある感知器について、各問に答えなさい。

 ① 種類が不適当な室名をあげ、正しい種類を書きなさい。

 ② 廊下の煙感知器（2種）の必要個数を、理由をあげて答えなさい。

 ただし、廊下部分の歩行距離は最大で62mとする。

(3) 機器収容箱の設置に関し、理由をあげて必要個数を答えなさい。

 ただし、建物の横の長さは50m、縦は30mとする。

(4) 電気室に設置された感知器について、充電部が露出しているため熱感知試験器にて点検ができない場合、設計上のどのような配慮が必要か。

● 問題2

地下1階および地上2階の自動火災報知設備の設計をしなさい。

① 警戒区域を書き入れる（番号の記載は不要）。

② 適切な感知器を必要数配置。

 ただし、階段、EV、DS、PSは他の階で感知器を設置しており、記載は不要とする。

③ 感知器の配線をする。ただし、地下1階は防災センター、地上2階は会議室Bを末端とする。

図記号	名称	備考
⧖	受信機	P型1級　30回線
⊙⊙⊙⊙	機器収容箱	地区音響装置、P型1級発信機、表示灯
▽	差動式スポット型感知器	2種
▽	定温式スポット型感知器	1種　防水型
▽	定温式スポット型感知器	1種　防酸型
S	光電式スポット型感知器	2種
Ω	終端抵抗	
− − −	警戒区域線	
─//─	感知器配線	IV 1.2×2（19）
─///─	感知器配線	IV 1.2×4（19）
♂	配線立ち上り	
↰	配線引き下げ	

（条件）
① 用途：事務所ビル（令別表1第15項）
② 構造：耐火構造
③ 地下1階、地上5階
④ 天井高：3.2m（一部にはりの出45cm）

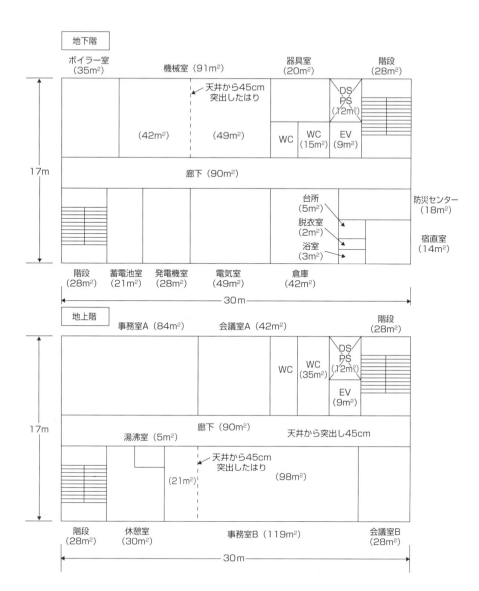

地下階

ボイラー室
（35m²）

機械室（91m²）

天井から45cm
突出したはり

器具室
（20m²）

階段
（28m²）

（42m²）　（49m²）

WC　WC
（15m²）

DS
PS
（12m²）

EV
（9m²）

17m

廊下（90m²）

台所
（5m²）

脱衣室
（2m²）

浴室
（3m²）

防災センター
（18m²）

宿直室
（14m²）

階段
（28m²）

蓄電池室
（21m²）

発電機室
（28m²）

電気室
（49m²）

倉庫
（42m²）

30m

地上階

事務室A（84m²）

会議室A（42m²）

階段
（28m²）

WC　WC
（35m²）

DS
PS
（12m²）

EV
（9m²）

17m

廊下（90m²）

湯沸室（5m²）

天井から突出し45cm

天井から45cm
突出したはり

（21m²）

（98m²）

階段
（28m²）

休憩室
（30m²）

事務室B（119m²）

会議室B
（28m²）

30m

● 問題1

【解説＆解答】

最初に、$6\,\Omega$ と $6\,\Omega$ の並列部分の合成抵抗値を求めます。$\dfrac{6 \times 6}{(6+6)} = 3\,\Omega$

同じ値の抵抗を並列に接続した場合、合成値は半分になります。

これと $5\,\Omega$ の直列接続なので、$5\,\Omega + 3 = 8\,\Omega$　となります。

答 (1)

● 問題2

【解説＆解答】

同値の抵抗がそれぞれ並列になっています。

$10\,\Omega$　→　$5\,\Omega$

$20\,\Omega$　→　$10\,\Omega$

$30\,\Omega$　→　$15\,\Omega$

であり、これらの直列は $5 + 10 + 15 = 30\,\Omega$ です。

オームの法則を使い、$I = \dfrac{V}{R} = \dfrac{90}{30} = 3A$

答 (2)

● 問題3

【解説＆解答】

インピーダンス $Z = \sqrt{3^2 + (9-5)^2} = 5\,\Omega$

電流 $I = \dfrac{100}{5} = 20A$ より、力率 $\cos\theta = \dfrac{R}{Z} = \dfrac{3}{5}$

電力 $P = VI\cos\theta = 100 \times 20 \times \dfrac{3}{5} = 1200W$

答 (4)

● 問題4

【解説＆解答】

コンデンサを直列に接続したときの合成静電容量は、$\dfrac{3 \times 6}{(3+6)} = 2\,\mu F$

コンデンサは抵抗の合成公式と逆パターンなので注意しましょう。

答 (1)

● 問題5

【解説＆解答】

フレミングの左手の法則を使います。左手の親指、人さし指、中指を互いに直角となるように形をつくります。人さし指は磁界の向きなので、N極からS極に向けます。電流は中指で、紙面の裏側から突き抜けて自分に向ってくる方向にとります。そのとき、親指は左の方向を向いているはずです。

答 (1)

● 問題6

【解説＆解答】

(1) インピーダンスZの大きさは、$Z = \sqrt{R^2 + (X_L - X_C)^2}$ で表されます。このとき、Rは抵抗で、X_Lは誘導リアクタンス、X_Cは容量リアクタンスといわれるもので、いずれもリアクタンスです。

(2) R の単位は〔Ω〕、リアクタンスの単位も〔Ω〕、Zも〔Ω〕です。

(3) 正しい。

(4) コンデンサの大きさをC〔F：ファラド〕、コイルの大きさをL〔H：ヘンリー〕とすると、X_Lはコイルによるもので、$X_L = 2\pi fL$、X_Cはコンデンサによるもので、$X_C = 1/2\pi fC$で表せます。fは周波数なので、リアクタンスは周波数に関係します。つまり、インピーダンスも関係することになります。

答 (4)

● 問題7

【解説＆解答】

熱電形は次の記号です。

下の記号は可動鉄片形です。

答 (3)

● 問題8

【解説＆解答】

計器の限界を超えた大きな電圧を測定するには、倍率器を直列に挿入して、電圧計にかかる負担を軽くしてやればよいのです。つまり分圧します。

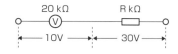

測定する電圧を4倍に拡大するには、電圧計の内部抵抗20kΩの3倍の抵抗（60Ω）をつなぎます。こうすれば40Vを1：3に分圧し、電圧計の両端には10Vしか、かかりません。

● 問題9

【解説＆解答】

(1) 抵抗率とは電流の流れにくさの割合で、大きいほど流れにくいことになります。一方、導電率はその逆で、流れやすさの割合です。互いに逆数の関係にあります。

$\rho = \dfrac{1}{\sigma}$ であり、$\sigma = \dfrac{1}{\rho}$ です。明らかに $\rho\,\sigma = 1$ の関係があります。

(2) 正しい。

(3) 抵抗率の単位は〔Ω・m〕です。導体抵抗の公式 $R = \dfrac{\rho\,\ell}{S}$ を覚えていれば、これを書き換えて、$\rho = \dfrac{RS}{\ell}$ とし考えてみましょう。R は〔Ω〕、S は〔㎡〕、ℓ は〔m〕なので、$\dfrac{\Omega\,\text{㎡}}{\text{m}} = \Omega\,\text{m}$ です。

(4) 正しい。

答 (3)

● 問題10

【解説＆解答】

(1) 乾電池のように充電できないものを一次電池といいます。蓄電池は充電を繰り返し行えるので、二次電池です。

(2) 正しい。

(3) アルカリ蓄電池の、単電池あたりの公称電圧は1.2Vです。鉛蓄電池が2.0Vです。

(4) 鉛蓄電池の電解液は希硫酸です。

答 (2)

② 消防関係法令（15問）

法令 共通（8問）

● 問題1

【解説＆解答】

特定防火対象物とは、基本的には不特定多数が利用するか、老幼弱者が利用する防火対象物です。

(1) 図書館、美術館、博物館は、不特定多数が利用しますが、特定防火対象物には該当しません。

(2) 演芸場と映画館は特定防火対象物ですが、映画スタジオは特定防火対象物ではありません。

(3) 幼稚園と保育園は幼児等が利用するので特定防火対象物ですが、小学校は児童生徒が利用するので特定防火対象物ではありません。

(4) いずれも特定防火対象物です。

答 **(4)**

● 問題2

【解説＆解答】

防火対象物の位置、構造、設備、管理状況などが火災予防上危険な場合、消防長または消防署長は管理権原を有する関係者に対して、防火対象物の改修、移転、除去、工事の中止などを命じることができます。

もちろん、消防本部を置かない市町村にあっては市町村長にもその権限はあります。ただし、その防火対象物が消防法以外の法令（たとえば建築基準法）で許可されてその後変更のないものについては命令対象にはなりません。

答 **(2)**

● 問題3

【解説＆解答】

消防用設備等のうち、消火活動上必要な施設に該当するのは、次の5つです。

① 排煙設備　　② 連結散水設備　　③ 連結送水管　　④ 非常コンセント設備

⑤ 無線通信補助設備

なお、消火活動上必要な施設とは、消防隊が消火活動を円滑に行うための施設です。

答 **(3)**

● 問題4

【解説＆解答】

令別表1の、どの防火対象物にどんな種類の消防用設備等を設置するか、というのは条例では定められません。消防用設備等の技術に関する基準についてだけ、その基準を上回るものであれば付加条例が認められます。なお、条例は市町村条例です。都道府県条例ではありません。

答 **(4)**

● 問題5

消防用設備等の技術上の基準が改正された後に増築または改築し、その規模が次のいずれかに該当する場合、消防用設備等を改正後の基準に適合させなければなりません。

これは建物の用途によらずすべての防火対象物に適用されます。

① 床面積1000㎡以上の増築または改築

② 既存建物の床面積の1／2以上の増築または改築

③ 主要構造部である壁の過半の修繕または模様替え

したがって、当問題では、①と②をチェックします。

(1) ① 増築面積は900㎡　→　適合させる必要なし

　　② 増築の割合は900／2000＜1／2　→　適合させる必要なし

(2) ① 改築面積は900㎡　→　適合させる必要なし

　　② 改築の割合は900／2000＜1／2　→　適合させる必要なし

(3) ① 増築面積は800㎡　→　適合させる必要なし

　　② 増築の割合は800／3000＜1／2　→　適合させる必要なし

(4) ① 増築面積は800㎡　→　適合させる必要なし

　　② 増築の割合は800／1500≧1／2　→　適合させる必要あり

なお、以下の場合は面積に関係なく改正後の基準に適合させなければなりません。

	遡及適用される防火対象物	内　容
①	すべての防火対象物	簡易消火用具、消火器、非常警報器具、非常警報設備、誘導灯、誘導標識、避難器具、漏電火災警報器を改修
②	特定防火対象物	すべての設備を改修
③	旧基準に違反（不適合）しているすべての防火対象物	法をすり抜けた違法建築物などすべての設備を改修

答　(4)

● 問題6

【解説＆解答】

(1) 消防設備士は、都道府県知事の行う講習を受けます。

(2) 消防設備士は、その業務に従事している、していないにかかわらず講習を受講する義務があります。

(3) 免状の交付を受けた日から2年以内に第1回目の講習を受けます。

(4) 2回目以降の講習は5年以内ごとに受講します。

答　(3)

● 問題7

【解説＆解答】

消防用設備等の点検は、消防設備士または消防設備点検資格者に行わせ、防火対象物の関係者は、消防長または消防署長に点検結果を報告します。

消防設備士または消防設備点検資格者が定期点検しなければならないものは、次のとおりです。

	防火対象物の種類	備　考
①	延べ面積1000㎡以上の特定防火対象物	
②	延べ面積1000㎡以上の非特定防火対象物	消防長または消防署長が指定したもの
③	特定一階段等防火対象物	特定用途部分が地階または3階以上の階にあり、階段が1つ（外部階段は除く）の防火対象物です。

これによれば、(1)、(2) はすべてとあるので違います。

(3) の教会は1000㎡以上の非特定防火対象物に該当しますが、消防長または消防署長が

指定したものとの記述がないので、該当しません。

(4) 映画館は特定防火対象物で1000m²以上なので該当します。

なお、設置した消防用設備等が基準に合わなかったり、点検がされていなかったりした場合、消防長または消防署長は、防火対象物の関係者で権原を有する者に対し、法令に適合するよう命ずることができます。

また、点検結果の報告については、特定防火対象物は1年に1回、非特定防火対象物は3年に1回です。

答 (4)

● 問題 8
【解説＆解答】
検定は次の2つから成ります。

① 型式承認：形状等が、規格に適合していることを総務大臣が承認。
② 型式適合検定：個々の製品が型式承認されたものと同じか、日本消防検定協会などが検定。

(1) 型式承認は、総務大臣が行います。
(2) 正しい。
(3) 海外から輸入された検定対象機械器具等は、日本で使用するものであり型式適合検定を行います。
(4) 型式適合検定に合格したものでなくては、検定対象機械器具等を販売することはできません。

答 (2)

法令4類 （7問）

● 問題 9
【解説＆解答】
会計事務所は令別表1の（15）項です。つまり、（1）項〜（14）項のいずれにも該当しない事業場です。

（15）項は防火対象物の延べ面積が1000m²以上の場合、自動火災報知設備を設置します。

答 (4)

● 問題 10
【解説＆解答】
面積によらず自動火災報知設備の設置義務があるのは、次のものです。

令別表 1		防火対象物の種類等	自動火災報知設備の設置
(2) 項 ニ		カラオケボックス、漫画喫茶など	
(6) 項 ロ		要介護の福祉施設など	
(13) 項 ロ		飛行機等の格納庫	面積によらず全階すべて
(17) 項		重要文化財など	
特定防火対象物		特定一階段等防火対象物	
(1) ～ (17) 項		すべての用途の 11 階以上の階	11 階以上の階すべて

したがって、地上11階建て以上の防火対象物は、全館に自動火災報知設備を設置します。

答 **(1)**

● 問題11 ―――――――――――――――――――――――――――――――――

【解説＆解答】

(1) 共同住宅は、非特定防火対象物であり、延べ面積500㎡以上で全階に自動火災報設備の設置義務が生じます。当問題では480㎡なのでこの規定は外れます。しかし、12階ということなので、用途、面積にかかわらず設置します。11階以上は設置義務があります。

(2) 地階または無窓階でその階の床面積が以下となるとき、自動火災報知設備を設置します。

	令別表 1	無窓階または地階にある
①	(2)項　すべて	その階の面積が100㎡以上
②	(3)項　すべて	その階の面積が100㎡以上
③	(16)項イのうち (2)か (3)の用途を含む	その階の面積が100㎡以上
④	上記①～③以外	その階の面積が300㎡以上

飲食店は (3) ロ項で、地階にあり100㎡なのでこの部分に設置義務があります。

(3) 設置不要です。

(4) 地下街で、床面積が300㎡以上は設置します。

答 **(3)**

● 問題12 ―――――――――――――――――――――――――――――――――

【解説＆解答】

ガス漏れ火災警報設備の設置義務のある防火対象物は以下のとおりです。

(温泉採取の設備は除く)

	防火対象物	基　準
①	地下街	延べ面積1000㎡以上
②	特定防火対象物の地階	床面積の合計が1000㎡以上
③	準地下街	延べ面積1000㎡以上で、特定用途部分が500㎡以上
④	特定用途部分を有する複合用途防火対象物の地階	床面積の合計が1000㎡以上で、特定用途部分が500㎡以上

(1) マンションは設置不要です。

(2) ②に該当します。

(3) 旅館は特定防火対象物ですが、地階の面積が1000㎡に達していないので設置不要です。

(4) ③の延べ面積1000㎡以上ですが、特定用途部分が500㎡以上ではないので設置不要です。

答 **(2)**

第10章

解説・解答

【解説＆解答】

特種（定温式のみ）、1種、2種、3種（一部の感知器）に区分され、取付け高さが決まっています。

本間で種別の記載がないのは、種別に関係なくその感知器すべてを意味するので、最も性能の良い感知器の最大取付け高さと考えます。

感知器の取付け高さは、4つに分けられます。

① 4m未満　　② 4m以上8m未満　　③ 8m以上15m未満　　④ 15m以上20m未満

4m未満は、すべての感知器が取り付けられるので問題になりません。

取付け面の高さ	差動式スポット型 1・2種	差動式　分布型 1・2種	定温式スポット型		煙感知器1種
			特種・1種	2種	
4m未満	○	○	○	○	○
4m以上 8m未満	○	○	○		○
8m以上 15m未満		○			○
15m以上 20m未満					○
20m以上					

答 (4)

【解説＆解答】

「地階を除く階数が5以上」かつ「延べ面積が3000㎡を超える」防火対象物では、区分鳴動ができるように配線します。

パターン	出火階	区分鳴動させる階
①	2階以上	出火階＋直上階
②	1階	出火階＋直上階＋地階全部
③	地下1階	出火階＋直上階＋地階全部
④	地下2階以下	地階全部

(1) 2階で出火なのでパターン①のとおり、2階と3階に鳴動。

(2) 1階で出火なのでパターン②のとおり、1階、2階、地階全部。

(3) 地下1階で出火なのでパターン③のとおり、1階と地階全部。地下3階（B3）も鳴動させる必要があります。

(4) 地下3階で出火なのでパターン④のとおり、地下全部を鳴動させます。

出火階とその直上階は鳴動させる。かつ、1階以下で出火したら地下はすべて鳴動、という原則を覚えておきましょう。

答 (3)

【解説＆解答】

消防機関へ通報する火災報知設備とは、手動によりM型発信機を操作して、M型受信機に信号を送るものです。M型発信機は、多くの人の目に触れる場所で、かつ操作しやすい場所および防災センターなどに設置します。一方、M型受信機は、消防機関に設置します。

このM型発信機とM型受信機はほとんど製造されておらず、消防機関へ通報する火災報知設備とは、実質的には「火災通報装置」のことを意味するといってよいでしょう。

火災通報装置とは、ボタンを押すと電話回線により消防機関を呼び出し、蓄積音声情報（あらかじめ録音メッセージされたもの）で火災通報ができるようになっています。また、消防職員と通話もできます。

「消防機関へ通報する火災報知設備について…」という質問であれば、火災通報装置だけでなく、従来のM型システムもその中に含まれると解釈すべきでしょう。

(1) 要介護施設、病院、ホテル等は、電話があっても、消防機関へ通報する火災報知設備の省略はできません。

(2) P型発信機と同様、床面または地盤面から0.8m以上、1.5m以下の位置に設置します。

(3) 正しい。

(4) 火災通報装置は、防災センター等に設けます。

答　(1)

10

解説・解答

③ 構造・機能・整備・工事（20問）

電気 （12問）

● 問題1

【解説＆解答】

熱スポット型感知器の下端は、天井面（取付面）から、0.3m以内となるように設けます。

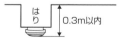

答　(2)

● 問題2

【解説＆解答】

厨房は煙が充満し、湯沸室は水蒸気が滞留します。そういう場所では煙感知器は設置でき

ません。
(1) 差動式スポット型感知器は、周囲の温度の上昇率が一定の率以上になつたときに火災信号を発信するものです。厨房や湯沸室での使用は適当ではありません。
(2) 差動式分布型感知器も同様です。
(3) 定温式スポット型感知器が適当です。防水型を使用します。
(4) 光電式スポット型感知器は煙式なので、適切ではありません。

答 (3)

● 問題3
【解説＆解答】
炎感知器の設置場所として、適切でないのは、
① 直射日光が直接当たるような場所（遮光板を設ければよい）。
② 自動車のヘッドライトが直接当たるような場所
③ 殺菌灯のある場所
④ 火炎が露出するものが設けられている場所
一方、以下の場所に設置するのは可能です。
① 取付け高さが20m以上の場所
② 排気ガスが多量に滞留する場所
③ じんあい、微粉などが多量に滞留する場所
以上から、(2) の火を使用する設備で、火炎が露出するものが設けられている場所が適切ではありません。

答 (2)

● 問題4
【解説＆解答】
取付け面の高さ4m未満の、定温式感知器1個あたりの感知面積〔㎡〕は表のとおりです。

取付け面の高さ	建物構造	定温式スポット型		
		特種	1種	2種
4m未満	主要構造部が耐火構造	70	60	20
	その他	40	30	15

主要構造部が耐火構造以外の建築物とあるので、「その他」の1種の欄が該当します。

答 (1)

● 問題5
【解説＆解答】
(1) 押しボタンの位置は、床面から高さ0.8m以上1.5m以下です。
(2) P型1級発信機は、P型1級またはR型受信機と接続します。P型2級受信機とは接続しません。P型2級受信機にはP型2級発信機を接続します。
(3) 各階ごとに、その階の各部分から1の発信機までの歩行距離が50m以下となるように

設置します。

(4) 設置する直近に屋内消火栓用表示灯があれば、発信機の表示灯は省略できます。兼用できるということです。

答 (1)

● 問題6
【解説&解答】
火災でないのに火災信号を受信するのが非火災報です。火災復旧スイッチを手動で操作して、復旧させます。

答 (3)

● 問題7
【解説&解答】
加熱試験器を用いて試験するのは熱スポット型の感知器で、その作動時間は表に示す時間内となるように決められています。
定温式スポット型感知器では、公称作動温度−周囲温度＞50℃の場合、感知器が温まるまで時間がかかるので、表の2倍まで許容されます。

感知器	特種	1種	2種
差動式スポット型感知器	—	30秒	30秒
補償式スポット型感知器	—	30秒	30秒
定温式スポット型感知器	40秒	60秒	120秒

差動式スポット型感知器と補償式スポット型感知器は、いずれも種別によらず30秒以内に作動すればOKです。

答 (1)

● 問題8
【解説&解答】
流通試験とは、空気管式の作動式分布型感知器の機能試験の1つです。空気管に空気を送り、漏れや詰まりの有無を確認する試験です。
空気管の一端にマノメーター、もう一端にテストポンプを接続し空気を注入します。マノメーターの水位を約100mm上昇させ、水位が50mmまで下がる時間を測定します。この時間がグラフの上限と下限の間にあれば適正です。
グラフの横軸は空気管の長さ〔m〕で、縦軸が時間〔秒〕です。横軸の90mのところを上にいくと、下限値は約8秒、上限値は約12.5秒です。選択肢のうち、この範囲にあるのは10秒です。

答 (2)

【解説＆解答】

回路導通試験は、感知器回路の断線がないかを受信機側から試験するものです。感知器本体（内部）の断線や、感知器内接点不良などを調べるものではありません。

導通を示さない原因として、感知器送り配線の断線や終端抵抗器の接続不良等が考えられます。

答 (3)

● 問題10

【解説＆解答】

爆発下限界（ガスが漏れて爆発が起こる下限値）に対して次のように決められています。

① 爆発下限界の1／4以上の濃度で作動すること。

　1／4以上の濃度が継続されれば、作動し続けること。この濃度で警報を発すれば、爆発下限界に達する前に対策がとれます。

② 爆発下限界の1／200以下の濃度では作動しないこと。

　微量ガスの漏れによる誤作動を防止します。

答 (3)

● 問題11

【解説＆解答】

(1) 正しい方法です。

(2) 正しい方法です。

(3) 正しい記述です。

(4) 抵抗値を増加させてはいけません。抵抗が大きくなると流せる電流が小さくなってしまいます。

答 (4)

● 問題12

【解説＆解答】

耐火配線とするには　→　耐火電線を使用し露出配線

　　　　　　　　　　　　耐熱電線を使用し配管に入れて埋め込む

耐熱配線とするには　→　耐熱電線を配管に入れて露出で可

① 耐火電線

・消防長認定の耐火電線（FP）　　・MIケーブル

② 耐熱電線

・600V2種ビニル絶縁電線（HⅣ）　　・シリコンゴム絶縁電線

・EPゴム絶縁電線　　　　　　　　　・ポリエチレン絶縁電線

・架橋ポリエチレン絶縁電線　　　　・CDケーブル

・クロロプレン外装ケーブル　など

(1) クロロプレン外装ケーブルは耐熱電線なので、配管に入れて埋め込めば耐火配線として認められます。金属管の場合、鉄筋コンクリートの壁面から1cm以上ならOKです。合成樹脂管なら2cm以上にしてください。

(2) シリコンゴム絶縁電線は耐熱電線であり、金属管に入れたところまではよいですが、露出はだめです。耐火配線と認められません。

(3) 消防庁長官が定める基準に適合する耐火電線を使用したものは耐火配線となります。

(4) MIケーブルは耐火配線として認められています。

答 (2)

規格 (8問)

● 問題13 ―――――――――――――――――――――――――――

【解説＆解答】

(1) 差動式分布型感知器は、「一局所の熱効果で作動」ではなく、「広範囲の熱効果の累積で作動」です。問題文は差動式スポット型感知器の説明です。

(2) 正しいです。なお、外観が電線状のものは、定温式感知線型感知器です。

(3)「2以上の火災信号を発信」ではなく、「1つの火災信号を発信」です。問題文は熱複合式スポット型感知器の説明です。

(4)「感熱素子の温度の変化」ではなく、「光電素子の受光量の変化」です。

答 (2)

● 問題14 ―――――――――――――――――――――――――――

【解説＆解答】

(1) 空気管の外径が1.94㎜以上です。「内径」でなく「外径」です。

(2) 空気管の肉厚は0.3㎜以上です。

(3) 空気管1本の長さは20 m以上とします。感知区域が小さく20m未満となる場合は、二重巻きやコイル巻きで20m以上となるようにします。

(4) 差動式分布型感知器は、周囲の温度の上昇率が一定の率以上になったときに火災信号を発信するもので、広範囲の熱効果の累積により作動するものです。

答 (3)

● 問題15 ―――――――――――――――――――――――――――

【解説＆解答】

(1) R型発信機はありません。R型受信機にもP型発信機の1級を使います。

(2) P型発信機は、1級、2級とも外箱の色は赤色とします。

(3) 保護板は、破壊するか押し外す構造のいずれでもよいことになっています。

(4) 保護板は透明の有機ガラスとします。なお、無機ガラスは不可です。

答 (3)

● 問題16

【解説＆解答】

受信機の構造および機能は、次のように定められています（抜粋）。

① 確実に作動し、かつ、取扱い、保守点検および附属部品の取替えが容易にできること。

② 耐久性を有すること。

③ 水滴が浸入しにくいこと。

④ ほこりまたは湿気により機能に異常を生じないこと。

⑤ 腐食により機能に異常を生ずるおそれのある部分には、防食のための措置を講ずること。

⑥ 不燃性または難燃性の外箱で覆うこと。

⑦ 配線は、十分な電流容量を有し、かつ接続が的確であること。

⑧ 部品は、機能に異常を生じないように、的確に、かつ、容易に緩まないように取り付けること。

⑨ 充電部は、外部から容易に人が触れないように、十分に保護すること。

⑩ 定格電圧が60Vを超える受信機の金属製外箱には、接地端子を設けること。

⑪ 主電源の両極を同時に開閉することができる電源スイッチを受信機の内部に設けること。ただし、P型3級受信機、接続することができる回線の数が1のG型受信機およびGP型3級受信機（G型受信機の機能としての接続することができる回線の数が1であるものに限る）にあっては、この限りでない。

⑫ 主電源回路の両線および予備電源回路の1線並びに受信機から外部負荷に電力を供給する回路には、ヒューズ、ブレーカその他の保護装置を設けること。

⑬ 予備電源を設けること。ただし、接続することができる回線の数が1のP型2級受信機、P型3級受信機、G型受信機、GP型2級受信機（P型2級受信機の機能としての接続することができる回線の数が1であるものに限る）およびGP型3級受信機にあっては、この限りでない。

⑭ 主電源を監視する装置を受信機の前面に設けること。

⑮ 受信機の試験装置は、受信機の前面において容易に操作することができること。

⑯ 復旧スイッチまたは音響装置の鳴動を停止するスイッチを設けるものにあっては、当該スイッチは専用のものとすること。ただし、当該スイッチを受信機の内部に設ける場合またはP型3級受信機またはGP型3級受信機に設ける場合にあっては、この限りでない。

⑰ 定位置に自動的に復旧しないスイッチを設けるものにあっては、当該スイッチが定位置にないとき、音響装置または点滅する注意灯が作動すること。

(3) 不燃性または難燃性の外箱で覆うこと。

答 (3)

● 問題17

【解説＆解答】

表示灯の規格は次のとおりです。

① 電球は、使用される回路の定格電圧の130％の交流電圧を20時間連続して加えた場合、

断線、著しい光束変化、黒化または著しい電流の低下を生じないこと。

② 電球を2以上並列に接続すること。ただし、放電灯または発光ダイオードを用いるものにあっては、この限りでない。

③ 周囲の明るさが300ルクスの状態において、前方3m離れた地点で点灯していることを明確に識別することができること。

答 (4)

● 問題18

【解説＆解答】
予備電源については、次のように定められています。

① 密閉型蓄電池であること。

② 主電源が停止したときは主電源から予備電源に、主電源が復旧したときは予備電源から主電源に自動的に切り替える装置を設けること。

③ 最大消費電流に相当する負荷を加えたときの電圧を容易に測定することができる装置を設けること。

④ 容量は、次に掲げる予備電源の区分に応じ、次に定める容量以上であること。

イ．P型受信機用またはR型受信機用の予備電源

監視状態を60分間継続した後、2の警戒区域（P型受信機で警戒区域の回線が1のものにあっては、1の警戒区域）の回線を作動させることができる消費電流を10分間継続して流すことができる容量（当該消費電流が監視状態の消費電流を下回る場合にあっては、監視状態の消費電流を10分間継続して流すことができる容量）

ロ．G型受信機用の予備電源

2回線を1分間有効に作動させ、同時にその他の回線を1分間監視状態にすることができる容量

ハ．GP型受信機用またはGR型受信機用の予備電源

イに定める容量およびロに定める容量を合わせた容量

(1) 自家発電装置や開放型蓄電池設備は不可で、密閉型蓄電池に限ります。

(2) 正しい。

(3) 正しい。

(4) 正しい。

答 (1)

● 問題19

【解説＆解答】
主電源：定格電圧の90％以上110％以下
予備電源：定格電圧の85％以上110％以下

答 (1)

【解説＆解答】

不燃性または難燃性の外箱で覆うこと。

中継器の構造および機能は、次のように定められています。（①〜⑩は受信機と同じです）

① 確実に作動し、かつ取扱い、保守点検および附属部品の取替えが容易にできること。

② 耐久性を有すること。

③ 水滴が浸入しにくいこと。

④ ほこりまたは湿気により機能に異常を生じないこと。

⑤ 腐食により機能に異常を生ずるおそれのある部分には、防食のための措置を講ずること。

⑥ 不燃性または難燃性の外箱で覆うこと。

⑦ 配線は、十分な電流容量を有し、かつ接続が的確であること。

⑧ 部品は、機能に異常を生じないように、的確に、かつ容易に緩まないように取り付けること。

⑨ 充電部は、外部から容易に人が触れないように、十分に保護すること。

⑩ 定格電圧が60Vを超える中継器の金属製外箱には、接地端子を設けること。

⑪ 地区音響装置を鳴動させる中継器は、受信機において操作しない限り、鳴動を継続させること。

⑫ 火災信号、火災表示信号、火災情報信号またはガス漏れ信号に影響を与えるおそれのある操作機構を設けないこと。

⑬ 蓄積式のものにあっては、次に定めるところによること。

イ．蓄積時間（感知器からの火災信号または火災情報信号（火災表示または注意表示をする程度に達したものに限る）を検出してから、検出を継続し、受信を開始するまでの時間をいう。以下同じ）を調整する装置を有するものにあっては、当該装置を中継器の内部に設けること。

ロ．蓄積時間は、5秒を超え60秒以内であること。

ハ．発信機からの火災信号を検出したときは、蓄積機能を自動的に解除すること。

答 **(3)**

④ 鑑別等（5問）

● 問題1

【解説＆解答】

P型1級は、末端の感知器に終端抵抗を接続します。P型2級は、末端を発信器にします。

受信機の種類	正しい配線方法
P型1級受信機	④
P型2級受信機	③

● 問題2

【解説＆解答】

(1) 発信機Pが末端なので、これに終端抵抗を付けます。

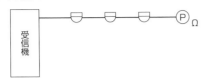

(2) P型1級発信機にあって、P型2級発信器にない機能は、確認応答線と電話線です。

(3) 表のようになります。

A	一般電線
B	一般電線
C	耐熱電線
D	耐熱電線

● 問題3

【解説＆解答】

試験機器	試験機器の名称	試験できる感知器
A	加熱試験器	差動式スポット型感知器 定温式スポット型感知器 補償式スポット型感知器
B	メーターリレー試験器	差動式分布型感知器（熱電対式）
C	煙感知器感度試験器	光電式スポット型感知器 イオン化式スポット型感知器
D	マノメーターとテストポンプ	差動式分布型感知器（空気管式）

● 問題4

【解説＆解答】

空気管の火災作動試験に必要な試験器具は以下のとおりです。

① コックスタンドの鍵（鍵を必要とする方式のもの）

② 空気注入試験器（テストポンプ）

③ 回路計（テスター）

④ ストップウオッチ

⑤ ノズル（検出部に適合するもの）

以上を用いて試験を行います。

(1) 試験方法

① ［回路計］のレンジを直流電圧に設定し、検出部の表示線端子と共通線端子に接続する。このとき、指針は ［25～26］V程度である。

② ノズル（ゴム管）を ［コックスタンド］ の試験孔に接続する。

③ ［コックスタンド］ のハンドルを作動試験の位置にする。鍵で操作するタイプもある。

④ ［テストポンプ］ で適量の空気を注入し、同時にストップウオッチを押す。

⑤〔回路計〕の電圧指示値が〔 0 〕Ｖになったときの時間をストップウオッチで測定する。

（2）判定方法

接点が閉じると回路計の指示値が0Ｖとなるので、空気注入後からそれまでの時間を測定し、検出部に明示されている範囲内であることを確認する。

● 問題5 ───────────────────────────────

【解説＆解答】

（1）① 発信機側と通話するためのもの

　　 ② 受信機の試験をする際、消火栓が連動しないためのもの

（2）

① 火災表示試験

　（火災試験スイッチ）　→　（回路選択スイッチ）　→　（火災復旧スイッチ）

② 同時作動試験

　（火災試験スイッチ）　→　（回路選択スイッチ）

③ 回路導通試験

　（導通試験スイッチ）　→　（回路選択スイッチ）

（3）火災灯、電話ジャック、電話灯、発信機灯、導通試験スイッチ

5 製図（2問）

● 問題1 ───────────────────────────────

【解説＆解答】

（1）受信機は防災センター等常時人がいる場所が原則です。

受信機	防災センター
副受信機	事務室

（2）① オイルタンク室を定温式スポット型感知器（防爆型）とする。

　　　 蓄電池室を定温式スポット型感知器（耐酸型）とする。

　　　 厨房を定温式スポット型感知器（防水型）とする。

　　　 湯沸室を定温式スポット型感知器（防水型）とする。

　　 ② 2種の煙感知は歩行距離30m以内ごとに1個設置します。3個

（3）地区音響装置は水平距離25m以内に1個、発信機は歩行距離50m以内に1個設置します。1個では不足です。2個

（4）電気室のように電気が通っているところは、危険なため熱感知試験器の棒を伸ばすことができません。

図のように、差動式スポット型感知器と差動スポット試験器を保護管（空気管や銅管）で結び、空気を注入してダイヤフラムを膨張させて点検します。

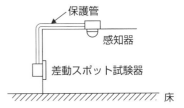

保護管
感知器
差動スポット試験器
床

● 問題2 ───────

【解説＆解答】

図のようにはっきりわかるように描きましょう。

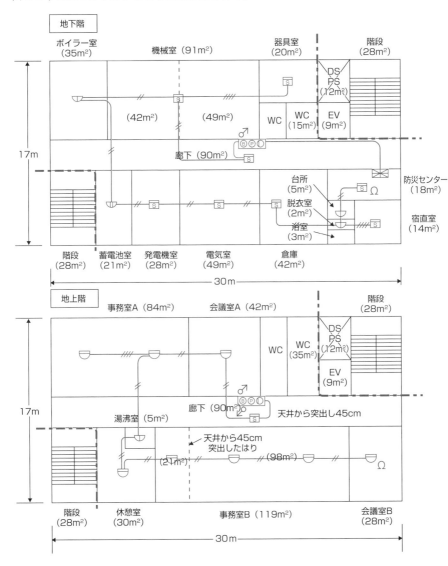

■ 著者
関根康明（せきね・やすあき）

電気通信大学卒。一級建築士事務所SEEDO代表。資格取得の出前講習、リモート（web）講習などを行っている。一級建築士、甲種消防設備士。

一級建築士事務所SEEDOのホームページ：http://seedo.jp/

◆お問い合わせ◆
本書の記述に関するお問い合わせについては、下記のWebサイトをご参照ください。

https://xknowledge.co.jp/contact

電話によるお問い合わせはお受けしておりません。

● お寄せいただきましたご質問等への回答は、若干お時間をいただく場合もございますので、あらかじめご了承ください。なお、本書の範囲を超えるご質問への回答・受験指導等は行っておりませんので、何卒ご了承のほどお願いいたします。

第2版
ラクラク突破の
消防設備士4類 解いて覚える！問題集

2022年 3月28日　初版第1刷発行

　　著　者　　関根康明
　　発行者　　澤井聖一
　　発行所　　株式会社エクスナレッジ
　　　　　　　〒106-0032　東京都港区六本木7-2-26
　　　　　　　https://www.xknowledge.co.jp/

編集　　　　Tel　03-3403-1381　Fax　03-3403-1345　info@xknowledge.co.jp
販売　　　　Tel　03-3403-1321　Fax　03-3403-1829

4種甲類／乙類
消防設備士
解いて覚える!
問題集 別冊

試験直前対策用!

電気の単位・公式
＋頻出用語集

X-Knowledge

電気の単位

名 称	記 号	単 位	読 み	備 考
電 圧	V、E	V	ボルト	電位、起電力
電 流	I	A	アンペア	
抵 抗	R	Ω	オーム	
インピーダンス	Z	Ω	オーム	
リアクタンス	X	Ω	オーム	
抵抗率	ρ（ロウ）	Ωm	オームメートル	
導電率	σ（シグマ）	S/m	ジーメンス毎メートル	
（有効）電力	P	W	ワット	
皮相電力	S	VA	ボルトアンペア	
無効電力	Q	var	バール	
電力量	W	W・s	ワット秒	
エネルギー	W	J	ジュール	1J＝1W・s
電 荷	Q	C	クローン	
静電容量	C	F	ファラド	
コイルのインダクタンス	L	H	ヘンリー	
長 さ	ℓ	m	メートル	
時 間	T、t	s	秒、セカンド	
温 度	T	K	ケルビン	0℃＝273K
光 度	I	cd	カンデラ	

※記号は一般に用いられているものを示す。

POINT ▶ 電力量の単位は、実用上〔kW・h〕が使われます。
静電容量は、Capacitanceの頭文字Cで表しますが、単位はF：ファラドです。

接頭語

基本となる単位に次の接頭語をつけて実用的な単位とします。

10^{-12}	10^{-9}	10^{-6}	10^{-3}	1	10^3	10^6	10^9	10^{12}
ピコ（p）	ナノ（n）	マイクロ（μ）	ミリ（m）	基本単位	キロ（K）	メガ（M）	ギガ（G）	テラ（T）

電気の公式

●オームの法則

V = IR

V：電圧〔V〕　　I：電流〔A〕　　R：抵抗〔Ω〕

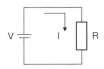

POINT ▶ V = RI　より、R = $\dfrac{V}{I}$、I = $\dfrac{V}{R}$ と自在に変形できるようにしておきます。

合成抵抗

(1) 直列接続

R_1〔Ω〕、R_2〔Ω〕の抵抗を直列に接続すると、端子 a b 間の合成抵抗 R〔Ω〕は、

$$R = R_1 + R_2 \quad \cdots\cdots ①$$

抵抗が n 個では、

$$直列：R = R_1 + R_2 + R_3 + \cdots\cdots + R_n$$

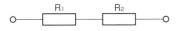

(2) 並列抵抗

ab 間の合成抵抗 R は、

$$R = \frac{1}{\left(\dfrac{1}{R_1} + \dfrac{1}{R_2}\right)} = \frac{R_1 R_2}{(R_1 + R_2)}$$

抵抗が n 個の並列接続では、

$$R = \frac{1}{\left(\dfrac{1}{R_1} + \dfrac{1}{R_2} + \dfrac{1}{R_3} + \cdots\cdots + \dfrac{1}{R_n}\right)}$$

●電線の抵抗

電線の導体部分の抵抗 R〔Ω〕は、

$$R = \rho \ell / S$$

ρ：抵抗率〔Ωm〕、

ℓ：電線長さ〔m〕

S：断面積〔㎡〕

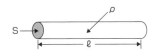

導体にV〔V〕の電位を与えると、Q〔C〕の電荷が現れます。このとき、

$$Q = CV$$

C:静電容量〔F〕、V:電圧〔V〕

静電容量とは、電荷を蓄える能力を表す量で、単位は〔F:ファラド〕。

一般的に静電容量(Capacitance)の頭文字Cを取ってC〔F〕と表します。電荷の単位〔C〕のCと混同しないようにしましょう。

(1) 直列接続

コンデンサC_1、C_2を直列接続したときの合成容量Cは、

$$C = \frac{1}{\left(\dfrac{1}{C_1} + \dfrac{1}{C_2}\right)} = \frac{C_1 C_2}{(C_1 + C_2)}$$

n個の直列接続は、

$$C = \frac{1}{\left(\dfrac{1}{C_1} + \dfrac{1}{C_2} + \dfrac{1}{C_3} + \cdots\cdots + \dfrac{1}{C_n}\right)}$$

(2) 並列接続

$$C = C_1 + C_2 \quad \cdots\cdots \quad ②$$

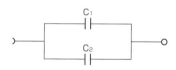

コンデンサがn個の並列接続は、

$$C = C_1 + C_2 + C_3 + \cdots\cdots + C_n$$

POINT ▶ 抵抗接続の場合と逆。

●クーロンの法則

電荷 Q_1、Q_2 に働く静電力 F 〔N〕は、

$$F = \frac{Q_1 Q_2}{4 \pi \varepsilon r^2}$$

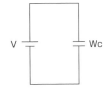

ε：電荷を取り巻く媒質の誘電率 〔F/m〕

r：Q_1 と Q_2 の距離 〔m〕

電荷が同符号（＋同士、－同士）は反発し、異符号（＋と－）は吸引します。

●静電エネルギー

$$Wc = \frac{CV^2}{2} \text{〔J〕}$$

Wc：コンデンサに蓄えられる静電エネルギー〔J〕

C：コンデンサの静電容量〔F〕

V：電圧〔V〕

●電磁エネルギー

$$W_L = \frac{LI^2}{2} \text{〔J〕}$$

W_L：コイルに蓄えられる電磁エネルギー 〔J〕

L：コイルのインダクタンス 〔H〕

I：電流 〔A〕

●インピーダンス

インピーダンスは、抵抗とリアクタンスを合成したものです。リアクタンスには、コイルによる誘導リアクタンス（X_L）とコンデンサによる容量リアクタンス（X_C）があり、どちらも抵抗と同じ作用をします。単位は〔Ω〕です。

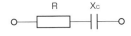

Zの大きさ＝$\sqrt{R^2 + X_L^2}$ 　　　　Zの大きさ＝$\sqrt{R^2 + X_C^2}$

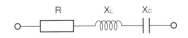

Zの大きさ＝$\sqrt{R^2 + (X_L - X_C)^2}$

POINT ▶ 　交流回路でもΩの法則が成り立ちます。V＝IZ

●電力

① S：皮相電力 〔V・A：ボルトアンペア〕
② Q：無効電力 〔var：バール〕
③ P：有効電力 〔W：ワット〕

POINT ▶ 一般に電力というときは、有効電力をいいます。

●電力の公式

V：線間電圧、I：線電流とすると、
① 直流　　　　P＝VI　　　　（直流ではPだけです。）
② 単相交流　S＝VI　　　　　〔VA〕
　　　　　　Q＝VIsin θ　　　〔var〕
　　　　　　P＝VIcos θ　　　〔W〕
③ 三相交流　S＝$\sqrt{3}$ VI　　　〔VA〕
　　　　　　Q＝$\sqrt{3}$ VIsin θ　〔var〕
　　　　　　P＝$\sqrt{3}$ VIcos θ　〔W〕

POINT ▶ P＝$\sqrt{3}$ VIcos θを覚え、単相なら$\sqrt{3}$ を取り、直流ならcos θも取ります。

●ブリッジ回路

検流計Gに流れる電流が0であるとき、

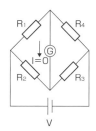

$R_1R_3 ＝ R_2R_4$の関係があります。

POINT ▶ ブリッジ回路は交流でも成り立ちます。抵抗の代わりにインピーダンスで考えると次のようになります。
　　　　　$Z_1Z_3＝Z_2Z_4$

●誤差

T：真の値、M：測定値のとき、
誤差＝M－T
誤差率（ε）＝（M－T）×$\dfrac{100}{T}$

●補正

補正 ＝ T － M

$$補正率（\alpha）＝（T － M）\times \frac{100}{M}$$

POINT ▶ 補正率は誤差率のTとMを入れ替えたものです。

●変圧比

$$変圧比 ＝ \frac{E_1}{E_2} ＝ \frac{N_1}{N_2} ＝ \frac{I_2}{I_1}$$

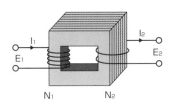

E_1：1次巻線の起電力〔V〕　E_2：2次巻線の起電力〔V〕

N_1：1次巻線数　　　　　　N_2：2次巻線数

I_1：1次巻線の電流〔A〕　　I_2：2次巻線の電流〔A〕

●変圧器の効率

入力＝出力＋損失

損失＝鉄損＋銅損（他の損失は無視）

効率（η）＝出力／入力＝ 出力／（出力＋鉄損＋銅損）

●回転速度

① 同期電動機

$$Ns ＝ \frac{120f}{p}$$

Ns：同期速度〔min^{-1}〕　　f：周波数　　　p：固定子の極数

② 誘導電動機

$$N ＝（1 － s）Ns ＝ \frac{120f（1 － s）}{p}$$

s：すべり

(1) 蓄電池設備の構造及び性能

① 外部から容易に人が触れるおそれのある充電部、高温部は、安全上支障のないように保護されていること。

② 直交変換装置を有する蓄電池設備にあっては常用電源が停電してから40秒以内に、その他の蓄電池設備にあっては常用電源が停電した直後に、電圧確立及び投入を行うこと。

③ 蓄電池設備は、自動的に充電するものとする。

④ 蓄電池設備には、過充電防止装置を設けること。

⑤ 蓄電池設備には、自動的にまたは手動により容易に均等充電が行うことができる装置を設けること。（原則）

⑥ 蓄電池設備から消防用設備等の操作装置に至る配線の途中に過電流遮断器のほか、配線用遮断器または開閉器を設けること。

⑦ 蓄電池設備には、当該設備の出力電圧又は出力電流を監視できる電圧計又は電流計を設けること。

⑧ 蓄電池設備は、0℃から40℃までの範囲の周囲温度において、機能に異常を生じないこと。

(2) 蓄電池の構造および性能

① 蓄電池の単電池当たりの公称電圧

鉛蓄電池：2V　　　　アルカリ蓄電池：1.2V

② 蓄電池は液面が容易に確認できる構造とする。ただし、シール形または制御弁式のものにあっては、液面を確認できない構造でもよい。

③ 補液の必要のあるものについては、減液警報装置が設けられていること。

(3) 蓄電池設備の充電装置の構造および機能

① 自動的に充電でき、かつ充電完了後は、トリクル充電または浮動充電に自動的に切替えられるものであること。ただし、切替えの必要のないものにあってはこの限りでない。

② 充電装置の入力側には、過電流遮断器のほか、配線用遮断器または開閉器を設けること。

③ 充電装置の回路には過電流遮断器を設けること。

④ 充電中である旨を表示する装置を設け、充電状態を点検できる装置を設けること。

用 語 集

乙種消防設備士	消防設備士資格には甲種と乙種の2種類あり、乙種は消防用設備等の整備ができる資格で、工事はできない。設備の種類により第1類～第7類の7種類に分類されている

か行

開口部	壁や床に、採光、換気、人の出入りなどのために設けらた窓、扉などの部分
回路試験器	2級受信機の回路導通試験において、感知器回路の末端に設けられた押しボタン装置
回路導通試験	受信機の機能試験の1つで、感知器回路が断線していないか（導通があるか）どうかを、回路ごとに行う試験
加煙試験器	スポット型の煙感知器の作動試験に用いる試験装置。発煙材（スプレー、線香など）を入れた、おわん型の試験器を感知器にかぶせ、感知器が所定の時間内に作動するかを確認する
確認応答線	P型1級発信機の場合、火災信号を発信したときに点灯する確認ランプの配線
火災情報信号	火災によって生じる熱や煙の程度に関する信号をいう。アナログ式の感知器が発信する
火災信号	感知器、発信機が、火災が発生したことを知らせる信号
火災通報装置	押しボタン操作により、消防機関に通報することができる装置で、防災センターや守衛室に設置される
火災灯	P型1級受信機の火災を知らせる表示灯
火災表示試験	火災信号を受信したとき、受信機の火災灯、地区表示灯が点灯し、主音響装置と地区音響装置が鳴動するかの試験。火災表示が保持されることもあわせて確認する。
火災表示試験装置	火災表示が正常に作動するかどうかを試験する装置
火災表示信号	火災情報信号をもとに、火災であることを中継器が発する信号
火災報知設備	火災の発生を防火対象物の関係者に自動的に報知する設備であって、感知器、中継器および受信器、P型受信機、R型受信機、GP型受信機またはGR型受信機のいずれかで構成されたもの。または、これらのものにP型発信機またはT型発信機が付加されたもの、並びに火災の発生を消防機関に手動により報知する設備であって、M型発信機およびM型受信機で構成されたものをいう
ガス漏れ火災警報設備	燃料用ガス（液化石油ガス販売事業によりその販売がされる液化石油ガスを除く）、または自然発生する可燃性ガスの漏れを検知し、防火対象物の関係者または利用者に警報する設備であって、ガス漏れ検知器（以下「検知器」という）、および受信機または検知器、中継器および受信機で構成されたものに警報装置を付加したものをいう
ガス漏れ信号	ガス漏れが発生した旨の信号をいう
型式承認	対象となる消防用機械器具について、総務省令で定める技術上の規格に適合していることを、総務大臣が承認することをいう
加熱試験器	差動式スポット型、定温式スポット型、補償式スポット型感知器の作動試験に用いる試験器。火口（白金カイロ）を、おわんのような形をした試験器に入れ、感知器にかぶせ、所定の時間内に作動するかを試験する
関係者	防火対象物または消防対象物の所有者、管理者、または占有者
関係のある場所	防火対象物または消防対象物のある場所
監視空間	炎感知器が火災を監視すべき空間で、床面から1.2mまでの空間をいう
感知器	火災を感知する末端の機器。火災を感知する方法により、熱感知器、煙感知器、炎感知器などがある

感知区域	感知器が火災を有効に感知できる範囲のこと。具体的には壁、または取付面から0.4m以上（差動式分布型感知器、煙感知器の場合は0.6m以上）突出した、はり等によって区画された部分をいう
感知面積	1個の感知器が火災を感知できる面積をいう。したがって、感知器の設置個数は、その感知区域の面積と、感知器の感知面積によって決まる
機器収容箱	発信機、表示灯、地区音響装置などを収容する箱
危険物	消防法の「別表第1」に定められた、発火性または引火性があるか、他の物と反応して燃えやすくする物質。危険物はその性質によって、第1類〜第6類に区分される
危険物取扱者	製造所等で、一定量以上の危険物を取り扱うことのできる資格者をいう。資格には、甲種、乙種、丙種の3種類があり、甲種危険物取扱者はすべての危険物を取扱うことが、乙種危険物取扱者は第1類〜第6類の危険物を取扱うことが、丙種危険物取扱者は第4類危険物の一部のみ取扱うことができる。また危険物取扱者以外の者が危険物を取扱う場合、甲種または乙種危険物取扱者の立会いが必要となる
危険物保安監督者	指定数量以上の製造所、貯蔵所または取扱所で選任される者。甲種または乙種危険物取扱者免状を持っている者で、6カ月以上の危険物取扱いの実務経験のある者であること
共通線	自動火災報知設備の感知器回路は、警戒区域ごとに2本で配線するが、7警戒区域（7回線）以内であれば1本の共通線を設け、配線本数を減らすことができる
共同防火管理	高層建築物や雑居ビルのような防火対象物で、管理権原者が複数になる場合共同で防火管理を行うこと。共同防火管理協議会を設置運用する
空気管式	差動式分布型感知器の感知方式の1つで、広範囲の熱の変化を検出する。天井などに空気管（銅製の細い管）を施設し、火災による温度上昇で、空気管内の空気が膨張し、検出部にあるダイヤフラムの接点が閉じで受信機に発信する
空気注入試験器	空気管式の作動式分布型（空気管式）感知器の作動試験の際、検出部の試験孔から必要な空気量を注入し、正常に作動するか否かを試験する。テストポンプともいう
区分鳴動	地区音響装置を鳴動させる場合、原則として全館一斉であるが、次の①か②のような大規模な防火対象物については、防火対象物の一部を鳴動させる区分鳴動できるようにする 　　① 地階を除く階数が5以上　　② 延べ面積3000㎡を超える
警戒区域	火災の発生場所を特定するため、他と区別、識別するための区域
警戒区域番号	各警戒区域を他と区別するため付けられた番号をいう
系統図	自動火災報知設備の受信機、地区音響装置、発信機、表示灯、感知器などの配線、種類、設置個数などを、各階ごとに立面図的に表したもの
警報装置	ガス漏れの発生を防火対象物の関係者および利用者に警報する装置をいう
煙感知器	火災による煙を感知し、火災発生を知らせる感知器をいう。イオン化式と光電式がある
煙感知器感度試験器	スポット型の煙感知器の感度の良否を判定する試験装置
煙複合式スポット型感知器	イオン化式スポット型感知器の性能および光電式スポット型感知器の性能を併せもつものをいう。感度の異なる2つの感知器によって、複数の火災信号を発信できる
権原	ある行為を法律上の行為として正当化できる根拠。「権原」であり、「権限」でないことに注意

減光フィルター	光電式分離型感知器の作動試験に用いるもので、光の透過率の異なる複数の減光フィルターで光軸を遮り、所定の減光率の時に正常に作動するかを確認する
検知器	ガス漏れを検知し、中継器または受信機にガス漏れ信号を発信するものまたはガス漏れを検知し、ガス漏れの発生を音響により警報するとともに、中継器または受信機にガス漏れ信号を発信するものをいう
建築確認	建物を建築するとき、定められた基準に従って設計されているかを、建築主事または指定確認検査機関に確認してもらう必要がある。この確認がないと建築できないわけで、そのために建築確認申請の手続きを行う
建築主事	建築確認を行うため、都道府県や市町村に配置された地方公務員
検定制度	一部の消防用機械器具について、形状、構造、材質、性能等が、定められた技術上の基準に適合しているかどうかを試験する制度。これに合格しないものは、販売や陳列、工事などに使用できない。まず、総務大臣が行う型式承認を得て、次に消防検定協会等が行う個別検定を受ける
工事整備対象設備等着工届	消防用設備の工事を行う旨の届出で、甲種消防設備士が工事着手の10日前までに消防機関へ届け出る
甲種消防設備士	消防設備士資格には甲種と乙種があり、甲種は消防用設備等の工事と整備の両方ができる。設備の種類によって、特類及び第1類から第5類に分類される
甲種防火管理者	防火管理者の資格には甲種と乙種があり、次のいずれかの防火対象物に該当する場合、甲種防火管理者を選任する ① 特定防火対象物（収容人数30人以上）で延べ面積300㎡以上 ② 非特定防火対象物（収容人数50人以上）で延べ面積500㎡以上
公称監視距離	光電式分離型感知器や炎感知器で、有効に感知できる距離をいう
公称作動温度	定温式感知器が火災と判断し作動する温度
高層建築物	高さが31mを超える建築物
光電アナログ式スポット型感知器	周囲の空気が一定の範囲内の濃度の煙を含む濃度に至ったときに当該濃度に対応する火災情報信号を発信するもので、一局所の煙による光電素子の受光量の変化を利用するものをいう
光電アナログ式分離型感知器	周囲の空気が一定の範囲内の濃度の煙を含む濃度に至ったときに当該濃度に対応する火災情報信号を発信するもので、広範囲の煙の累積による光電素子の受光量の変化を利用するものをいう
光電式スポット型感知器	周囲の空気が一定の濃度以上の煙を含む濃度に至ったときに火災信号を発信するもので、一局所の煙による光電素子の受光量の変化により作動するものをいう
光電式分離型感知器	周囲の空気が一定の濃度以上の煙を含む濃度に至ったときに火災信号を発信するもので、広範囲の煙の累積による光電素子の受光量の変化により作動するもの
コックスタンド	差動式分布型感知器（空気管式）の検出部にある、コックハンドル、試験端子などから成る部分
個別検定	消防用設備等の個々の製品が型式承認されたものと同じであるかを、日本消防検定協会などが検定すること

さ 行

再鳴動装置	火災信号を受信したとき、地区音響停止スイッチがOFFであっても、自動的に鳴動させる装置
差動式スポット型感知器	周囲の温度の上昇率が一定の率以上になったときに火災信号を発信するもので、一局所の熱効果により作動するものをいう

差動式分布型感知器	周囲の温度の上昇率が一定の率以上になったときに火災信号を発信するもので、広範囲の熱効果の累積により作動するものをいう
作動表示装置	煙式のスポット型感知器に設け、作動したことを表示するもの。感知器本体に設けられた作動確認灯をいう
紫外線検出管（UVトロン）	炎感知器内に組み込まれた、炎に含まれる紫外線を検出するもの
紫外線式スポット型感知器	炎から放射される紫外線の変化が一定の量以上になったときに火災信号を発信するもので、一局所の紫外線による受光素子の受光量の変化により作動するものをいう
紫外線赤外線併用式スポット型感知器	炎から放射される紫外線および赤外線の変化が一定の量以上になったときに火災信号を発信するもので、一局所の紫外線および赤外線による受光素子の受光量の変化により作動するものをいう
自家発電設備	商用電源によらず、自前で発電する設備をいう。ディーゼル発電機など
指定確認検査機関	建築確認と中間検査、完成検査などを行う民間の機関。建築主事と同様の業務を行う
指定数量	消防法の「別表第1」に掲げられた危険物を貯蔵、取扱う場合、その種類により規制を受ける数量をいう
自動火災報知設備	火災の発生を防火対象物の関係者に自動的に報知する設備であって、感知器、発信機、受信機等で構成されたものをいう
自動試験機能	火災報知設備の機能が適正に維持されていることを、自動的に確認することができる装置による火災報知設備に係る試験機能をいう
視野角	炎感知器で感知できる角度
終端器・終端抵抗	感知器回路の末端の感知器に取り付ける終端抵抗をいう。回路の断線を検出するために取り付ける
主音響装置	受信機内に組み込まれ、火災発生の信号を受けて鳴動する装置
受信機	火災信号、火災表示信号、火災情報信号、ガス漏れ信号または設備作動信号を受信し、火災の発生またはガス漏れの発生または消火設備等の作動を防火対象物の関係者または消防機関に報知するものをいう。防災センター等に設置する
主要構造部	防火的に主要な部分をいう。壁、床（最下階の床を除く）、柱、はりなど
準地下街	地下道と、その地下道に連続して面した建築物の地階を合わせたもの。ただし、建築物の地階に特定防火対象物の用途に供される部分が存するものに限る
消火活動上必要な施設	消防用設備等は、① 消防の用に供する設備、② 消防用水、③ 消火活動上必要な施設の3種類があり、このうち「消火活動上必要な施設」は、次の設備をいう　・排煙設備　　・連結散水設備　　・連結送水管　　・非常コンセント設備　・無線通信補助設備
消火栓連動スイッチ	発信機のボタンを押すとそれに連動して、消火栓ポンプが起動するスイッチのこと
消防機関へ通報する火災報知設備	火災発生時に消防機関に通報する設備のこと。現在は、火災通報装置をいう
消防署	市町村が設置した消防機関の1つ。市町村の消防機関としてほかに、消防本部（消防署を統括）、消防団がある
消防設備士	防火対象物に消防用設備や特殊消防用設備等の設置工事、整備する資格者。甲種と乙種の2種類があり、甲種は工事、整備ができ、乙種は整備のみできる
消防対象物	山林または舟車、船きょ、もしくはふ頭に繋留された船舶、建築物その他の工作物または物件。防火対象物に「物件」を含めたもの

消防設備点検資格者	一定規模以上の防火対象物や特定１階段等防火対象物の点検は、消防設備士または消防設備点検資格者が点検しなければならない。このうち、消防設備点検資格者は第１種（機械設備系）と第２種（電気設備系）があり、一定期間の講習を受講した後、試験で取得する
消防の同意	建築主から建築確認申請で、建築主事または指定確認検査機関は、設計図書のうち消防用設備等が消防法に抵触しないことを確認するため、所轄の消防長または消防署長の同意（審査）を得なければならない。この同意を得てから建築確認を行う 消防同意は、一般建築物の場合は３日以内、その他の建築物の場合は７日以内に行う
消防の用に供する設備	消防用設備等は、① 消防の用に供する設備、② 消防用水、③ 消火活動上必要な施設の３種類あり、このうち「消防の用に供する設備」は、次の設備をいう ・消火設備（消火器等、屋内消火栓設備、スプリンクラー設備、水噴霧消火設備、泡消火設備、不活性ガス消火設備、ハロゲン化物消火設備、粉末消火設備、屋外消火栓設備、動力消防ポンプ設備） ・警報設備（自動火災報知設備、ガス漏れ火災警報設備、漏電火災警報器、消防機関通報火災警報設備、非常警報器具・非常警報設備） ・避難設備（滑り台、避難はしご、救助袋、誘導灯など）
消防本部	市町村の消防機関の１つで、消防署を統括する。消防本部の最高責任者が消防長である。政令市などでは消防局など別の表現もある
消防用設備等	消防用設備等は、① 消防の用に供する設備、② 消防用水、③ 消火活動上必要な施設の３種類あり、技術上の基準に従って設置しなければならない
消防用設備等設置届	消防設備等の工事が完了した旨の届出。防火対象物の関係者は、工事完了して４日以内に消防長等に届け出る
消防用設備等の検査	消防用設備等、特殊消防用設備等を設置したとき、これらが技術上の基準に適合しているかどうかを消防長または消防署長に届け出て、検査を受けること
消防吏員	消防本部、消防署の職員で、制服を着て階級章を付けた地方公務員
水平距離	２つの地点を、床面に水平な直線で結んだ最短距離
赤外線式スポット型感知器	炎から放射される赤外線の変化が一定の量以上になったときに火災信号を発信するもので、一局所の赤外線による受光素子の受光量の変化により作動するものをいう
絶縁抵抗	電路における、電線間、大地間との抵抗をいう。これが大きければ漏れ電流が小さく、絶縁は良好である
接地抵抗	金属体と大地を電線等で連絡することを接地といい、接地抵抗とはその抵抗値をいう
接点水高	差動式分布型感知器（空気管式）のダイヤフラムの接点の間隔を、水位（空気管内の圧力により変わる）で表したもの
設備作動信号	消火設備等が作動した旨の信号をいう
遡及適用	法令等を、さかのぼって適用させること
措置命令	口頭または文書により適切な方法をとるよう命ずること

た行

耐火構造	鉄筋コンクリート造、れんが造など耐火性能を有する構造
耐火配線	耐火性に優れた電線で、たとえば自動火災報知設備の非常電源から受信機への配線に用いられる。耐熱電線より許容温度は高い

耐熱配線	耐熱性に優れた電線で、たとえば自動火災報知設備の受信機から地区音響装置への配線などに用いられる。一般電線より耐熱性に優れる。600V2種ビニル絶縁電線（HIV）、架橋ポリエチレン絶縁電線など
ダイヤフラム	熱によって空気が膨張したときに動く薄い隔膜のこと。差動式スポット型感知器や差動式分布型感知器（空気管式）に使われている
倒れきりスイッチ	受信機の前面パネルのスイッチのうち、倒れたままの一般のスイッチ。自動で元に戻らないので手動で操作する
多信号感知器	異なる2以上の火災信号を発信するものをいう
たて穴区画	建物において、パイプシャフトのように縦方向に作られた区画のこと
地区音響装置	建物の地区（各階）に設置され、火災を非常ベルやサイレンで知らせる装置
蓄積式受信機	感知器からの火災信号が一定時間継続（蓄積）してから、火災表示を行う機能のある受信機
注意表示信号	防災担当者などに、火災発生の危険があることを注意喚起する信号
中継器	火災信号、火災表示信号、火災情報信号、ガス漏れ信号または設備作動信号を受信し、これらを信号の種別に応じて、受信機に発信するものをいう
定温式感知線型感知器	一局所の周囲の温度が一定の温度以上になったときに火災信号を発信するもので、外観が電線状のものをいう。一度作動すると、再利用できない
定温式スポット型感知器	一局所の周囲の温度が一定の温度以上になったときに火災信号を発信するもので、外観が電線状以外のものをいう。周囲の温度が一定の温度以上になると作動するタイプの感知器で、温度は一局所で検出する。作動温度は60～150℃である。また、その構造によって、「バイメタルによるもの」「温度検知素子（サーミスタ）によるもの」「金属の膨張係数を利用したもの」の3種類がある
定温式スポット型感知器（防爆型）	可燃性ガスによる爆発の危険がある場所に設置するタイプの定温式スポット型感知器をいう
テストポンプ	差動式分布型感知器（空気管式）の作動試験において、空気管を加熱するかわりに、熱による空気膨張と同じ圧力を空気管に加えて、試験するための空気注入試験器をいう
鉄筋コンクリート造（RC造）	コンクリートに鉄筋を埋め込み、一体化した構造のもの。耐力に優れる
電話連絡線	P型1級発信機で、火災信号を発信したときに点灯する確認ランプへの配線
電話連絡装置	P型1級発信機とP型1級受信機間において、電話ジャックに送受話器を接続し、連絡するための装置
統括防火管理者	共同防火管理を行う場合の防火管理者
同時作動試験	複数の警戒区域から同時に火災信号を受信したとき、火災表示が正常であることを確認する試験。常用電源では5回線、非常電源では2回線からの信号を同時受信しても正常に作動すればよい
導通試験装置	終端器に至る信号回路の導通を回線ごとに容易に確認することができる装置
特殊消防用設備等	一般市販等がされているものとは異なる技術で、通常の消防用設備と同等以上の機能を有するものとして総務大臣が認定したもの
特定1階段等防火対象物	特定防火対象物の用途部分が1階、2階以外にあり、かつ、屋内階段が1つしかない防火対象物
特定防火対象物	防火対象物のうち、集会場、飲食店、ホテルなど不特定多数の人が出入りする施設や、病院、老人ホーム、幼稚園などのように老幼弱者が利用するもの
ドレンチャー	延焼防止のため、滝のような水の膜を作る設備

	な 行
2信号式受信機	同一の警戒区域からの異なる2の火災信号を受信したときに火災表示を行うことができる機能を有するものをいう
熱アナログ式スポット型感知器	一局所の周囲の温度が一定の範囲内の温度になったときに当該温度に対応する火災情報信号を発信するもので、外観が電線状以外のものをいう
熱煙複合式スポット型感知器	差動式スポット型感知器の性能または定温式スポット型感知器の性能およびイオン化式スポット型感知器の性能または光電式スポット型感知器の性能を併せもつものをいう
熱感知器	火災によって生じる熱を感知して、火災の発生を知らせる感知器のことで、差動式スポット型感知器、定温式スポット型感知器などがある
熱電対	2種類の金属の両端どうしを接続し、片方の端に熱を加えると、起電力を生じるもの
熱複合式スポット型感知器	差動式スポット型感知器の性能および定温式スポット型感知器の性能を併せもつもので、2以上の火災信号を発信するものをいう
	は 行
爆発下限界	ガスが漏れて爆発が起こる下限値。爆発下限界の1/4以上の濃度で作動し、1/200以下の濃度では作動しないこと
発信機	火災信号を受信機に手動により発信するものをいう。 人が火災を発見したとき、押しボタンを押して手動で火災信号を発信するもの 発信機には、P型(1級、2級)とT型がある
はね返りスイッチ	指で押しているときだけ動作し、離すと元に戻るスイッチ。受信機の火災復旧スイッチ、予備電源試験スイッチがこれである
はり（梁）	小屋組、床組を構成する、曲げ作用を受ける水平材。構造耐力を向上させるため、天井から垂れ下がっており、突出しの長さにより、感知区域が変わることがある
非火災報	自動火災報知設備が、火災でないのに火災と判断して発報すること
非常電源	受信機の常用電源（商用電源）をバックアップする非常時の電源。延べ面積が1000㎡以上の特定防火対象物では、蓄電池設備とし、その他の防火対象物では、蓄電池設備か非常電源専用受電設備のどちらかをいう
非常電源専用受電設備	非常電源の1つ。常用電源を使用するが、厳しい基準に合致した、信頼性の高い電源をいう
避難階	他の階を経由しないで、直接地上に出られる階をいう。通常は1階をいうが、傾斜地などでは2階も避難階である場合がある
表示灯	発信機の設置場所をわかりやすくするために、その近傍に設けた赤色のランプ
複合用途防火対象物	複数用途のある防火対象物のこと
副受信機	受信機のサブとして設置され、火災表示、地区表示灯の点灯および副音響装置が鳴る。受信機を設置した室と異なる室に設置する。たとえば、夜間になると受信機を設置した室から人がいなくなるので、人のいる警備員室などに設置する
閉鎖型スプリンクラーヘッド	スプリンクラーのヘッドの部分に感熱体をもち、スプリンクラー配管内が水または乾燥空気で密閉されているもの
防炎規制	カーテンやじゅうたんなどは延焼を加速する仲介物であり、一定の防炎性能をもつように規制される
防炎対象物品	防炎規制の対象となる物品。 カーテン、布製ブラインド、暗幕、じゅうたん、展示用合板、どん帳、大道具用合板、工事用シートをいう

防火管理者	一定規模以上の防火対象物において選任され、防火管理上必要な業務を行う者
防火対象物	山林または舟車、船きょもしくはふ頭に繋留された船舶、建築物その他の工作物もしくはこれらに属する物をいう
	用途により、消防法施行令別表第1のように区分されている
防災センター	建物の防災設備等の運転状況を集中管理できる、中央監視機能を備えた室のこと
歩行距離	人が実際に歩く動線を直線で結んで求めた距離をいう。水平距離とは異なる
補償式スポット型感知器	差動式スポット型感知器の性能および定温式スポット型感知器の性能を併せもつもので、1つの火災信号を発信するものをいう
炎感知器	火災で発生する炎を感知し、火災発生を知らせる感知器。赤外線式がある
炎複合式スポット型感知器	紫外線式スポット型感知器の性能および赤外線式スポット型感知器の性能を併せもつものをいう

ま行

マノメーター	圧力で水位が変動するU字形のガラス管。差動式分布型感知器（空気管式）の流通試験、接点水高試験で用いる
密封型蓄電池	密閉タイプの蓄電池で、受信機の予備電源として用いる
無窓階	建築物の地上階のうち、避難上または消火活動上有効な開口部をもたない階のこと。窓がない階はもちろんのこと、窓があっても寸法、面積等が基準を満たさない場合、無窓階となる
メーターリレー試験器	差動式分布型感知器（熱電対式・熱半導体式）の作動試験、回路合成抵抗試験で使用する

や行

予備電源試験	常用電源から予備電源への切り替え、およびその逆が正常に行われ、予備電源の電圧が適正かどうかを試験
予備電源装置	停電したときに、バックアップできる補助の電源装置
	受信機の予備電源装置は密閉型蓄電池であること、自動復旧できること、などの基準がある

ら行

リーク孔	差動式の熱感知器において、非火災報を防止するため、緩やかな熱膨張を逃がす孔
流通試験	空気管式の作動式分布型感知器の機能試験で、空気管に空気を送り、漏れや詰まりの有無を確認する試験をいう
リネンシュート	洗濯物を投げ入れて、下階にある受けかごにためる方式のたて穴。病院などにみられる
連動信号	自動火災報知設備の火災信号などに連動して、防火戸やダンパー等を起動するための信号